经济学动态学术前沿论丛

中国特色社会主义政治经济学的新发展
（2023）

胡怀国 何伟 主编

中国社会科学出版社

图书在版编目（CIP）数据

中国特色社会主义政治经济学的新发展.2023/胡怀国，何伟主编.—北京：中国社会科学出版社，2023.8
（经济学动态学术前沿论丛）
ISBN 978-7-5227-2751-6

Ⅰ.①中… Ⅱ.①胡… ②何… Ⅲ.①中国特色社会主义—社会主义政治经济学—研究 Ⅳ.①F120.2

中国国家版本馆CIP数据核字（2023）第248846号

出 版 人	赵剑英
责任编辑	王 曦
责任校对	赵雪姣
责任印制	戴 宽

出　　版	中国社会科学出版社
社　　址	北京鼓楼西大街甲158号
邮　　编	100720
网　　址	http://www.csspw.cn
发 行 部	010-84083685
门 市 部	010-84029450
经　　销	新华书店及其他书店

印刷装订	北京君升印刷有限公司
版　　次	2023年8月第1版
印　　次	2023年8月第1次印刷
开　　本	710×1000 1/16
印　　张	15
字　　数	212千字
定　　价	89.00元

凡购买中国社会科学出版社图书，如有质量问题请与本社营销中心联系调换
电话：010-84083683
版权所有　侵权必究

导　言

　　《经济学动态》是中宣部重点支持建设的马克思主义政治经济学专业类期刊并获国家社会科学基金资助，始终坚持马克思主义立场、观点和方法，始终坚持以我国经济发展实践中的重大理论问题和现实问题为选稿组稿标准，始终坚持把论文写在祖国大地上，使学术研究理论创新符合中国实际、具有中国特色。为扎实推进中国特色哲学社会科学"三大体系"建设，不断丰富和发展中国特色社会主义政治经济学，《经济学动态》编辑部拟以"中国特色社会主义政治经济学的新发展"为题，从过去一年刊发的学术论文中优中选精，逐年结集出版。

　　本年度《中国特色社会主义政治经济学的新发展（2023）》包括上卷和下卷，分别为"中国特色社会主义政治经济学""社会主义市场经济条件下的资本问题"。党的十八大以来，习近平总书记多次强调要坚持以马克思主义为指导，坚持理论联系实际，不断推进马克思主义中国化时代化，不断发展中国特色社会主义政治经济学。本书上卷收录了《经济学动态》2022年刊发的《以习近平经济思想为指导构建和发展中国特色社会主义政治经济学》《论中国特色社会主义政治经济学的逻辑起点》《新发展理念：一个关于发展的系统的理论体系》《中国式现代化作为文明新形态的理论分析》《中国奇迹何以发生：基于政治经济学解释框架》等关于"中国特色社会主义政治经济学"的五篇论文。2021年12月举行的中央经济工作会议指出，"社会主义市场经济中必然会有各种形态的资本，要发挥资本作为生产要素的积极作用，同时有效控制其消极作用""要正确认识和把握资本的特性和行为规律"。本书下卷收录了《经济学动态》2022年刊发的《关于社会主义利用资本的几个理论问题》《规范和引导社会主义市场经济资本健康发展》《社会主义市场经济条件下的资本要素：特性、作用和行为规律》《在中国式现代化建设中发挥好资本的作用》《为资本设置"红绿灯"：理论基础、实践价值与路径选择》等关于"社会主义市场经济条件下的资本问题"的五篇论文。

本书的编辑出版是在胡怀国和何伟的主持下进行的，《经济学动态》编辑部的李仁贵、谭易、刘洪愧、何伟、刘新波、孙志超参与了书稿的编辑和校对工作，中国社会科学院经济研究所黄群慧所长和胡家勇研究员对本书的编辑出版提供了指导和帮助。同时，感谢论文作者对《经济学动态》和本书的支持，感谢中国社会科学出版社王曦老师的辛勤付出，感谢中国社会科学院经济研究所各位领导和同事的支持和帮助。

目 录

上卷 中国特色社会主义政治经济学

以习近平经济思想为指导构建和发展中国特色
　　社会主义政治经济学 ……………………… 逄锦聚(3)
论中国特色社会主义政治经济学的逻辑起点 ………… 裴长洪(12)
新发展理念:一个关于发展的系统的理论体系………… 黄群慧(39)
中国式现代化作为文明新形态的理论
　　分析 ……………………………… 刘洪愧　邓曲恒(63)
中国奇迹何以发生:基于政治经济学解释
　　框架 ………………………………… 周　文　李　超(92)

下卷 社会主义市场经济条件下的资本问题

关于社会主义利用资本的几个理论问题………………邱海平(119)
规范和引导社会主义市场经济资本健康发展…………刘　伟(145)
社会主义市场经济条件下的资本要素:特性、
　　作用和行为规律 …………………………… 胡怀国(165)
在中国式现代化建设中发挥好资本的作用……………胡家勇(193)
为资本设置"红绿灯":理论基础、实践价值与
　　路径选择 ………………………… 董志勇　毕　悦(217)

上卷
中国特色社会主义政治经济学

以习近平经济思想为指导构建和发展中国特色社会主义政治经济学

逄锦聚

党的十八大以来，习近平总书记在大力倡导学好用好政治经济学，构建中国特色社会主义政治经济学的同时，身体力行，立足中国实际，总结实践经验，把马克思主义政治经济学基本原理同中国具体实际相结合、同中华优秀传统经济思想相结合，创立了习近平经济思想，开辟了马克思主义政治经济学中国化时代化的新境界。习近平经济思想对马克思主义政治经济学做出了一系列原创性贡献，是当代中国马克思主义政治经济学、21世纪马克思主义政治经济学，不仅为中国新时代全面建设社会主义现代化国家提供了理论指南，也为构建和发展中国特色社会主义政治经济学提供了指导思想和丰富滋养。

一 习近平经济思想是马克思主义政治经济学中国化时代化的新飞跃

任何科学的经济思想都是时代的产物、实践经验的结晶。党的十八大以来，世界处于百年未有之大变局，中国特色社会主义进入新时代。习近平经济思想站在时代和实践发展的前沿，聆听时代的声音，回应人民的关切和时代发展的要求，系统回答了新时代坚持和发展什么样的中国特色社会主义、怎样坚持和发展中国特色社会主义，建设什么样的社会主义现代化强国、怎样建设社会主义现代化强国，为什么要坚持加强党对经济工作的集中统一领导、如何坚持加强党对经济工作的集中统一领导，以及世界向何处去等重大时代课题，提出了一系列原创性的新理念新思想新战略，为丰富发展马克思主义政治经济学做出了原创性贡献。

习近平经济思想有极其丰富的科学内涵。包括：坚持党对经济工作的战略谋划和统一领导；坚持和发展中国特色社会主义，实施国家重大发展战略，全面建设社会主义现代化国家，建成社会主义现代化强国、实现中华民族伟大复兴的宏伟目标；坚持以人民为中心，逐步实现全体人民共同富裕；坚持中国处于社会主义初级阶段和中国特色社会主义进入新时代、新阶段；坚持和完善包括以公有制为主体、多种所有制经济共同发展，以按劳分配为主体、多种分配方式并存和社会主义市场经济体制等在内的基本经济制度；坚持以创新、协调、绿色、开放、共享新发展理念为引领，建设现代化经济体系，实现国民经济高质量发展；坚持中国式现代化道路，推动新型工业化、信息化、城镇化、农业现代化同步发展和区域协调发展，把农村、农业、农民工作作为全党工作的重中之重；坚持社会主义市场经济改革方向，全面深化改革，推进国家治理体系和治理能力现代化；坚持加快构建以国内大循环为主体、国内国际双循环相互促进的新发展格局；坚持人与自然和谐共生，建设生态文明和美丽中国；坚持对外开放基本国策，推动经济全球化深入发展，构建人类命运共同体；坚持统筹安全和发展；坚持科学的方法论；坚持中国特色社会主义重大原则，构建中国特色社会主义政治经济学；等等。

习近平经济思想是集揭示经济发展规律、社会发展规律和人与自然关系于一体的理论体系，是中华文化和中国精神的时代精华，实现了马克思主义政治经济学中国化时代化新的飞跃，不仅有力指导了我国经济发展实践，而且开拓了马克思主义政治经济学发展的新境界；不仅具有鲜明的中国特色、中国风格、中国气派，而且蕴含着现代经济学的一般原理；不仅是中国经济发展的根本指导思想和中国经济学的宝贵财富，也为世界经济发展和经济学创新贡献了中国智慧。

二 以习近平经济思想为指导，立足中国实践，坚持问题导向，反映时代进步，构建和发展政治经济学

政治经济学本质上是一门历史的科学。中国特色社会主义进入新时代，世界处于百年未有大变局，这是习近平经济思想创立的历史方位和时代背景。面对新时代和大变局，习近平总书记指出："世界经济和我国经济都面临许多新的重大课题，需要作出科学的理论回答。我们要立足我国国情和我们的发展实践，深入研究世界经济和我国经济面临的新情况新问题，揭示新特点新规律，提炼和总结我国经济发展实践的规律性成果，把实践经验上升为系统化的经济学说，不断开拓当代中国马克思主义政治经济学新境界，为马克思主义政治经济学创新发展贡献中国智慧。"① "中国特色社会主义政治经济学只能在实践中丰富和发展，又要经受实践的检验，进而指导实践。要加强研究和探索，加强对规律性认识的总结，不断完善中国特色社会主义政治经济学理论体系，推进充分体现中国特色、中国风格、中国气派的经济学科建设。"②

时代和实践的发展是政治经济学最根本的源泉。聆听时代和实践的声音，适应时代和实践发展的关切，坚持问题导向，讲好中国故事，揭示中国经济特殊运行规律和其中包含的人类经济发展的一般规律，是中国特色社会主义政治经济学的使命。中国特色社会主义政治经济学首先来源于中国的基本国情和实践。中国的历史、中国的制度、中国的生产力水平、中国的人口和资源环境，特别是中

---

① 《习近平关于社会主义经济建设论述摘编》，人民出版社2017年版，第327—328页。
② 《习近平关于社会主义经济建设论述摘编》，人民出版社2017年版，第331页。

国所处的发展阶段等，构成了中国独特的国情。在这样的国情基础上，一个14亿多人口的发展中大国，要建设社会主义现代化国家，建成社会主义现代化强国，实现中华民族的伟大复兴，是人类社会史无前例的实践。从计划经济体制转变为社会主义市场经济体制，从封闭半封闭状态走向开放，从生产落后走向现代化强国，这样大跨度的经济社会快速发展是任何国家无法比拟的。

实践是理论产生和发展的基础，理论来源于实践，并在实践的检验中发展。中国特色社会主义政治经济学，要从中国社会主义建设和改革开放实践中挖掘新材料，发现新问题，总结新经验，提炼出一系列创新性的观点和理论，形成新的经济学说。这些理论成果，是适应当代中国国情和时代特点的中国特色社会主义政治经济学的重要理论，不仅有力地指导了中国经济改革和发展的实践，而且为世界贡献了中国智慧。

以习近平经济思想为指导，构建中国特色社会主义政治经济学，就要站到中国特色社会主义进入新时代和世界百年变局的历史高度，着力对中国改革开放现代化建设和世界经济发展中提出的重大课题进行分析，对于已经取得的经验进行理论阐释和总结，力求揭示经济发展的规律性。过去的实践和理论创新为构建中国特色社会主义政治经济学奠定了基础，进一步改革开放和现代化建设的实践必将提出一系列新问题，中国特色社会主义政治经济学要紧跟时代和实践的新发展，加强对改革开放和社会主义现代化建设实践经验的总结，进一步形成系统学说。这是构建和发展中国特色社会主义政治经济学的着力点、着重点。

三 以习近平经济思想为指导，充分利用三种理论资源，广泛继承借鉴前人成果，构建和发展中国特色社会主义政治经济学

任何社会科学理论体系和话语体系的构建和发展，都离不开对

前人成果的继承和借鉴，中国特色社会主义政治经济学也不例外。习近平总书记指出："我们要善于融通古今中外各种资源，特别是要把握好三方面资源。一是马克思主义的资源……这是中国特色哲学社会科学的主体内容，也是中国特色哲学社会科学发展的最大增量。二是中华优秀传统文化的资源，这是中国特色哲学社会科学发展十分宝贵、不可多得的资源。三是国外哲学社会科学的资源，包括世界所有国家哲学社会科学取得的积极成果，这可以成为中国特色哲学社会科学的有益滋养。要坚持古为今用、洋为中用，融通各种资源，不断推进知识创新、理论创新、方法创新。我们要坚持不忘本来、吸收外来、面向未来，既向内看、深入研究关系国计民生的重大课题，又向外看、积极探索关系人类前途命运的重大问题；既向前看、准确判断中国特色社会主义发展趋势，又向后看、善于继承和弘扬中华优秀传统文化精华。"[1]

以习近平经济思想为指导构建和发展中国特色社会主义政治经济学，首先要用好马克思主义政治经济学资源。马克思主义政治经济学包括马克思恩格斯创立的政治经济学，也包括马克思主义政治经济学中国化进程中创立的政治经济学理论成果。马克思主义政治经济学基本原理和马克思主义政治经济学中国化取得的理论成果，特别是习近平经济思想，是中国特色社会主义政治经济学的根本指导思想和理论基础，是中国特色社会主义政治经济学的最大增量。其次要用好中华民族五千多年文明中的优秀经济思想，这是中国特色社会主义政治经济学的历史文化底蕴。在漫长的经济实践中，中华民族创造了许多优秀的经济思想，特别是在农耕文明中，中国的经济和经济思想更是领世界之先，对世界的经济发展和经济思想产生了重要影响。这是在构建和发展中国特色社会主义政治经济学中需要继续开发的富矿。最后要广泛吸收国内外学术界已经取得的经

---

[1]《习近平关于社会主义经济建设论述摘编》，中央文献出版社2017年版，第82—83页。

济学理论成果，特别是西方发达国家的经济理论成果。这是构建和发展中国特色社会主义政治经济学的重要借鉴。对于上述第一方面的资源，要旗帜鲜明地坚持、继承和发展，特别是对习近平经济思想要进一步深入研究和进行学理阐释，使之成为构建和发展中国特色社会主义政治经济学的最重要指导思想和最宝贵源泉。对于第二方面的资源，要努力加以挖掘，使之与时代相结合，与现代社会相协调。对于第三方面的资源，要认真学习、研究和分析，坚持去粗取精，去伪存真，取其精华，弃其糟粕，为我所用。在学习借鉴中，既要防止把某个国家的某种理论奉为圭臬，照抄照搬，又要防止一概排斥，自我封闭。

四 以习近平经济思想为指导，着力创建自主经济学知识体系，凝练、阐释系统经济学说，构建中国特色社会主义政治经济学的理论体系、话语体系和逻辑结构

在长期探索中，特别是改革开放以来，我国政治经济学形成了一系列符合中国实际的科学理论，习近平总书记对这些理论曾经进行了创新性的概括并在中国特色社会主义进入新时代和世界百年大变局的新的历史条件下做了创新性发展。习近平总书记指出："改革开放以来，我们及时总结新的生动实践，不断推进理论创新，在发展理念、所有制、分配体制、政府职能、市场机制、宏观调控、产业结构、企业治理结构、民生保障、社会治理等重大问题上提出了许多重要论断。比如，关于社会主义本质的理论，关于社会主义初级阶段基本经济制度的理论，关于创新、协调、绿色、开放、共享发展的理论，关于发展社会主义市场经济、使市场在资源配置中起决定性作用和更好发挥政府作用的理论，关于我国经济发展进入新常态、深化供给侧结构性改革、推动经济高质量发展的理论，关于推动新型工业化、信息化、城镇化、农业现代化同步发展和区域协调发展的理论，关于农民承包的土地具有所有权、承包权、经营

权属性的理论，关于用好国际国内两个市场、两种资源的理论，关于加快形成以国内大循环为主体、国内国际双循环相互促进的新发展格局的理论，关于促进社会公平正义、逐步实现全体人民共同富裕的理论，关于统筹发展和安全的理论，等等。这些理论成果，是适应中国国情和时代特点的中国特色社会主义政治经济学的重大理论，不仅有力指导了我国经济发展实践，而且开拓了马克思主义政治经济学新境界。"①

以习近平经济思想为指导，构建和发展中国特色社会主义政治经济学，就要运用辩证唯物主义和历史唯物主义方法论，对这些理论进一步加以学理性阐释，揭示其内在联系，深刻挖掘其中蕴藏的中国特色社会主义经济的特殊规律和人类社会经济发展的普遍规律，使它们系统化、学理化，形成中国特色社会主义政治经济学的系统经济学说，构建起中国特色社会主义政治经济学的自主理论体系、话语体系和科学的逻辑结构。

构建中国特色社会主义政治经济学的自主理论体系、话语体系，要全面贯彻习近平经济思想中以人民为中心思想和新发展理念，把高质量发展经济、不断满足人民日益增长的美好生活需要作为主题主线，构建中国特色社会主义政治经济学的体系结构。以人民为中心，一切为了人民、一切依靠人民的思想是习近平经济思想的出发点和落脚点。发展是解决前进中一切问题的基础和关键。新发展理念是习近平经济思想的核心，高质量发展是全面深化改革和全面建设社会主义现代化国家的主题。把贯彻新发展理念、着力推动高质量发展、不断满足人民日益增长的美好生活需要作为主线，贯穿于中国特色社会主义政治经济学，体现了习近平经济思想的精髓，体现了社会主义本质要求，有利于我们对为什么要建立和完善社会主义基本经济制度、怎么样建立和完善社会主义基本经济制度，为什

---

① 习近平：《在经济社会领域专家座谈会上的讲话》，人民出版社2020年版，第10—11页。

么要以经济建设为中心、如何以经济建设为中心，为什么要以经济体制改革为重点全面深化改革、怎样以经济体制改革为重点全面深化改革，为什么要发展、怎样发展，为什么要建设社会主义现代化、怎样建设社会主义现代化等所有重大经济问题的认识和分析。如果社会主义能把经济发展好了，能够满足人民日益增长的美好生活需要了，那么就为中国社会主义政治、经济、文化、社会、环境"五位一体"建设奠定了坚实的基础，社会主义经济制度就会充分体现出其优越性。

以习近平经济思想为指导，构建和发展中国特色社会主义政治经济学，在确定主线的基础上，要建立科学的逻辑结构。无论从历史的角度还是从逻辑的角度，社会主义经济制度的建立都是中国特色社会主义政治经济学的起点。在这个基础上，中国特色社会主义政治经济学要着力研究社会主义经济制度确立后，如何进一步发展和完善社会主义经济制度，发展生产力、解放生产力，以满足人民美好生活需要，构建的是以社会主义经济建设为中心，通过改革、发展，完善社会主义经济制度、发展生产力、满足人民需要的理论体系。按照这样的思路构建中国特色社会主义政治经济学的逻辑结构，首先要研究和阐释社会主义基本经济制度的确立、本质要求和社会主义所处的初级阶段，社会主义经济是市场经济以及社会主义制度的改革、发展和完善。其次要研究和阐释的是社会主义市场经济运行理论。包括微观经济运行、企业改革和中国特色现代企业制度的建立和发展，现代化经济体系特别是现代化产业体系、现代化市场体系的建立和完善；也包括宏观经济运行、政府宏观调控。再次是经济发展。发展问题是解决前进中一切问题的基础和关键。发展理论涉及内容很多，是中国特色社会主义政治经济学的重头戏。包括对以人民为中心和创新、协调、绿色、开放、共享新发展理念的阐释，对发展目的和方式的阐释，对中国特色社会主义发展道路和现代化道路的阐释，等等。最后是对开放经济和经济全球化、全球治理的阐释。这样的中国特色社会主义政治经济学逻辑结构可能不完善不成熟，但这是与我国正在发展中的尚不成熟的社会主义制度相适应的。

习近平经济思想是发展的理论、开放的理论。以习近平经济思想为指导，构建和完善中国特色社会主义政治经济学，也是一个动态的发展过程。紧跟实践和时代发展，以新的实践推动理论创新，以创新的理论不断丰富中国特色社会主义政治经济学，是中国特色社会主义政治经济学永葆生机活力的保证，也是时代赋予我们的庄严使命。

（原载《经济学动态》2022年第9期）

论中国特色社会主义政治经济学的逻辑起点

裴长洪

俗话说万事开头难，中国特色社会主义政治经济学理论体系从哪里开始写起，也是一个难事。马克思的《资本论》从资本主义经济的细胞——商品开始写起，那么是否意味着中国特色社会主义政治经济学也从社会主义商品写起呢？我以为不然。实践性是马克思主义理论的最基本品格之一，它不是书斋的理论，而是革命与建设行动的指南，因此它是问题导向与目的性的统一。《资本论》要回答的问题是：资本主义社会是永恒的，还是历史的；它的目的是揭示资本主义生产方式的运行规律和内在矛盾，论证其走向灭亡的历史必然性。从资本主义商品写起，就是服务于和服从于这个主题。中国特色社会主义政治经济学要回答什么是中国特色的社会主义经济，怎样建设这样的经济；目的是要分析和总结新中国70多年社会主义经济建设的经验和教训，论证它的基本规律。这是研究的主题。

总结中国特色社会主义实践的经验要把新中国前30年和后40多年联系起来，这是习近平总书记的主张。他说，前后两个时期"本质上都是我们党领导人民进行社会主义建设的实践探索""中国特色社会主义是社会主义，不是别的什么主义"。党的领导和社会主义，是新中国前后两个时期的本质规定性，"虽然这两个历史时期在进行社会主义建设的思想指导、方针政策、实际工作上有很大差别，但两者决不是彼此割裂的，更不是根本对立的"[①]。

---

① 习近平：《关于坚持和发展中国特色社会主义的几个问题》，《求是》2019年第7期。

一 问题导向与实践逻辑：国家工业化的本质与规律

关于社会主义社会在中国的历史起点，最早在党的十三大报告提过，1997年9月江泽民同志在党的十五大报告中确认："从五十年代中期我国进入社会主义初级阶段。"① 20世纪50年代中期，中国完成了社会主义经济的改造，基本结束了新民主主义经济，构建了社会主义经济的基本形态。以实践论的逻辑和经济学逻辑来分析和论证这个历史性的转变，应当成为中国特色社会主义政治经济学的逻辑起点。

新中国应该成为什么样的国家，怎样建设这个国家？毛泽东同志很早就在思考这个重大问题。在抗日战争胜利前夕，毛泽东同志从总结抗日战争的教训中认识到，国家的政治独立，必须有经济独立为保障，经济独立必须以工业化为基础，经济不独立，就会成为国民党政府那样的帝国主义国家的附庸。他说："我们不能学国民党那样，自己不动手专靠外国人，连棉布这样的日用品也要依赖外国。"② 在党的七大报告中，其中一节专门论述了工业问题，明确提出了新中国的建设目标是"使中国由农业国变为工业国"。1949年7月，在中华人民共和国成立前夕，毛泽东同志再次重申了这个目标："人民民主专政的国家，必须有步骤地解决国家工业化的问题。"③ 解决国家工业化是新中国最迫切的需要，也是新中国需要着手的第一个实践任务和第一个理论命题。

1951年2月，毛泽东同志正式提出了"三年准备、十年计划经济建设"的设想，即用三年时间（1950—1952年）医治战争创伤，恢复国民经济，然后转入国家工业化建设。1951年12月，他明确阐述了关于国家工业化建设的基本思路："从一九五三年起，我们

---

① 《江泽民文选》（第二卷），人民出版社2006年版，第15页。
② 《毛泽东选集》（第三卷），人民出版社1991年版，第1016页。
③ 《毛泽东选集》（第四卷），人民出版社1991年版，第1477页。

就要进入大规模经济建设了，准备以二十年时间完成中国的工业化。完成工业化当然不只是重工业和国防工业，一切必要的轻工业都应建设起来。为了完成国家工业化，必须发展农业，并逐步完成农业社会化。但是首先重要并能带动轻工业和农业向前发展的是建设重工业和国防工业。"① 根据此后一年半的实践，1953 年 6 月，毛泽东同志把这个思路正式表述为过渡时期的总路线和总任务："从中华人民共和国成立，到社会主义改造基本完成，这是一个过渡时期，党在这个过渡时期的总路线和总任务，是要在一个相当长的时期内，基本上实现国家工业化和对农业、手工业、资本主义工商业的社会主义改造。"② 这就是"一化三改"的总路线，问题导向和实践逻辑都十分明确，是中国特色社会主义政治经济学的第一篇实践与理论相结合的大文章。从单纯的经济发展角度看，国家工业化为什么要选择优先发展重工业，的确是需要论证的经济学逻辑问题。

国家工业化以重工业优先，有马克思主义政治经济学的理论依据。随着 19 世纪发达资本主义国家工业化的实现，"工业化"研究成为经济学的重要对象。资产阶级经济学家对"工业化"的描述契合事情的现象和过程中的某些特点，但没有揭示它的本质，所以这些现象和过程在他们看来都是自然与和谐的。对当代最有影响的两个经济学家，德国经济史学家鲁道夫·吕贝尔特认为，纺织机械化的推进和蒸汽机动力的出现，使单件生产过渡到系列生产，进而大规模生产，人类社会由此出现巨大变化，这些变化就称为工业化③。发展经济学家阿瑟·刘易斯则强调工业化是农业领域剩余劳动力向工业领域转移的过程，并由此资本主义世界分化为二元经济结构，一国如此，世界也如此④。马克思的《资本论》从揭示资本积累的本质入手，实际上透析了资本主义工业化史，但他的分析逻辑与资

---

① 《毛泽东文集》（第六卷），人民出版社 1999 年版，第 207 页。
② 中共中央党史研究室：《中国共产党历史》第二卷（1949—1978）（上册），中共党史出版社 2011 年版，第 185 页。
③ 鲁道夫·吕贝尔特：《工业化史》，中译本，上海译文出版社 1983 年版。
④ 阿瑟·刘易斯编著：《二元经济论》，中译本，北京经济学院出版社 1989 年版。

产阶级经济学家不同，他论述了资本主义大机器工业生产中资本主义生产方式运行的逻辑，资本原始积累、资本主义扩大再生产。在论述社会总资本再生产时，指出资本主义工业体系中存在两大部类生产，而且在资本主义扩大再生产条件下，一定是生产资料部门的生产比消费资料部门的生产增长得更快。列宁在《论所谓市场问题》一文中也说："增长最快的是制造生产资料的生产资料生产，其次是制造消费资料的生产资料生产，最慢的是消费资料生产。"[①] 马克思和列宁为什么都强调资本主义工业体系中的不同部类的生产，这与他们对"工业化"本质的理解有很大关系。

在马克思和列宁看来，固然工业化是科技革命孕育的新的物质生产，但这并非工业化的全部含义，生产资料的生产是工业化的基础，只有国民经济的主要部门，特别是所有物质生产部门都能够被本国制造的以机械动力为代表的物质技术装备起来的条件下，才能称为工业化，这就是工业化的本质。这与有一些工业生产存在，建立一些工业企业有着本质区别。因此，工业化客观上要求第一部类生产比第二部类生产增长得更快。这就是客观规律，所以毛泽东同志说："生产资料优先增长的规律，是一切社会扩大再生产的共同规律。"[②] 但是资本主义工业化首先要遵循资本的最大化利益，而未必遵循客观规律。早期资本主义工业发展是从轻工业即生活资料部门起步的，因为轻工业部门比机器、冶金、燃料等重工业部门所需要的投资少，资本周转快，获得利润也更容易，这就促使资本家首先把资本投入轻工业部门。当轻工业发展起来后，迫切需要重工业为它生产机器和生产资料，经营重工业的利润可以不低于甚至高于轻工业时，资本家才把在轻工业中积累起来的利润逐渐投入重工业，这就注定了资本主义工业化是一个比较缓慢的过程。从18世纪下半叶世界主要资本主义国家开始工业化，到19世纪末和20世纪

---

① 《列宁全集》（第一卷），人民出版社2013年版，第66页。
② 《毛泽东文集》（第八卷），人民出版社1999年版，第121页。

初先后完成，前后经历了一百多年。英国的工业化最早，从18世纪70年代开始，直到19世纪下半叶，重工业才在工业中占优势地位，前后近百年。法国工业化大致从19世纪二三十年代开始，直到第一次世界大战前夕才实现，前后八十多年。此后，工业化的过程大大缩短，这不仅与资本主义生产方式向全世界输出有极大关系，而且也与资本主义走向垄断集中甚至国家垄断有密切联系。德国从1848年资产阶级革命后开始工业化，到1890年成为强大工业国，经历了四十多年。美国从1776年独立战争后，开始建立本土工业，1861—1865年南北战争结束后，工业化加速，1880年工业产值超过英国，到1890年前后也完成了工业化。如果从1861年前后算起，美国工业化只经历了三十年左右。日本曾是落后的封建国家，1868年进行"明治维新"，走上资本主义工业化道路，到1904—1905年日俄战争前后，完成了工业化，前后经过近四十年。[①] 在存在帝国主义战争威胁和强敌环伺的环境下，客观上不允许社会主义国家工业化的进程走得那么从容不迫。

重工业优先发展的工业化战略有着苏联的实践依据。俄国十月革命胜利后，苏联也经历了国民经济恢复阶段，1926年重启工业化建设，经过两个五年计划（1928—1937年），苏联的国民收入从244亿卢布提高到963亿卢布，煤产量从3540万吨提高到1.28亿吨，钢产量从400万吨增至1770万吨，电力增长7倍，机床增产20倍以上，拖拉机产量几乎增加40倍。在20世纪30年代末，苏联的工业总产量不仅超过了法国、日本和意大利，而且可能超过了英国。[②] 而这一切，只用了13年时间。按美元计算，1937年美国国民收入为680亿美元，英国为220亿美元，而苏联已达到190亿美元，德国为170亿美元，法国为100亿美元，意大利为60亿美元，而日本仅为40亿美元。按照钢铁产量计算，1938年美国为2880万

[①] 马海：《几个主要资本主义国家工业化的过程》，上海人民出版社1956年版。
[②] 保罗·肯尼迪：《大国的兴衰》，中译本，国际文化出版公司2006年版。

吨，德国为2320万吨，苏联为1800万吨，英国为1050万吨，法国为610万吨，日本为700万吨；同年，美国制造业在世界制造业总产量中的比重为28.7%，苏联为17.6%，德国为13.2%，英国为9.2%，法国为4.5%，日本仅为3.8%。[1]而在苏联的工业化过程中，生产资料部门的生产始终快于消费品工业的生产，并使工业化完成后的工业生产结构发生了根本性的变化。如表1、表2所示：

表1　　　　　苏联三个五年计划时期工业及两大部类

工业增长速度（按可比价格计算）　　　　单位:%

时期	工业总产值	生产资料生产	消费品生产
"一五"计划（1928—1932年）	19.3	28.6	11.8
"二五"计划（1933—1937年）	17.1	19.1	14.8
"三五"计划前三年（1938—1940年）	13.2	15.3	10.0

资料来源：陆南泉等：《苏联国民经济发展七十年》，机械工业出版社1988年版。

表2　　苏联工业总产值中生产资料生产与消费品生产的比重　　单位:%

年份	全部工业	生产资料生产	消费品生产
1913	100	35.1	64.9
1928	100	39.5	60.5
1940	100	61.0	39.0

资料来源：陆南泉等：《苏联国民经济发展七十年》，机械工业出版社1988年版。

新中国成立后不到一年时间就爆发了朝鲜战争，随即美国第七舰队进入台湾海峡，阻挠新中国统一台湾，以武力干涉中国内政。这增强了中国共产党加快国家工业化建设，特别是重工业和国防工业优先发展的紧迫感。在"一化三改"总路线指引下，新中国从1953年开始实施第一个五年计划，社会主义工业化建设迈开了步

---

[1] 保罗·肯尼迪：《大国的兴衰》，中译本，国际文化出版公司2006年版。

伐。"一五"计划以重工业为主，能源和轻工业也相应开展。"一五"计划得到苏联政府的直接援助，156个苏联援助的工业项目基本是重工业，但从1955年开始，中国就开始以出口矿产品和农产品逐步偿还苏联贷款，在苏联的援助项目中，中国工程技术人员担负了设计工作量的20%—30%；国产配套的机器设备占安装量的30%—50%。1956年，中共中央明确提出要建立独立的比较完整的工业体系和国民经济体系的方针。①欢迎苏联援助，但不依附苏联，这也是中国工业化必然要走优先发展重工业道路的重要原因。由于国有工业企业的建立，到1956年，国有经济在国民收入中的比重已由1952年的19.1%提高到32.2%，工业总产值按照1952年不变价格计算达到704亿元，比上年增长28.2%，超过"一五"计划规定的1957年所要达到的水平，1957年工业总产值比1952年增长83%，5年年平均增长率达到18%。其中生产资料生产年平均增长25.4%。工业总产值（包括手工业）在工农业总产值中的比重达到51.3%，在"一五"计划规定的46种主要工业产品产量中，有27种提前一年达到或超过计划规定的1957年的指标；钢产量超过500万吨。②毛泽东同志萦怀心中的中国不能制造的汽车、拖拉机、飞机、坦克，中国都能自己制造了。在此期间，中国工业的增长速度遥遥领先世界主要大国，1953—1957年，中国工业总产值年平均增长18%，苏联为11.6%，美国为3.6%，英国为3.8%，联邦德国为10.1%，法国为7.9%，日本为15.0%③。

---

① 中共中央党史研究室：《中国共产党历史》第二卷（1949—1978）（上册），中共党史出版社2011年版，第219页。
② 中共中央党史研究室：《中国共产党历史》第二卷（1949—1978）（上册），中共党史出版社2011年版，第360页。
③ 董志凯等主编：《中华人民共和国经济史（1953—1957）》（下册），社会科学文献出版社2011年版。

二 "一化三改": 社会主义工业化与经济制度变革

与国家工业化相伴随的另一个重要问题是怎样由新民主主义社会转入社会主义社会。1947年7月,毛泽东同志的基本构想是解决民族资产阶级和农民的改造问题。他认为现阶段对民族资产阶级主要是适当的教育工作,等到将来实行社会主义即实行私营企业国有化的时候,再进一步对他们进行教育和改造工作。对农民,他认为需要很长时间的教育和细心工作,才能做到农业社会化。"农业社会化的步骤,必须和以国有企业为主体的强大的工业的发展相适应。"[①] 可见,新中国要完成从新民主主义社会向社会主义社会的转变,要回答的第一个政治经济学命题就是,怎样实现国家的工业化并同时建立社会主义基本经济制度。

国家工业化的方针确定之后,具体工作更多的是技术性和业务性的,毛泽东同志把更多的精力转向"三改",特别是农业社会化问题,他一语中的地说"总路线就是逐步改变生产关系"。[②] 为什么要把国家工业化与改变生产关系联系在一起呢?第二次世界大战以后许多新独立的国家都搞工业化,但走的道路与中国不同,除了工业化本身的技术路线不同,最大的不同就在于怎样对待整个旧的社会生产关系的变革。印度和中国都是第二次世界大战后取得民族独立和解放的发展中大国,但在印度执政的国大党并不主张改变印度的生产关系和社会结构,导致它的经济发展从原来略强于中国到现在远远落后于中国。

(一) 对资本主义工商业的改造

对资本主义工业企业的改造实际上从1949年就开始了。通过政府和国有企业向私营企业加工订货、统购包销,将私营企业从外部

[①] 《毛泽东选集》(第四卷),人民出版社1991年版,第1477页。
[②] 《毛泽东文集》(第六卷),人民出版社1999年版,第305页。

即流通领域同国营经济联系,这被称为国家资本主义的低级形式。但在三年经济恢复阶段,这种低级形式的国家资本主义暴露了明显的缺陷:首先是与国家政权的矛盾。私营企业主为了获取利益,向国家机关工作人员行贿、偷税漏税等现象严重发生,导致1952年1月中央政府发起了一场反对行贿、偷税漏税、盗骗国家财产、偷工减料、盗窃国家经济情报的反"五毒"斗争(即"五反"运动)。其次是与国家工业化的矛盾。一些不法资本家在承建国家工程、完成加工订货任务中偷工减料、弄虚作假,以次充好;特别是因抗美援朝军用物资中一些不合格药品、食品,志愿军战士致死、致残,引起公愤。最后是普遍发生的劳资矛盾、公私矛盾难以处理。正如毛泽东同志尖锐批评的那样:"有些资本家对国家保持一个很大的距离,他们仍没有改变唯利是图的思想。"[①]

实行公私合营是对资本主义工商业进行社会主义改造的主要形式和内容。它的有利条件是:在三年经济恢复时期已经进行了试点并取得了经验;由于不没收私有股权,资本家的抵触情绪不大;由于公私合营企业在原料、市场、贷款等方面得到国家支持,不少未合营的私营企业渐感独自经营困难,主动要求实行公私合营。1954年3月,中共中央批准了中央财经委关于扩大公私合营的计划,实践中取得良好效果,生产迅速发展,劳动生产率大大提高,按可比价格计算,1954年公私合营企业产值比上年增长25.5%。从此公私合营在工业部门全面推开,到1955年全国公私合营工业已达3193户,产值占私营、公私合营工业全部产值的49.7%[②],从而奠定了资本主义工业企业社会主义改造胜利实现的基本局面。

改造私营商业也是改变生产关系的重要一环。1950年私营商业比重相当大,在批发领域占71.6%,在零售领域占85.3%,均占绝对多数。改造私营商业的第一步是掌握货源,掌握批发。在三年经

[①] 《毛泽东文集》(第六卷),人民出版社1999年版,第292页。
[②] 中共中央党史研究室:《中国共产党历史》第二卷(1949—1978)(上册),中共党史出版社2011年版,第241、243页。

济恢复阶段，就以国营批发商业逐步取代私营批发，到 1952 年年底，私营批发在全社会商品批发总额中的比重已经降至 36.3%；实行"一化三改"后，进一步加强货源掌握，包括扩大对工业产品的加工订货和收购包销；对政府采购实行统一管理，脱离私商；实行粮、棉、油统购统销，在主要农产品批发环节排除私商经营；重要工业原料，如煤炭、钢铁、橡胶以及化工原料等完全由国营商业控制，实行计划供应；对外贸易实行国家统制，国有外贸企业独家经营。第二步是对私营批发商采取"留、转、包"的改造。由于私营商业从业人员达到七八百万人，为了不因为私营批发商无业务，导致失业和社会动乱，从 1954 年下半年开始，实行第二步改造计划。国营商业根据需要，可以选择私营批发商为其代理批发业务，这即为"留"；"转"就是转行他业；"包"是指私营批发商业的职工和资方代理人，经过学习培训由国营商业录用。改造私营零售商业的主要形式是代销、经销，由国营商业掌握货源，执行国家规定的零售牌价。到 1954 年年底，国营商业已占批发经营的 88% 以上，国营商业和合作社商业占零售经营的比重达 57.5%。[1] 这就为在零售商业和剩余的批发商业实行公私合营改造奠定了坚实的基础。到 1957 年，全部私商都实现了公私合营，70% 以上小型坐商改造为公私合营商店和合作商店，50% 以上的流动摊贩组织成合作小组。纯私营零售商业包括农民的直接贸易的经营额只占全社会商品经营额的 6%[2]。

（二）对个体手工业的社会主义改造

中国生产力落后的一个重要标志是现代工业比重低，满足工农业生产和人民生活的大量产品依靠手工业。根据国家统计局 1952 年统计，全国城乡手工业工人和手工业独立劳动者达 1930 余万人，新

---

[1] 中共中央党史研究室：《中国共产党历史》第二卷（1949—1978）（上册），中共党史出版社 2011 年版，第 241 页。
[2] 董志凯等主编：《中华人民共和国经济史（1953—1957）》（上册），社会科学文献出版社 2011 年版。

中国成立后,手工业产值由1949年的32.37亿元增加到73.12亿元,占工业总产值的20.6%。在广大农村,农民生产资料和生活资料的60%—80%是由手工业生产的,由大机器生产的只占少部分。这就决定了对个体手工业社会主义改造的意义和重要性,实际上它成为实现农民生产生活稳定,促进农村合作化的重要条件;也是策应城镇工商业社会主义改造的重要条件。

在三年经济恢复阶段,手工业的社会主义改造经过初步探索已经有一定经验和发展。特别是根据刘少奇同志的意见,从生产中最困难的供销环节入手,通过供给原料、推销产品把手工业劳动者组织起来,这个办法最容易得到推行。1953年年底召开的第三次全国手工业生产合作会议,总结了手工业合作化的三种形态:第一种是初级形态,由手工业生产小组通过供销流通领域广泛组织手工业劳动者;第二种是中级形态,即在购买原料、推销产品或接洽加工业务领域组织供销合作社,为生产者服务,这种形式叫"手工业供销生产合作社";第三种是高级形态,合作进入生产领域,其中一部分合作社的主要生产资料完全归社员集体所有,完全实行按劳分配。还有一部分采取集体所有、工具入股分红、统一经营,收益的一部分实行按劳分配。到1956年年底,全国手工业的社会主义改造基本完成,全国手工业合作社(组)发展到10.4万余个,社(组)员达到603.9万余人,占全部就业人员的91.7%;合作化手工业的产值达108.76亿元,占手工业总产值的92.9%。[①]

(三)农业合作化

从1947年中共中央颁发《中国土地法大纲》后,全国的解放区都实行了土地改革,但不久农村中就出现了贫富两极分化问题,党和解放区人民政府鼓励、倡导农民开展互助合作,这是农业社会化在中国农村最早出现的原因。这个办法也被推广到新解放区,所

[①] 中共中央党史研究室:《中国共产党历史》第二卷(1949—1978)(上册),中共党史出版社2011年版,第344页。

以在1953年上半年,"互助合作已经发展起来,老区已达百分之六十到七十,新区是百分之二十到二十五"①。进入"一五"计划时期,工业化建设迅速扩大,1953年基本建设投资比上年增长83.7%,工业总产值增长30%,带动城镇人口和就业大幅度增加,当年全国城镇人口达到7826万,比上年增加663万,居民消费量比上年增长15%。不仅消费粮食、棉花大增,而且还出现了城市蔬菜供应问题,"肉类、油脂不久也会出现极大的矛盾,需求大大增加,供应不上"②。经过反复权衡利弊,1953年9月,陈云同志向中央提出了农村实行粮食征购(后扩及棉花)、城市实行粮食配售的建议,11月19日,政务院下达了《关于实行粮食的计划收购和计划供应的命令》。

粮食统购统销政策暂时缓解了粮食供需紧张的矛盾,但并没有从根本上解决问题。从生产方面看,小农经济增产粮食的潜力很小,不适应大规模农田基本建设、兴修水利、采用机械作业。要提高生产能力,需要搞农业合作化。从流通领域看,实行粮食统购统销,国家要与上亿农户直接打交道,家家核定余粮,户户动员交售,交易成本极高。把分散的农民组织进入合作社,不仅大大降低交易成本,而且能够确保大宗农产品和工业原料的交售。这就是大宗农产品统购统销制度必须与农业合作化紧密结合的根本原因。从1953年开始,农业合作化快速发展,到1956年年底,加入农业生产合作社的社员总户数已占全国农户总数的96.3%,其中初级社户数占8.5%,高级社户数占87.8%。③

毛泽东同志不仅关注农业合作化,而且亲自督促检查,他批评一些同志的保守观点表现出来的急迫心态是有原因的。1955年7月,他在《关于农业合作化问题》一文中论述了农业合作化的紧迫

---

① 《毛泽东文集》(第六卷),人民出版社1999年版,第296页。
② 《毛泽东文集》(第六卷),人民出版社1999年版,第301页。
③ 中共中央党史研究室:《中国共产党历史》第二卷(1949—1978)(上册),中共党史出版社2011年版,第246、344页。

性。这就是国家工业化发展与农业合作化必须环环相扣的道理。他认为：第一，中国农业的根本出路在于由使用畜力农具的小规模经营跃进到使用机器的大规模经营，同时由国家组织使用机器的大规模移民垦荒，在三个"五年计划"内准备垦荒四亿到五亿亩。这不仅有赖于工业化的实现，也有赖于农业合作化的实现。第二，国家工业化的重工业产品，如农业机械、化学肥料、新动力工具和煤电等产品，"只有在农业已经形成了合作化的大规模经营的基础上才有使用的可能，或者才能大量地使用"。就是说重工业的市场问题有赖于合作化。第三，只有轻工业大规模发展，才能满足农民对生活资料的需要，而轻工业的大规模发展，既需要重工业支持，也需要大规模农业的发展。这就是农、轻、重三个产业互为提供原料产品又互为市场的道理。第四，农业为工业化提供资金积累的道理。毛泽东同志说："为了完成国家工业化和农业技术改造所需要的大量资金，其中有一个相当大的部分是要从农业方面积累起来的。"[①] 与民建和工商联负责人的谈话中提到在当时的中国，农业是最大的产业，农民是最多的人口，承担国家工业化的责任使命不可能离开农业和农民的贡献。毛泽东同志的分析可以说是当时认识最深刻的社会主义政治经济学理论。事实上，农业合作化对于共和国的贡献远不止于此，农业合作化的高级社形式所实行的土地制度的变革，使土地私有制转变为土地集体公有制，从根本上完成了中国农村的社会变革，为后来的（主要是改革开放之后）土地价格资产化、资本化以及工业园区、房地产开发和经济快速增长创造了基本条件，为中国人民创造了几十万亿元的货币财富。这是今天印度等一些发展中国家想要解决而根本无法解决的难题。

总之，"一化三改"总路线和总任务引导中国进入了社会主义社会的初级阶段，同时也把自己的符号留在了中国特色社会主义政治经济学理论逻辑的原点。

---

① 《毛泽东文集》（第六卷），人民出版社1999年版，第432页。

三　中国社会主义初步实践提出的政治经济学理论命题

尽管"一化三改"总路线仅仅是社会主义的初步实践，但在其过程中已经产生或提出了许多中国特色社会主义政治经济学的理论命题，而圆满和成功地回答这些命题，往往需要付出更长的时间，但问题的产生和提出则是这个时代中国共产党和中国人民实践斗争的伟大贡献。

（一）提出了社会主义社会基本矛盾的理论

在发生匈牙利事件之后，毛泽东同志认识到，在建立起社会主义制度之后，仍然广泛存在各种人民内部矛盾，这些问题都是社会主义社会基本矛盾的反映。毛泽东同志总结说："社会主义社会中，基本的矛盾仍然是生产关系和生产力之间的矛盾，上层建筑和经济基础之间的矛盾"，"社会主义生产关系已经建立起来，它是和生产力的发展相适应的；但是，它又还很不完善，这些不完善的方面和生产力的发展又是相矛盾的。除了生产关系和生产力发展的这种又相适应又相矛盾的情况以外，还有上层建筑和经济基础的又相适应又相矛盾的情况。"[1] 社会主义社会基本矛盾理论是中国特色社会主义政治经济学的总纲，也是中国特色社会主义政治经济学总体逻辑框架。而按照毛泽东的哲学观点进一步延伸，那些现在适应生产力发展的生产关系，现在适应经济基础的上层建筑，也会随着时间和情况的变化而变成不相适应的。因此不断调整和改革不适应生产力发展的生产关系以及不适应经济基础的上层建筑，是中国社会主义发展的内在动力，也是中国实行经济体制改革、政治体制改革、社会和文化体制改革的基本理论依据。

（二）初步认识了社会主义基本经济规律

社会主义基本经济规律包括社会主义生产目的、社会主义经济

---

[1] 《毛泽东文集》（第七卷），人民出版社1999年版，第214—215页。

活动的主体、人民与国家的基本利益关系等内容。发展生产力当然是社会主义经济本质的第一个特点。毛泽东同志开宗明义地说："社会主义革命的目的是为了解放生产力。"① 他还说："我们的根本任务已经由解放生产力变为在新的生产关系下面保护和发展生产力。"② 这一点，他与后来邓小平同志说的，社会主义的本质是解放生产力、发展生产力论断的前半句话是一致的。但这一点并不是社会主义基本经济规律的唯一特征，许多资产阶级政党，民族主义国家和资本主义国家的政府也都主张发展本国的生产力。那么怎么区分我们与他们呢？毛泽东同志在总结"一五"时期社会主义建设和改造的经验中，提出了十个问题（即十大关系），"都是围绕着一个基本方针，就是要把国内外一切积极因素调动起来，为社会主义事业服务"③。他接着说，所谓一切积极因素，就是广大人民，同时也包括国内外可以转化的消极因素。这就把社会主义经济活动的主体点明了。主体是人民，也包括国内外一切可以转化的消极因素；目标是发展生产力，而实现人民的获得感则是对于六亿人口的统筹兼顾、适当安排；"无论粮食问题，灾荒问题，就业问题，教育问题，知识分子问题，各种爱国力量的统一战线问题，少数民族问题，以及其他各项问题，都要从对全体人民的统筹兼顾这个观点出发"④，这个认识就与邓小平同志说的后半句话"消灭剥削，消除两极分化，最终达到共同富裕"的观点衔接起来了。归纳起来，可以得出这样的认识，社会主义基本经济规律就是：以全体人民（包括国内外一切可转化因素）为中心的经济活动，以及统筹协调全体人民的基本利益关系，逐步实现全体人民共同富裕和国家富强的目的。这就不仅把社会主义经济与一般的民族主义经济、资本主义经济区别开来，而且也为改革开放后我们支持鼓励发展非公有制经济、利用

---

① 《毛泽东文集》（第七卷），人民出版社1999年版，第1页。
② 《毛泽东文集》（第七卷），人民出版社1999年版，第218页。
③ 《毛泽东文集》（第七卷），人民出版社1999年版，第23页。
④ 《毛泽东文集》（第七卷），人民出版社1999年版，第228页。

外资提供了理论依据。

（三）开辟了社会主义基本经济制度实践探索的道路

在"一化三改"中对资本主义工商业的改造以及农业社会化的改造，加上从没收官僚资本中建立的国有经济，初步建立了社会主义公有制的经济结构。但毛泽东同志敏锐认识到这个新制度还很不完善。1956年，毛泽东同志在《论十大关系》中开宗明义地说要注意苏联在建设社会主义过程中暴露的缺点错误，避免我们走弯路。《论十大关系》首先在中央领导层引起讨论并成为党的八大总结"一化三改"实践的思想指导。《论十大关系》的第四个问题是"国家、生产单位和生产者个人的关系"，虽然没有明确说明是所有制结构，但他最早提出了"社会主义整个经济体制问题"；论述了工业和商业企业的独立自主经营问题。[①] 这与《论十大关系》中说的"国家和工厂，国家和工人，工人和工人，国家和合作社，国家和农民，合作社和农民，都必须兼顾，不能只顾一头。无论只顾哪一头，都是不利于社会主义"[②] 的观点构成了他对社会主义经济体制的初步认识。在这些关系中要兼顾两头，显然就不仅要体现在分配和交换领域中，更重要的是要体现在生产领域中，所以毛泽东特别指出工厂在统一领导下的独立性问题，他主张要给工厂一定的自主权。这就涉及国有企业的经营形式问题。党的八大以后，中共中央提出了统一经营与分散经营相结合的方针，强调与人民生活密切相关的个体手工业、小商店、小摊贩，要长期保持单独经营；还提出放宽市场管理，允许完成统购定购任务后的一部分农产品进入自由市场。这使个体工商户得到明显发展。1956年9月，上海只有1661户个体工商户，年底就增加到4236户[③]，随后还出现了雇工的私营企业，"地下工厂"和"地下商店"。对此，毛泽东同志在

[①] 《毛泽东文集》（第七卷），人民出版社1999年版，第53页。
[②] 《毛泽东文集》（第七卷），人民出版社1999年版，第30—31页。
[③] 中共中央党史研究室：《中国共产党历史》第二卷（1949—1978）（上册），中共党史出版社2011年版，第404页。

1956年12月与民主党派负责人谈话中说:"俄国新经济政策结束得早了,只搞了两年""我们保留了私营工商业职工二百五十万人(工业一百六十万,商业九十万),俄国只保留了八九万人。还可以考虑,只要社会需要,地下工厂还可以增加。可以开私营大厂,订个协议,十年、二十年不没收。华侨投资的,二十年、一百年不要没收。可以开投资公司,还本付息。可以搞国营,也可以搞私营"。毛泽东同志把这些内容也叫作"新经济政策"。① 这些认识和观点的提出,实际上为改革开放初期放开个体经营,鼓励多渠道就业,允许设立私营企业等搞活经济政策的出台,以及最终形成公有制为主、多种所有制经济共同发展;按劳分配为主、多种分配形式并存;社会主义市场经济的基本经济制度开辟了实践探索的道路。

(四) 积累了我党治国理政的最初经验

党在新中国发展社会主义事业中的一个基本经验就是统筹经济社会发展和改革的各方面工作和关系。这个经验是从"一化三改"总路线的基本实践中得来的。"一化三改"就是统筹发展与改革。国家工业化是发展目标,社会主义改造是最早的改革。第一个五年经济社会发展计划的编制,这些经验成为中国共产党70多年治国理政的重要内容,特别是在改革开放后的40多年建设中得到科学总结并长期坚持。1978年12月,党的十一届三中全会提出工作重点的转移,以及以经济建设为中心,坚持四项基本原则和改革开放为基本点;1982年9月,党的十二大制定了翻两番的小康社会奋斗目标;1984年10月,党的十二届三中全会通过了经济体制改革的决定;党的十八届三中全会提出全面深化改革的决定;党的十九届五中全会做出"十四五"规划和2035远景目标的建议。这些都是20世纪50年代初期党提出过渡时期总路线工作经验的继承与发展。

对于这样一个长期坚持的基本经验不可能也不应该没有理论总结。从政治经济学理论上解释,就是发展生产力与完善与之相适应

---

① 《毛泽东文集》(第七卷),人民出版社1999年版,第170页。

的生产关系、上层建筑的关系。新中国的经济建设从"一穷二白"起步，不可能很快建立完善的生产关系和上层建筑，需要二者紧密互动、相互促进。上层建筑应当把握生产力发展与生产关系完善的相互关系，这就要求执政党采取统筹发展与改革的工作方针，制订遵循客观经济规律的发展计划。

（五）初步认识了社会主义经济建设的长期性与阶段性规律

对社会主义经济建设长期性和阶段性的认识，是中国共产党提出社会主义初级阶段理论的思想基础。1955年3月，毛泽东同志在中国共产党全国代表会议上指出，要建成为一个强大的高度社会主义工业化的国家，就需要有几十年的艰苦努力，比如说，要有五十年的时间。① 1956年9月他又指出，要使中国变成富强的国家，需要五十到一百年的时光。② 这是百年中国梦的最早设想。在建设社会主义步骤上，他主张分两步走。第一步是建立独立的比较完整的工业体系和国民经济体系；第二步是建成一个具有现代农业、现代工业、现代国防和现代科学文化的社会主义强国。在所需时间上，他从原来的五十年延长到一百年，由此他还把社会主义分成两个阶段，第一个阶段是不发达的社会主义，第二个阶段是比较发达的社会主义。③ 毛泽东关于两个阶段、两步走的设想，成为社会主义初级阶段理论、邓小平关于中国建设"三步走"战略、党的十九大报告关于社会主义现代化强国建设两步走战略的思想来源。

1979年9月，叶剑英在《在庆祝中华人民共和国成立三十周年大会上的讲话》中明确提出了："社会主义制度还处在幼年时期……在我国实现现代化，必然要有一个由初级到高级的过程。"这是党的领导人第一次使用"社会主义制度还处在幼年时期"的提法。1981年6月，党的十一届六中全会通过的《关于建国以来党的若干历史问题的决议》中，正式提出"我国的社会主义制度还是处

---

① 《毛泽东文集》（第六卷），人民出版社1999年版，第390页。
② 《毛泽东文集》（第七卷），人民出版社1999年版，第124页。
③ 《毛泽东文集》（第八卷），人民出版社1999年版，第116页。

于初级的阶段"。6年后，在1987年10月召开的党的十三大报告中，系统阐述了社会主义初级阶段理论。这些理论贡献都是对"一五"建设实践总结的发展。

（六）提出了社会主义不同阶段社会主要矛盾的理论

社会主义经济发展与人民需求的矛盾永远都存在，但在不同阶段其内容是不同的，这是中国特色社会主义政治经济学的理论支柱之一。1956年9月召开了党的八大，它的最重要的理论贡献是提出了在完成社会主义改造以后，国内主要矛盾已经转变为人民对于建立先进的工业国的要求同落后的农业国的现实之间的矛盾，已经是人民对于经济文化迅速发展的需要同当前经济文化不能满足人民需要的状况之间的矛盾。关于这个矛盾的实质，党的八大的论断是，在社会主义已经建立起来的条件下，这个矛盾是先进的社会主义制度同落后的社会生产力之间的矛盾。党和人民当前的主要任务，就是要解决这个矛盾，把我国尽快从落后的农业国变为先进的工业国。党的八大强调在生产资料私有制的社会主义改造基本完成的情况下，我们的主要任务是在新生产关系下保护和发展生产力，集中力量发展生产力，这一点无疑是正确的。党的十九大报告关于中国社会主要矛盾变化的论断，是中国经济在新时代高质量发展的理论依据，它的思想来源与党的八大的经验有着紧密的联系。

（七）初步认识了国民经济发展规律

第一，对重工业和轻工业、农业关系的新认识，这是《论十大关系》的第一个问题。毛泽东同志总结说，优先发展重工业不等于可以忽视轻工业和农业，尤其是粮食生产。因此要适当调整对这三者的投资比例，从而增强重工业发展的后劲。1957年10月他再次强调："以重工业为中心，优先发展重工业，这一条毫无问题，毫不动摇。但是在这个条件下，必须实行工业与农业同时并举，逐步建立现代化的工业和现代化的农业。"① 这个观点是马克思主义政治经济学

---

① 《毛泽东文集》（第七卷），人民出版社1999年版，第310页。

原理的运用和发展。正是由于在社会总生产中存在第Ⅰ部类生产比第Ⅱ部类生产增长更快的客观规律，所以马克思也指出："有些事业在较长时间内取走劳动力和生产资料，而在这个时间内不提供任何有效用的产品；而另一些生产部门不仅在一年间不断地或者多次地取走劳动力和生产资料，而且也提供生活资料和生产资料。""在社会的生产的基础上，必须确定前者按什么规模进行，才不致有损于后者。"① 由于比较恰当处理了三者关系，1957年农业和副业总产值实现了"一五"计划规定目标的101%，粮食产量达到3901亿斤，完成计划的102%。农业生产能力和抗灾能力也有明显提高，5年内开垦扩大耕地5867万亩，完成计划的101%；新增灌溉面积1.1亿亩，完成计划的152.8%，占1957年灌溉总面积4.1亿亩的26.8%；农业机械总动力达到121万千瓦，比1952年增长5.7倍；农村用电量达到1.4亿千瓦时，比1952年增长1.8倍；化肥使用量（折纯量）达到37.3万吨，比1952年增长3.8倍。②

第二，对社会主义商品生产和价值规律作用的初步认识。早在1953年7月，毛泽东同志就初步认识到要"利用资本主义经济法则"，提出"在社会主义经济法则支配下，适当地利用资本主义经济法则"，因为资本主义经济还存在，法则当然也存在，不能消灭。他这里说的资本主义经济法则，就是指价值规律，他指示"再讨论一次价值法则问题。看本子看不下去，还是按问题讨论的方式好"。③ 1957年1月，他明确指出："合作社要利用价值法则搞经济核算，要勤俭办社，逐步增加一点积累。"④ 后来经过1958年"大跃进"失误的教训，毛泽东同志更加警醒，1958年11月，他要求领导干部阅读斯大林的《苏联社会主义经济问题》，要求讨论商品和价值法则。在毛泽东同志的带动下，经济理论工作者也开展了对

---

① 《资本论》（第二卷），人民出版社2018年版，第396—397页。
② 董志凯等主编：《中华人民共和国经济史（1953—1957）》（下册），社会科学文献出版社2011年版。
③ 《毛泽东文集》（第六卷），人民出版社1999年版，第289—290页。
④ 《毛泽东文集》（第七卷），人民出版社1999年版，第200页。

社会主义商品生产和价值规律的研究和讨论。无论今天我们对社会主义市场经济规律的认识多么深刻，多么丰富，但一切都是从这里开始的；尤其对于我们这些没有做过实际工作的晚辈，更应认识到"纸上得来终觉浅，绝知此事要躬行"。

第三，对积累与消费的认识。毛泽东同志从实践中看到，社会主义社会"在客观上将会长期存在的社会生产与社会需要之间的矛盾，就需要人们时常经过国家计划去调节。我国每年作一次经济计划，安排积累和消费的适当比例，求得生产和需要之间的平衡"①。"一五"时期，国家在国民经济管理中十分注重摸索这方面经验，时任国务院副总理的薄一波在党的八大发言中提出关于积累与消费的"二三四比例"，即积累率在国民收入中不低于20%②；国家财政预算收入比重不低于30%；国家预算支出中用于基本建设的支出不低于40%。最后执行的结果，中国积累占国民收入的比重从1952年的16%提高到1957年的22%；5年内全国职工平均工资增长约33%；农村购买力提高一倍；全国居民平均消费水平从1952年的76元提高到1957年102元；其中职工的平均消费水平从148元提高到205元，农民的平均消费水平由62元提高到79元。③ 可见，"一五"时期的积累与消费关系比较合理，取得的经验更是宝贵的。

（八）提出了国家宏观调控长期适用的基本方法

"一五"时期，国家实行的是计划管理，许多管理经验和国家对经济的宏观调控方式今天都已经不适用了，但有些内容反映了经济发展的客观规律，即便在今天社会主义市场经济条件下，依然具有重要参考意义。

第一，全国范围的生产力布局问题。《论十大关系》的第二个问题是"沿海工业和内地工业的关系"。毛泽东同志主张更多地利

---

① 《毛泽东文集》（第七卷），人民出版社1999年版，第215页。
② 薄一波：《若干重大决策与事件的回顾》（上卷），中共党史出版社2008年版。
③ 董志凯等主编：《中华人民共和国经济史（1953—1957）》（下册），社会科学文献出版社2011年版。

用和发展沿海工业,同时要把大部分的新工业摆在内地,使工业布局逐步平衡,并有利于备战。这个方针与"汉族和少数民族的关系"也有着密切联系。"一五"计划的工业布局贯彻了这个方针,新上的工业项目大量地摆在了内地,这些项目建成投产后,我国若干重工业产品的生产能力就将发生布局结构的重大变化(如表3所示)。促进我国生产力布局在东中西部的平衡,特别是强调发展中西部地区始终是我国经济发展战略安排中的重要内容,一直到党的十八大以后,习近平总书记提出的新发展理念,仍然把协调发展列为新发展理念,当然这个新理念的协调内容是广义的,但区域协调无疑仍然是重要的。在中国,区域经济成为经济学重要研究范畴和重要分支学科,与毛泽东同志总结"一五"建设的经验和《论十大关系》有着密不可分的关系。

表3　　中国工业生产能力区域布局(比重)的变化　　单位:%

产品	东部地区 1952 年	东部地区项目建成后	内地 1952 年	内地项目建成后
钢	82.5	49.4	17.5	50.6
煤炭	46.5	43.0	53.5	57.0
电力	63.2	42.8	36.8	57.2
石油加工	68.5	57.5	31.5	42.5
电解铜	79.0	41.0	21.0	59.0
水泥	83.9	59.3	16.1	40.7
国防工业(计产值)	52.1	23.4	47.9	76.6
合成氨	100.0	42.0	0	58.0
浓硝酸	100.0	23.0	0	77.0

资料来源:国家统计局编:《1949—1962年工业统计资料综合篇》,1963年。

第二,对中央和地方关系的认识。这在《论十大关系》中是第五个问题,毛泽东同志认为这在中国是一个十分重要的问题。由于中国是一个大国，各地的经济社会条件很不同，发展潜力和目标也很不一样，因此毛泽东同志主张既要强调中央的强有力统一领导，全国统一的计划和纪律，同时也要给各级地方政府必要的正当的独立性和权利，地方政府与地方政府之间的关系，则应当提倡顾全大局、互助互让。由毛泽东同志在"一五"实践中总结出来和确立的这些原则，直至今天仍然是中国共产党治国理政的基本遵循。中央和地方的关系是中国特色社会主义政治经济学的创造，是任何西方经济学所不可能有的，中国的经验和道路之所以成功，这是一个重要的学问。

（九）确立了自力更生与对外经济合作的基本关系

毛泽东同志早在1945年就构想新民主主义的中国如何建设工业化问题，他在党的七大上说："为着发展工业，需要大批资本。从什么地方来呢？不外两方面：主要地依靠中国人民自己积累资本，同时借助于外援。在服从中国法令、有益中国经济的条件下，外国投资是我们所欢迎的。"[1] 这是他最早关于中国独立自主、自力更生与发展对外经济关系相结合的表述。后来在1958年6月，他明确提出了"独立自主地搞建设"的主张。[2] 毛泽东同志的认识和主张在"一五"建设中得到贯彻和执行。1950—1955年，苏联借给中国11笔贷款，用以购买抗美援朝军事物资以及经济建设设备和器材。"一五"时期，苏联援助中国设计和建设的156个重点项目，原概算总投资187.8亿元，最后竣工的实际投资为196.3亿元。苏联政府给予中国政府第一次3亿美元贷款主要用于抗美援朝期间中国购买苏联武器，其余的贷款包括一部分以实物折算的引进的苏联技术装备，用于156个重点项目的投资，累计中国从苏联获得了66亿旧卢布的有偿援助，在苏联的带领下，东欧各国向中国其他项目提供的技术设备援助共计30.8亿旧卢布，总共中国从社会主义国家阵营

---

[1]《毛泽东著作专题摘编》（上），中央文献出版社2003年版，第493页。
[2]《毛泽东文集》（第七卷），人民出版社1999年版，第380页。

中获得了大约96.8亿旧卢布的工业化外来资本。① 按照当时美元与卢布1∶4的汇率②，这些外来资本约折合24.2亿美元。

苏联和东欧国家对中国"一五"建设的援助并没有人们想象的那么巨大。1952—1957年，中国总共获得了46.13亿元人民币的国外借款。③ "一五"时期，5年国家财政收入累计1355亿元，其中69.4%来自国营经济的上缴利润，同时依靠全国各族人民踊跃认购国家建设公债，而这6年国外借款只占5年财政收入的3.4%，如果扣除1952年借款，来自国外的借款仅占同期财政收入的2.7%。④ 在建设156个重大项目和其他项目中，一部分援助是以实物计价，以租赁融资的方式提供，贷款加实物折价即便按照96.8亿旧卢布计算，当时人民币与卢布的官方汇率牌价是1元人民币兑换2卢布⑤，但是按照1954年和1955年的贸易汇率计算，人民币与卢布兑换率在1∶1.05与1∶1之间。⑥ 那么苏联的援助按人民币计算不足100亿元，往大了说它只占"一五"时期中国中央和地方、企业合计的基本建设投资完成额588.5亿元的17%。⑦ 而且"一五"时期的工业项目还规定了一个原则，凡是自己能解决的就不依赖外援。可见，中国工业化资金主要还是靠内部积累。从1955年开始，中国一方面以出口贸易偿还苏联贷款，另一方面还动用黄金储备偿还，1955年以每两黄金35美元的价格拨付苏联40万两，1957年还曾以折合3125万美元的28公吨（合88.8万两）的黄金拨付苏联

---

① 沈志华：《关于20世纪50年代苏联援华贷款的历史考察》，《中国经济史研究》2002年第3期。
② 吴念鲁、陈全庚：《人民币汇率研究》，中国金融出版社2002年版。
③ 中国人民银行统计司：《中国金融统计（1952—1987）》，中国金融出版社1988年版，第180页。
④ 董志凯等主编：《中华人民共和国经济史（1953—1957）》（上册），社会科学文献出版社2011年版。
⑤ 吴念鲁、陈全庚：《人民币汇率研究》，中国金融出版社2002年版。
⑥ 董志凯等主编：《中华人民共和国经济史（1953—1957）》（下册），社会科学文献出版社2011年版。
⑦ 董志凯等主编：《中华人民共和国经济史（1953—1957）》（上册），社会科学文献出版社2011年版。

国家银行，委托其在欧洲和香港市场代为出售。① 到 1965 年，中国提前全部偿还了苏联的各种贷款和援助。

毛泽东同志主张的独立自主包括三个含义：独立地确定经济建设的目标和任务；不容许帝国主义国家的干涉；不接受苏联指挥棒的指挥。这个方针成为中国共产党一贯秉持的、毫不动摇的建设理念。自力更生精神表现在政治上，则是坚持独立自主的原则，经济上的自力更生是政治上的独立自主的基础。在改革开放大幕拉开后的 1982 年，邓小平同志就告诫全党："中国的事情要按照中国的情况来办，要依靠中国人自己的力量来办。独立自主、自力更生，无论过去、现在和将来，都是我们的立足点。"② 2013 年 12 月，习近平总书记在纪念毛泽东同志诞辰 120 周年座谈会上阐述了独立自主的时代内涵，强调独立自主"是我们党全部理论和实践的立足点，也是党和人民事业不断从胜利走向胜利的根本保证"③。

（十）确立了党领导经济工作的基本原则

1952 年 12 月，毛泽东同志在"党对政府工作的领导责任"的指示中明确强调党中央与各级党委对于政府、对财经工作、对工业建设负有领导责任，这种领导不是一般意义的领导，而是"一切主要的和重要的方针、政策、计划都必须统一由党中央规定"，而且还要"检查党的决议和指示的执行情况"④。早在 1950 年 5 月，他就发出指示，要求"省以上各级党委必须经常讨论财经工作"⑤。由毛泽东同志确立的党领导政府、党领导经济工作的原则成为新中国 70 多年长期建设的传统，这个传统在长期坚持中不断完善和丰富，成为中国共产党治国理政的基本经验。西方自由主义经济学崇拜市

---

① 董志凯等主编：《中华人民共和国经济史（1953—1957）》（下册），社会科学文献出版社 2011 年版。
② 《邓小平文选》（第三卷），人民出版社 1993 年版，第 3 页。
③ 习近平：《在纪念毛泽东同志诞辰 120 周年座谈会上的讲话》，人民出版社 2013 年版，第 21 页。
④ 《毛泽东文集》（第六卷），人民出版社 1999 年版，第 252 页。
⑤ 《毛泽东文集》（第六卷），人民出版社 1999 年版，第 59 页。

场万能，凯恩斯主义经济学认为市场会有失灵现象，需要政府干预；但西方国家从来就没有很好解决过市场失灵和政府有效干预问题，市场与政府始终是两张皮。在中国，通过中国共产党的领导，把市场决定资源配置与政府更好发挥作用有机结合和统一起来，创造性地解决了西方经济治理和西方经济学无法解决的难题，成为中国特色社会主义政治经济学的核心要义。

四 总结

本文结论是，中国特色社会主义的理论体系应当从总结社会主义的最初实践作为逻辑起点，经济学的学理逻辑要从实践和历史中总结出来，前者是后者的产物，而不是先知先觉。毛泽东同志很不赞成苏联社会主义《政治经济学教科书》的写法，认为它有两个缺点，一个是只讲物质基础，很少讲上层建筑。另一个总是从定义、概念入手；不是分析法，而是演绎法，只有形式逻辑。"一看就可以知道是一些只写文章、没有实际经验的书生写的"，搞理论工作不懂得经济实践，"理论和实践没有结合起来"。他认为定义和概念是从实践中总结出来的，而不是先验的。[①] 而总结实践经验并回应实践的呼唤，则是与书斋理论不同的学术方向。1984 年 10 月《中共中央关于经济体制改革的决定》通过后，邓小平同志评价说："写出了一个政治经济学的初稿，是马克思主义基本原理和中国社会主义实践相结合的政治经济学。"[②] 1992 年，江泽民同志在党的十四大报告中评价党的十二届三中全会通过的《中共中央关于经济体制改革的决定》，"是对马克思主义政治经济学的新发展，为全面经济体制改革提供了新的理论指导"[③]。习近平总书记说："从国情出发，从中国实践中来、到中国实践中去，把论文写在祖国大地上，使理论

[①] 《毛泽东文集》（第八卷），人民出版社 1999 年版，第 139—140 页。
[②] 《邓小平文选》（第三卷），人民出版社 1993 年版，第 83 页。
[③] 《江泽民文选》（第一卷），人民出版社 2006 年版，第 215 页。

和政策创新符合中国实际、具有中国特色,不断发展中国特色社会主义政治经济学、社会学。"① 这就是构建中国特色社会主义政治经济学理论体系的基本要求和努力方向。

(原载《经济学动态》2022 年第 1 期)

---

① 习近平:《习近平在经济社会领域专家座谈会上的讲话》,《人民日报》2020 年 8 月 25 日。

新发展理念:一个关于发展的系统的理论体系

黄群慧

新发展理念在习近平新时代中国特色社会主义思想中具有十分重要的地位,是习近平新时代中国特色社会主义思想中最重要也是最主要的理论和理念,是习近平经济思想的主要内容。习近平总书记指出:"党的十八大以来我们对经济社会发展提出了许多重大理论和理念,其中新发展理念是最重要、最主要的。新发展理念是一个系统的理论体系,回答了关于发展的目的、动力、方式、路径等一系列理论和实践问题,阐明了我们党关于发展的政治立场、价值导向、发展模式、发展道路等重大政治问题。"[1] 新发展理念的创造性提出,对社会主义现代化建设和经济社会发展中具有战略性、纲领性和引领性的重大问题作出全新阐释,系统深化了关于社会主义发展规律的理论认识,丰富发展了马克思主义关于发展观的理论内涵。

一 新发展理念的提出

经济社会发展一般是指长期性的经济要素的成长、经济体系质和量的提升以及由此而引发的社会进步,表现为长期经济增长、经济效率提高和经济结构优化升级,进而由此推进的整个社会进步、

---

[1] 习近平:《论把握新发展阶段、贯彻新发展理念、构建新发展格局》,中央文献出版社2021年版,第479页。

整体国家发展和现代化的系统过程。有史以来，人类始终为实现经济发展这个经济社会进步的终极目标而不懈努力，在亚当·斯密等经济学家的理论中，经济发展本质是伴随经济活动的质和量的提升，经济社会文化整体上所实现的众望所归的理想状态①。但问题在于什么是"众望所归的理想状态"，这本质上是一个经济发展观的问题。从更广泛的意义上而言，经济发展观涉及经济发展的动力、主体、过程、规律以及由此驱动的社会进步、现代化进程等基本内容，其后面支撑的是人类社会发展的世界观和方法论。

中国共产党以马克思主义唯物史观为指导，十分重视发展问题。从新中国成立之初提出要在一个相当长的时期内逐步实现国家的社会主义工业化，到改革开放后将社会主义本质概括为解放和发展生产力、最终实现共同富裕，从党的十六届三中全会提出以人为本的全面协调可持续的科学发展观，到党的十八届五中全会关于创新、协调、绿色、开放、共享五大新发展理念的提出，这一点都得到充分体现。党的十九大报告指出："发展是解决我国一切问题的基础和关键。"②而要解决发展问题，必须先解决发展观或者明确发展理念。理念是行动的先导，一定的发展实践都是由一定的发展理念来引领的。正如习近平总书记所指出的："发展理念是战略性、纲领性、引领性的东西，是发展思路、发展方向、发展着力点的集中体现。"③发展理念不仅指明了什么是发展的"众望所归的理想状态"，还指明了如何实现这种发展的理想状态。

2015年10月，习近平总书记在党的十八届五中全会上提出了创新、协调、绿色、开放、共享的发展理念，要求以新发展理念引领发展，引领国民经济和社会发展第十三个五年规划，夺取全面建成小康社会决胜阶段的伟大胜利，并强调坚持这五大新发展理念是

---

① 秋山裕：《发展经济学导论》，中译本，中国人民大学出版社2014年版。
② 习近平：《决胜全面建成小康社会 夺取新时代中国特色社会主义伟大胜利——在中国共产党第十九次全国代表大会上的报告》，人民出版社2017年版，第21页。
③ 习近平：《论把握新发展阶段、贯彻新发展理念、构建新发展格局》，中央文献出版社2021年版，第39页。

关系到中国发展全局的一场深刻变革。新发展理念作为一个理论体系，由创新发展理念、协调发展理念、绿色发展理念、开放发展理念和共享发展理念五大理念组成。这五大发展理念集中反映了我们党对经济社会发展规律认识的深化，也是针对我国发展中的突出矛盾和问题提出的。创新发展注重的是解决发展的动力问题，创新发展理念要求崇尚创新，明确创新是引领发展的第一动力；协调发展注重的是解决发展不平衡问题，协调发展理念要求注重协调，强调协调是持续健康发展的内在要求；绿色发展注重的是解决人与自然和谐问题，绿色发展理念要求倡导绿色，认为绿色是永续发展的必要条件和人民对美好生活的向往的重要体现；开放发展注重解决发展的国家内外联动问题，开放发展理念要求厚植开放，坚持开放是国家繁荣发展的必由之路；共享发展注重的是解决社会公平正义问题，共享发展理念要求推进共享，把共享作为社会主义的本质要求和发展的根本目标。这五大发展理念虽然是分开表述的，也分别注重解决不同方面的问题，但从国家发展角度看是一个相互贯通、相互促进、内在联系的系统。五大发展理念是一个整体系统，是一个系统的理论体系，在实践中要统一贯彻，不能顾此失彼，也不能相互替代。[1]

新发展理念不是凭空得来的，其既是在深刻总结国内外发展经验教训基础上形成的对经济社会发展规律认识的深化，也是针对我国发展中的突出矛盾和问题提出来的。新发展理念是在中国特色社会主义事业发展进入新时代背景下提出的。进入新时代，中国经济社会发展的一系列条件发生了深刻变化，这些深刻变化集中体现在社会主要矛盾已经转化为人民日益增长的美好生活需要和不平衡不充分的发展之间的矛盾，新发展理念是这一主要矛盾转化所提出的历史必然要求。[2] 从经济发展看，中国特色社会主义进入新时代以

---

[1] 习近平：《论把握新发展阶段、贯彻新发展理念、构建新发展格局》，中央文献出版社 2021 年版，第 440—443 页。

[2] 刘伟：《坚持新发展理念，推动现代化经济体系建设——学习习近平新时代中国特色社会主义思想关于新发展理念的体会》，《管理世界》2017 年第 12 期。

后，中国经济发展也出现了阶段性变化的特征。从速度、结构和政策三方面特征化事实看，中国在 2013 年经济发展进入增长速度换档期、结构调整阵痛期、前期刺激政策消化期的"三期叠加"阶段；进一步从消费需求、投资需求、出口和国际支出、生产能力和产业组织方式、生产要素相对优势、市场竞争特点、资源环境约束、经济风险积累和化解、资源配置模式和宏观调控等方面看，我国经济发展具备了速度从高速转向中高速、经济结构持续优化、经济增长动力转换的经济新常态特征，总体上中国经济已从高速增长阶段转向高质量发展阶段。2021 年党的十九届五中全会提出，我国社会主义现代化进入了一个新发展阶段，这个新发展阶段即是全面建设社会主义现代化国家新征程。从"三期叠加"到"经济新常态"、再到高质量发展阶段和新发展阶段，都是一以贯之的，体现了中国进入新时代经济社会发展的主要矛盾已经发生了深刻变化。发展条件和发展环境的变化，自然要求发展理念的变化。

习近平总书记在 2015 年提出新发展理念之后，多次在重要的会议上，尤其是在每年的中央经济工作会议上，反复强调新发展理念，要求完整准确全面贯彻新发展理念，将新发展理念作为新发展阶段有关经济社会发展全局的最重要的指导理论和理念。2016 年 1 月，习近平总书记在省部级主要领导干部学习贯彻党的十八届五中全会精神专题研讨班上，针对新发展理念围绕着力实施创新驱动发展战略、着力增强发展的整体性协调性、着力推进人与自然的和谐共生、着力形成对外开放新体制、着力践行以人民为中心的发展思想五方面问题进行了全面论述，从理论与实际、历史与现实各个角度结合重大问题对新发展理念进行了全面阐释。[①]

2017 年 10 月，在党的十九大报告中，关于新时代中国特色社会主义的十四个基本方略中，"坚持新发展理念"作为第四个基本

[①] 习近平：《论把握新发展阶段、贯彻新发展理念、构建新发展格局》，中央文献出版社 2021 年版，第 80—97 页。

方略，涵盖了坚持和完善基本经济制度和分配制度，坚持完善社会主义市场经济体制，推动新型工业化、信息化、城镇化、农业现代化同步发展，发展更高层次开放型经济等内容。习近平总书记在党的十九大报告中进一步提出我国经济已经由高速增长阶段转向高质量发展阶段，要求"贯彻新发展理念，建设现代化经济体系"，具体需要实施深化供给侧结构性改革、加快建设创新型国家、实施乡村振兴战略、实施区域协调发展战略、加快完善社会主义市场经济体制、推动形成全面开放新格局六方面战略。[①] 从中可以看出，党的十九大报告赋予了新发展理念统领经济社会发展全局的地位。在2017年12月的中央经济工作会议公报中，提出了"以新发展理念为主要内容的习近平新时代中国特色社会主义经济思想"这一概念，并且指出这是中国特色社会主义政治经济学的最新成果。

2019年中央经济工作会议上，习近平总书记进一步强调新时代推进经济社会发展必须坚定不移地贯彻新发展理念，推进高质量发展。新发展理念是整体的、全面的、多层次的，绝不是只有经济指标这一项，必须紧紧扭住新发展理念推动发展，把注意力集中到解决发展的不平衡不充分问题上来，决不能再回到简单以国内生产总值增长率论英雄的老路上。[②]

2021年1月，习近平总书记在省部级主要领导干部学习贯彻党的十九届五中全会精神专题研讨班上，要求准确把握新发展阶段，深入贯彻新发展理念，加快构建新发展格局，推进"十四五"时期高质量发展，确保全面建设社会主义现代化国家开好局、起好步。针对新发展理念，要求从以人民为中心的根本宗旨上把握新发展理念，从新发展阶段新要求的问题导向上把握新发展理念，从安全发展、忧患意识上把握新发展理念。[③] 这就系统论述了"三新一高"

---

① 《党的十九大报告辅导读本》，人民出版社2017年版，第19—20、29—35页。
② 习近平：《论把握新发展阶段、贯彻新发展理念、构建新发展格局》，中央文献出版社2021年版，第333—334页。
③ 习近平：《论把握新发展阶段、贯彻新发展理念、构建新发展格局》，中央文献出版社2021年版，第475—482页。

的发展理论体系。在 2021 年 1 月中央政治局第 27 次集体学习时，习近平总书记围绕完整、准确、全面贯彻新发展理念提出了扎扎实实贯彻新发展理念、落实以人民为中心的发展思想、继续深化改革开放、坚持系统观念、善于从政治看问题五方面要求。①

二 新发展理念的理论性

理念是上升为理性高度的观念，理论是系统完整的理念。发展理念是有关经济社会发展的理性的观念，需要从观念层面回答什么是发展、如何发展、为谁发展等一系列关于经济社会发展的基本问题。一方面，发展理念是用于指导经济社会发展，具有主观选择的特性；另一方面，发展理念绝不是凭空产生，应该是建立在对经济社会发展客观规律认识深化基础上提出的，这也就是发展理念的理论性所在。新发展理念是以马克思主义为指导，在总结概括关于发展的历史经验、吸收借鉴已有发展理论、结合中国新时代发展的实践的基础上，形成的关于发展的理性观念。新发展理念是一个关于新时代中国特色社会主义现代化事业建设的全方位的发展理念体系，其理论性既体现在新发展理念所揭示的关于经济社会发展的总体的、系统的规律性认识层面，又体现在新发展理念所揭示的关于经济社会发展的创新、协调、绿色、开放和共享五方面发展领域的具体的规律性认识层面。

从总体上看，新发展理念明确了新时代经济社会发展的发展观和现代化观，从理论上回答了发展的根本立场、总体目的、本质要求等基本问题，深化了对中国式现代化建设中人的全面发展规律的认识。实现社会主义现代化和中华民族伟大复兴，是新时代中国特色社会主义建设的总任务。这意味着中国经济社会发展的目标是实

---

① 习近平：《论把握新发展阶段、贯彻新发展理念、构建新发展格局》，中央文献出版社 2021 年版，第 500—506 页。

现社会主义现代化和中华民族伟大复兴。围绕着为人民谋幸福、为中华民族谋复兴，中国共产党领导中国人民成功开辟了中国式现代化的发展道路。中国式现代化的根本立场是坚持以人民为中心的发展思想、坚定不移地走全体人民共同富裕的道路，这从本质上区分了中国式现代化与西方现代化。中国式现代化是人口规模巨大的现代化，是全体人民共同富裕的现代化，是物质文明和精神文明相协调的现代化，是人与自然和谐共生的现代化，是走和平发展道路的现代化。新发展理念全面体现了以人民为中心的发展思想和中国式现代化的特征。习近平总书记指出："人民是我们党执政的最深厚基础和最大底气。为人民谋幸福、为民族谋复兴，这既是我们党领导现代化建设的出发点和落脚点，也是新发展理念的'根'和'魂'。只有坚持以人民为中心的发展思想，坚持发展为了人民、发展依靠人民、发展成果由人民共享，才会有正确的发展观、现代化观。"[1] 因此，新发展理念所体现的发展观、现代化观，将"以人民为中心"作为发展和现代化的根本立场、总体目标和本质要求。新发展理念虽然具体分为五大发展理念，但总体上都是围绕着"人民的根本利益"，都贯穿着"人民的根本利益"[2]。这正是新发展理念指导的中国式现代化与当今世界其他形形色色的现代化理论和模式的根本区别所在。

新发展理念所体现的发展观和现代化观，将马克思主义发展观的基本原理和方法与当代中国发展实践和中国式现代化建设要求进行了有机结合[3]，对马克思恩格斯关于经济社会发展理论和人的全面发展理论进行了当代阐释与现实应用[4]。新发展理念坚持以人民为中心的发展思想，深化了对人的自由全面发展规律的认识，丰富

---

[1] 习近平：《论把握新发展阶段、贯彻新发展理念、构建新发展格局》，中央文献出版社2021年版，第479页。
[2] 杨根乔：《论习近平以人民为中心的新发展理念》，《当代世界与社会主义》2019年第2期。
[3] 王仕国：《五大发展理念与马克思主义发展观的新发展》，《求实》2016年第11期。
[4] 顾海良：《新发展理念的新时代政治经济学意义》，《经济研究》2017年第11期。

发展了马克思主义政治经济学关于社会主义本质的理论。① 新发展理念关于现代化的发展规律的认识的深化，具有普遍的理论价值，尤其是对于那些既希望加快发展又希望保持自身独立性的发展中国家和民族，对世界各国摆脱传统发展模式的"窠臼"、跨越所谓的"中等收入陷阱"，提供了可资借鉴的中国方案和发展理念。

具体而言，创新发展、协调发展、绿色发展、开放发展和共享发展的发展理念分别从五个方面深化了对中国式现代化过程的规律性认识，系统回答了实现中国式现代化所要求的发展目标、发展动力、发展方式、发展路径等一系列根本问题。新发展理念遵循了现代化进程中的经济规律的创新发展、自然规律的可持续发展、社会规律的包容性发展等重要理论，提出的创新是发展的第一动力、协调是发展的内生需要、绿水青山也是金山银山、开放是国家繁荣发展的必由之路、实现全体人民共同富裕是社会主义本质要求等核心观点，进一步深化了对社会主义现代化建设中的经济发展规律、自然科学规律和社会发展规律的认识。②

1. 创新发展理念从理论上回答了新时代经济社会发展的根本动力问题，深化了中国式现代化建设中关于创新驱动发展的规律性认识。创新发展是第一位的新发展理念，其基本内涵要求是：充分认识创新是引领发展的第一动力，把创新摆在国家发展和现代化全局的核心位置，坚持创新发展，以创新发展理念引领发展方式转变，推动质量变革、效率变革、动力变革，实现更高质量、更有效率、更加公平、更可持续、更为安全的发展。从理论层面看，创新发展理念是马克思主义政治经济学中国化时代化的新进展，是中国特色社会主义政治经济学的重要篇章。创新是有目的的前所未有的、创造性的、复杂性的高级实践活动，对应物质生产实践、社会关系实

---

① 《习近平经济思想学习纲要》，人民出版社、学习出版社2022年版，第7页。
② 余立、孙劲松：《"新发展理念"：习近平关于现代化发展理念的检视、重构和开拓》，《理论与改革》2017年第6期。

践与科学实验等人类实践活动,具体包括技术创新、制度创新、科学创新等基本形式。创新是一种渗透性的生产要素,可以提高劳动者的能力、促进资本积累以及改进劳动资料特别是生产工具,可以将科学知识转化为生产力、引发生产工具变革从而推动生产关系的变革,可以把巨大的自然力和自然科学并入生产过程,使生产过程科学化,进而对提高生产力、促进经济发展具有巨大的促进作用。创新不仅仅对经济增长具有促进作用,还是推动社会发展的革命性力量,不仅表现在对没落社会制度的摧毁上,而且也表现在先进社会制度的引领和推进上。[1] 在一定意义上,创新本身就是生产力概念的延伸。[2] 西方经济学中新古典增长理论(外生增长理论)、新增长理论(内生增长理论)、演化经济理论等也从不同视角论述了技术进步对经济增长的意义以及内在机理。创新发展理念在继承和发展马克思主义政治经济学生产力发展的理论基础上,极大地拓展了创新的内涵和外延,深化了有关技术进步促进经济增长、科学技术发展规律等方面理论的认识,指出现代化的发展动力是遵循经济发展规律、科技发展规律的不断创新发展,人类社会现代化只能通过不断创新和提供新的资源以满足不断增长的人类需要的路径实现。

2. 协调发展理念从理论上回答了新时代经济社会发展的方法论问题,深化了中国式现代化建设中关于发展整体性协调性平衡性的规律性认识。新发展理念中的协调发展理念给出了解决发展问题的方法论[3],要求新时代推进经济社会发展必须是注重发展的整体性协调性平衡性,发展手段和发展路径都要着眼于解决发展不平衡问题,发展目标和发展标准要体现发展的协调性和平衡性的要求。从哲学方法论上看,协调发展理念遵循了事物是普遍联系的唯物辩证法,认为经济社会发展是一个各发展要素相互联系、相互作用的整

---

[1] 黄群慧:《论中国特色的社会主义创新发展理念》,《光明日报》2017年9月5日。
[2] 裴长洪、赵伟洪:《习近平中国特色社会主义经济思想的时代背景与理论创新》,《经济学动态》2019年第4期。
[3] 田鹏颖:《协调:从发展理念到方法论创新》,《中国特色社会主义研究》2016年第3期。

体性运动,必须从内在联系观点去把握整个发展过程。从经济学角度看,这是社会化大生产条件下经济体系运行的必然要求。无论是马克思主义政治经济学两大部类保持合适比例的社会再生产理论,还是毛泽东的"论十大关系",以及新时代中国特色社会主义事业"五位一体"总体布局和"四个全面"战略布局,都体现了对发展的整体性协调性平衡性规律的遵循。坚持协调发展理念,就是要求学会"弹钢琴"、增强发展的整体性协调性平衡性,就是要注重发展机会平等、资源配置均衡,这是中国式现代化进程中推进经济社会发展必须遵循的方法论原则,也是对中国式现代化的基本特征和整体性协调性平衡性规律的认识深化。新时代中国社会主要矛盾是人民日益增长的美好生活需要与不平衡不充分的发展之间的矛盾,这更需要处理好局部和全局的关系,着力推进产业协调发展、区域协调发展、城乡协调发展、物质文明和精神文明协调发展,同步推进新型工业化、城镇化、信息化和农业现代化。需要说明的是,协调发展理念不是要求遵循平均主义"大锅饭"方法论原则,而是更加强调发展过程中必须重视努力破解不平衡、不协调、不可持续的突出问题,补齐短板、挖掘潜力、增强后劲。

3. 绿色发展理念从理论上回答了新时代经济社会发展中的人与自然关系问题,深化了中国式现代化建设中关于人与自然和谐共生的规律性认识。新发展理念中的绿色发展理念要求解决好人与自然和谐共生问题,要求人类社会发展活动必须尊重自然、顺应自然、保护自然、遵循自然发展规律。在如何处理经济发展与自然环境保护的关系的问题上,习近平总书记提出了"绿水青山就是金山银山""保护环境就是保护生产力,改善环境就是发展生产力"等重要的理论论断,要求"一定要树立大局观、长远观、整体观……坚定推进绿色发展,推动自然资本大量增值"①。绿色发展理念蕴含着

---

① 习近平:《论把握新发展阶段、贯彻新发展理念、构建新发展格局》,中央文献出版社 2021 年版,第 90 页。

重大的理论价值,一方面是对马克思主义绿色发展观的传承和创新,将生态环境纳入生产力范畴,开辟了马克思主义生态思想和马克思主义政治经济学的新境界,书写了中国特色社会主义政治经济学新篇章;另一方面也是对千百年来人与自然关系的规律性认识的科学总结和关于人与自然关系思想认识的理性升华,对人类社会的现代化理论和面临的发展与环境相容性问题的科学反思。[①] 在绿色发展理念指导下,中国主动适应社会主要矛盾变化以及构建现代化经济体系的内在要求,坚持节约资源和保护环境的基本国策,努力推动形成绿色发展方式和生活方式,在积极推进中国式现代化进程的同时,也为全球环境治理提供了中国智慧与中国方案。

4. 开放发展理念从理论上回答了新时代经济社会发展中的中国与世界关系问题,深化了中国式现代化建设中关于经济全球化的规律性认识。新发展理念中的开放发展理念所揭示的是:现代化进程中的国家发展本质上是一个国家主动顺应经济全球化潮流、与世界各国合作互利共赢,从而实现国家繁荣发展的过程。开放发展理念为中国式现代化建设指明了提高内外联动性和进一步主动参与、推动、引领经济全球化的基本方向。马克思恩格斯关于世界贸易、世界市场、世界历史的重要论述,揭示了经济全球化的本质、逻辑和过程,构成了开放发展理念关于认识经济全球化的理论基础。而开放发展理念的提出,又进一步深化了对经济全球化规律的认识,丰富发展了马克思主义政治经济学关于世界经济的理论内涵。改革开放以来我国经济发展所取得的伟大成就,已经证明坚持开放发展理念、主动顺应经济全球化潮流,是实现现代化必须遵循的历史规律。"面对经济全球化大势,像鸵鸟一样把头埋在沙里假装视而不见,或像堂吉诃德一样挥舞长矛加以抵制,都违背了历史规律。"[②]

---

① 黄茂兴、叶琪:《马克思主义绿色发展观与当代中国的绿色发展——兼评环境与发展不相容论》,《经济研究》2017年第6期;朱东波:《习近平绿色发展理念:思想基础、内涵体系与时代价值》,《经济学家》2020年第3期。

② 《习近平经济思想学习纲要》,人民出版社、学习出版社2022年版,第135页。

当今世界，中国已经被认为是世界上推动贸易和投资自由化便利化的最大旗手。坚持开放发展理念，推进全方位对外开放战略，实施更大范围、更高水平、更宽领域、更深层次对外开放，建设更高水平开放型新体制，积极参与全球治理体系，推进各国携手打造人类命运共同体，推进构建广泛的利益共同体，既是中国式现代化的必然要求，也是经济全球化潮流的发展方向。

5. 共享发展理念从理论上回答了新时代经济社会发展的根本目的问题，深化了中国式现代化建设中关于共同富裕和包容性发展的规律性认识。新发展理念中的共享发展理念，要求做到促进社会公平正义、让发展成果更多地惠及全体人民，实现发展为了人民、发展依靠人民、发展成果由人民共享。共享发展理念的主要内涵包括四个方面：在共享覆盖面上实现人人享有、各得其所的"全民共享"；在共享内容上实现经济、政治、文化、社会、生态各方面建设成果的"全面共享"；在共享实现途径上实现发扬民主、人人参与的"共建共享"；在共享发展过程上实现由低级向高级、从不均衡到均衡的"渐进共享"。共享发展理念的实质就是坚持以人民为中心的发展思想，体现了人民是推动发展的根本力量的唯物史观，体现了逐步实现共同富裕的基本要求。而全体人民共同富裕是社会主义根本原则，是中国特色社会主义的本质要求，是中国式现代化的重要特征。因此，共享发展理念体现了中国经济社会发展和中国式现代化建设的根本目的和基本要求，是社会主义现代化观、发展观在新发展理念中的集中体现，丰富发展了马克思主义关于社会主义建设规律的认识。以共享发展理念为指导，实现全体人民共同富裕，是一个长期的历史过程，我们要稳步朝着这个目标迈进。中国已经打赢脱贫攻坚战，全面建成了小康社会。在新发展阶段，到"十四五"时期末，全体人民共同富裕迈出坚实步伐，居民收入和实际消费水平差距逐步缩小；到2035年，全体人民共同富裕取得更为明显的实质性进展，基本公共服务实现均等化；到21世纪中叶，全体人民共同富裕基本实现，居民收入和实际消费水平差距缩小到合理区间。实现全体人民共同富裕，首先要通过全国人民共同奋斗把"蛋糕"做大做好，然后通过合理的制度安排把"蛋糕"切好分好。

三 新发展理念的系统性

新发展理念不仅具有理论性，还具有系统性。虽然新发展理念包括创新发展、协调发展、绿色发展、开放发展、共享发展五大发展理念，但五大理念是一个有机的整体，五大理念之间是辩证的关系，它们既互相联系、互相作用，又互相区别、互相对立，构成了完整的理念体系。[①] 五大发展理念也就是五方面发展理论，五方面发展理论进一步系统化为一个理论体系。习近平总书记关于"新发展理念是一个系统的理论体系"的重要论述，深刻揭示了新发展理念的系统性，对于我们完整、准确、全面贯彻新发展理念，加快构建新发展格局具有重要意义。因此，只有深刻认识新发展理念的系统性，才能把握新发展理念的科学内涵和重大意义。关于新发展理念的系统性，至少可以从以下几方面认识和把握。

1. 新发展理念形成了中国特色"系统化的经济学说"，以创新发展、协调发展、绿色发展、开放发展、共享发展五方面内容体系开拓了当代中国马克思主义政治经济学的新境界。习近平总书记指出："我们要立足我国国情和我们的发展实践，深入研究世界经济和我国经济面临的新情况新问题，揭示新特点新规律，提炼和总结我国经济发展实践的规律性成果，把实践经验上升为系统化的经济学说，不断开拓当代马克思主义政治经济学新境界，为马克思主义政治经济学创新发展贡献中国智慧。"[②] 新发展理念就是这样一个对

[①] 邱海平：《新发展理念的重大理论和实践价值——习近平新时代中国特色社会主义经济思想研究》，《政治经济学评论》2019 年第 6 期。

[②] 《习近平关于社会主义经济建设论述摘编》，中央文献出版社 2017 年版，第 327—328 页。

经济发展实践规律性成果进行提炼总结、把实践经验进行升华而形成的最主要的"系统化经济学说"①，是党的十八大以来党中央在推动经济发展中获得的感性认识的升华，是对推动经济发展实践的理论总结。新发展理念认为：发展是解决我国一切问题的基础和关键，而发展必须是科学发展，必须坚定不移贯彻创新、协调、绿色、开放、共享的发展理念。我们知道，经济增长和经济发展问题是经济学、经济理论学说关注的核心问题。新发展理念对经济发展的目的、动力、方式、路径等经济理论学说的核心问题进行了系统回答，对经济现代化规律、人的全面发展规律、创新驱动发展规律、经济结构规律、可持续发展规律、经济全球化规律、共同富裕规律等各方面经济理论学说进行了全面深化。无论是总体上看新发展理念，还是具体上分别看五大发展理念，都有深厚的马克思主义政治经济学的学理基础——将生产力和生产关系辩证统一起来，将解放、发展和保护生产力系统结合起来，形成系统化的经济学说。因此，新发展理念的提出开辟了中国特色社会主义政治经济学的新境界，其系统化的经济学说充分体现了中国特色、中国风格、中国气派。② 更进一步地，如果以新发展理念为指导，可以合乎逻辑地形成总论、创新发展篇、协调发展篇、绿色发展篇、开放发展篇和共享发展篇六部分的《中国经济学》内容体系。在总论部分，围绕以人民为中心的发展思想和中国式经济现代化理论，整体分析描述中国经济发展过程和经济增长奇迹；在创新发展篇，全面分析中国的技术进步、资本市场发展、人口红利与人力资本发展、全要素生产率、国有企业改革与社会主义市场经济体制创新等重大问题；在协调发展篇，深入研究中国工业化、城镇化、农业与农村发展、二元经济、区域协调发展、现代产业体系等重大问题；在绿色发展

---

① 顾海良：《习近平新时代中国特色社会主义经济思想与"系统化的经济学说"的开拓》，《马克思主义与现实》2018 年第 5 期。

② 洪银兴：《新发展理念与中国特色社会主义政治经济学的新发展》，《南京政治学院学报》2017 年第 1 期。

篇,可以深入分析"绿水青山就是金山银山理念"与环境保护、"双碳"目标与气候变化、资源开发利用等重大问题;在开放发展篇,可以围绕中国国际贸易、"一带一路"、产业链与价值链、经济全球化、中国国际收支等重大问题展开论述;在共享发展篇,可以围绕社会主义生产目的、消除贫困、缩小收入差距、基本公共服务体系建设等重大问题展开论述。

2. 坚持以人民为中心的发展思想是贯穿新发展理念的系统性逻辑主线。创新发展、协调发展、绿色发展、开放发展和共享发展五大发展理念,虽然分别从五个方面回答了发展的目的、动力、方式、路径等重大理论和实践问题,但是都从不同方面很好地体现了坚持以人民为中心的发展思想,体现了发展为了人民、发展依靠人民、发展由人民共享。也就是说,贯彻五大发展理念系统性逻辑主线,是系统地体现了坚持以人民为中心的发展思想。五大发展理念虽然表述和注重的问题不同,但都系统地统一在坚持以人民为中心的发展思想上。共享发展理念作为新发展理念中发展目标层面的理念,要求全民共享、全面共享、共建共享和渐进共享,全面体现了以人民为中心发展思想和全体人民共同富裕的社会主义本质要求;创新发展理念作为新发展理念中动力层面的理念,也充分体现以人民为中心的发展思想,具体包括要充分尊重群众的首创精神、着眼于解放和发展生产力、创新方向要围绕着满足人民日益增长的美好生活需要、创新成果要由全体人民共享;协调发展理念既是经济健康可持续发展的内在要求,也是缩小区域和城乡差距、不合理的行业收入差距,进而促进全体人民共同富裕的必然需要;绿色发展理念既体现了尊重自然、人与自然和谐共生的发展要求,也是人民追求美好生态环境、实现美好生活的发展需要;开放发展理念要求坚定不移地全面对外开放,这是我国经济发展的重要法宝,是实现现代化的必由之路,也是国家强盛、人民富裕的发展路径和重要保障。

3. 实现高质量发展是贯彻新发展理念的系统性体现。我国经济已由高速增长阶段转向高质量发展阶段，经济建设的主要任务是促进经济高质量发展。在微观层面，质量在经济社会中更广泛地被认为是事物、工作、产品的满足要求的优劣程度，包括产品质量、服务质量、工程质量和环境质量等。国际标准化组织在 ISO9000 质量管理体系中将质量界定为一组固有特性满足相关方要求的程度。而从宏观层面看，所谓经济发展质量可以理解为经济发展特性满足新发展理念要求的程度。满足新发展理念要求程度越高，意味着经济发展质量越高。经济高质量发展就是经济发展能够更高程度体现新发展理念要求、解决发展不平衡不充分问题、满足人民日益增长的美好生活需要的发展。高质量发展应该具有创新是第一动力、协调成为内生需要、绿色成为普遍形态、开放成为必由之路、共享成为根本目的的一组经济发展特性。这意味着，经济增长质量高低要用是否符合新发展理念来界定和衡量。经济高质量发展表现为经济增长驱动力主要来自创新，表现为经济增长具有区域、产业、社会等各方面的内在协调性，表现为绿色增长、人与自然和谐是经济增长的普遍形态，表现为全面开放、内外联动是经济增长的必由路径，表现为经济增长成果由全体人民共享。所以，从这个角度而言，新发展理念的系统性体现在贯彻由五大发展理念系统集成而来的经济高质量发展要求。

4. 新发展理念是立足新发展阶段、构建新发展格局、实现中国式现代化的系统性指导原则。习近平总书记强调指出："进入新发展阶段、贯彻新发展理念、构建新发展格局，是由我国经济社会发展的理论逻辑、历史逻辑、现实逻辑决定的，三者紧密关联。进入新发展阶段明确了我国发展的历史方位，贯彻新发展理念明确了我国现代化建设的指导原则，构建新发展格局明确了我国经济现代化的路径选择。"[①] 这要求我们在认识和把握新发展理念时，要将新发

---

① 习近平：《论把握新发展阶段、贯彻新发展理念、构建新发展格局》，中央文献出版社 2021 年版，第 486—487 页。

展阶段、新发展理念和新发展格局联系起来看，决不能割裂开考虑。我们必须认识到，立足新发展阶段是贯彻新发展理念、构建新发展格局的现实依据，贯彻新发展理念为立足新发展阶段、构建新发展格局提供了行动指南，构建新发展格局则是应对新发展阶段机遇和挑战、贯彻新发展理念的战略选择。因此，要从发展阶段、发展理念、发展战略三者相互联系的角度来理解和把握新发展理念的系统指导性。另外，从实现中国式现代化角度看，新发展理念从理念层面回答了现代化的动力、路径、目标等重大问题，也是中国式现代化的系统性理论指南。[1] 其中，创新发展注重的是解决现代化动力问题，指明了新时代推进现代化进程的第一动力是创新；协调发展注重的是解决现代化进程中不平衡问题，实现协调发展既是现代化的目标要求，也是现代化的发展方式路径；绿色发展注重的是解决人与自然和谐问题，在未来现代化社会中，绿色、人与自然和谐一定是一个普遍的发展状态；开放发展注重的是解决现代化进程中内外联动问题，开放发展是一个国家实现现代化的必由之路；共享发展注重的是解决现代化的社会公平正义问题，推进共享发展、实现共同富裕是中国式现代化道路的本质特征要求。五大发展理念不是孤立的，而是一个系统的、贯穿新时代社会主义现代化进程的、指导现代化建设的、内在联系紧密的理论体系。

四 新发展理念的实践性

新发展理念作为一个关于发展的系统的理论体系，其重大意义不仅在于提供关于发展问题的新的规律性认识，还在于其对指导发展的实践性，也就是其在正确认识世界的基础上有效改造世界。[2] 党的十八大以来，以新发展理念为指导，中国制定实施了一

---

[1] 黄群慧：《新时代中国经济现代化的理论指南》，《经济日报》2021年10月21日。
[2] 董振华：《新发展理念的理论逻辑和实践品格》，《光明日报》2017年9月6日。

系列发展战略，中国经济发展和现代化建设取得了历史性的伟大成就，这充分证明了新发展理念的科学指导意义。

新时代党中央以中国式现代化战略为统领，按照新发展理念要求，重点部署实施了几十项战略，具体包括科教兴国、人才强国、创新驱动发展、扩大内需、乡村振兴、新型城镇化、区域协调发展、主体功能区、可持续发展、开放、就业优先、健康中国、人口发展、国家安全、文化强国等多方面重大战略，构建形成统一衔接、层次清晰、关联紧密、支撑有力的一体化国家发展战略体系。① 为深入贯彻新发展理念，有效实施国家发展战略，"十三五"和"十四五"两个五年规划中列出了具体的相关约束性指标和预期性指标。对应五大发展理念，除了开放发展理念难以通过量化指标直接对应外，其他四大发展理念在指标体系中均有不同程度的反映。关于贯彻新发展理念的具体战略部署及相应描述指标如表1所示。

表1　　　　新发展理念指导下的战略部署及相应描述

发展理念	战略部署	"十三五""十四五"规划中代表性指标
总体新发展理念	中国式现代化战略	GDP增速、全员劳动生产率
创新发展理念	科教兴国战略、国际科技合作战略、人才强国战略、人才优先发展战略、创新驱动发展战略、国家大数据战略、工业互联网创新发展战略、网络强国战略、网络信息领域核心技术设备攻坚战略、知识产权强国战略、制造强国战略、质量强国战略、标准化战略、扩大内需战略等	全社会研发经费投入增长、每万人口高价值发明专利拥有量、数字经济核心产业增加值占比、科技进步贡献率、互联网普及率
协调发展理念	乡村振兴战略、新型城镇化战略、区域重大战略、区域协调发展战略、主体功能区战略、哲学社会科学整体发展战略、文化产业数字化战略	服务业增加值比重、人口城镇化率、居民人均可支配收入增长

① 国家发改委发展战略和规划司：《深入推进中国式现代化的战略擘画》，《经济日报》2021年11月2日。

续表

发展理念	战略部署	"十三五""十四五"规划中代表性指标
绿色发展理念	可持续发展战略、积极应对气候变化战略、能源生产和消费革命战略	单位GDP能源消耗和二氧化碳排放、地级及以上城市空气质量优良天数比率、地表水达到或好于Ⅲ类水体比例、森林覆盖率、耕地保有量、非化石能源占一次能源消费比重、森林发展、主要污染物排放总量、新增建设用地规模、空气质量、地表水质量
开放发展理念	互利共赢的开放战略、优进优出战略、"走出去"战略、人民币国际化战略、自由贸易区提升战略	
共享发展理念	就业优先战略、健康中国战略、全民健身战略、慢性病综合防控战略、人口中长期发展战略、积极应对人口老龄化战略	城镇调查失业率、劳动年龄人口平均受教育年限、每千人口拥有执业（助理）医师数、基本养老保险参保率、每千人口拥有3岁以下婴幼儿托位数、农村贫困人口脱贫、人均预期寿命

资料来源：国家发改委发展战略和规划司：《深入推进中国式现代化的战略擘画》，《经济日报》2021年11月2日；《中华人民共和国国民经济和社会发展第十四个五年规划和2035年远景目标纲要》，人民出版社2021年版，第11—12页；《中华人民共和国国民经济和社会发展第十三个五年规划纲要》，人民出版社2017年版，第10页。

进入新时代，以新发展理念为指导的中国经济发展和现代化建设取得了历史性成就。从整体上看，进入新时代的十年来中国经济实力跃升新台阶，经济总量由2012年的53.9万亿元人民币上升到2021年的114.4万亿元人民币，占世界经济比重从11.3%上升到18.0%以上。中国式现代化迈进了向第二个百年奋斗目标进军的新发展阶段，全面建成了小康社会，基本实现了工业化，为开启社会主义现代化新征程、进入新发展阶段、构建新发展格局、实现新的更高目标奠定了雄厚坚实的物质基础，为世界上希望实现现代化而又保持自身独立性的国家和民族提供了全新选择。这在党史、新中国史、改革开放史、社会主义发展史、中华民族发展史上均具有里程碑意义。

具体从创新发展、协调发展、绿色发展、开放发展和共享发展五个层面看：

1. 在创新发展理念指导下，深入实施创新驱动战略，创新发展取得新成效。世界知识产权组织（WIPO）发布的《2021年全球创新指数报告》显示，2021年中国排名第12位，相比2012年的第34位，中国全球创新指数排名在十年间上升了22位，自2013年起中国全球创新指数排名连续9年稳步上升。据国家统计局社科文司《中国创新指数研究》课题组测算，如果以2005年中国创新指数为100，则2012年中国创新指数为148.2，到2020年中国创新指数达到242.6，不到10年时间中国创新指数增加了近100。[①]

2. 在协调发展理念指导下，推进供给侧结构性改革，经济发展协调性进一步提升。在产业发展方面，总体上更加趋于协同，结构性问题趋于缓解，实体经济内部的产能相对过剩问题基本得到化解，传统产业转型升级步伐加快，推动制造业转向高质量发展，产业基础能力和产业链现代化水平得到提升，金融服务实体经济的力度逐步加大。在区域发展方面，东中西部区域间的差距明显缩小，区域间人民生活水平、基本公共服务均等化、基础设施通达程度等方面差距均有明显改善，更加注重发挥区域发展比较优势，区域经济布局得到优化，推动建立了更加有效的区域协调发展新机制。另外，在城乡协调发展方面取得了更大进展，特别是精准脱贫方案的实施直接作用于农村地区的低收入群体，低收入群体收入得到明显提升，城乡收入比从2012年的2.9下降到2021年的2.5。

3. 在绿色发展理念指导下，努力建设美丽中国，经济绿色转型效果显著。进入新时代，我国树立起"绿水青山就是金山银山"的

[①] 数据来源于《2020年中国创新指数增长6.4%》，国家统计局官网，http://www.stats.gov.cn/xxgk/sjfb/zxfb2020/202110/t20211029_1823964.html。

强烈意识,美丽中国建设成为重大国策,在生态文明建设过程中加强顶层设计,出台《生态文明体制改革总体方案》,在"十三五"和"十四五"规划中不断强化绿色发展指标的约束,承诺和积极践行"碳达峰碳中和"目标,中国经济绿色低碳转型加速发展,推进制造业发展和能源绿色转型取得显著进展。从总体指标看,2012年至2021年,我国单位GDP能耗下降了26.4%,其中"十三五"时期累计下降了13.2%;单位GDP二氧化碳排放量累计下降了约34%,其中"十三五"时期累计下降了17.7%。[1]

4. 在开放发展理念指导下,积极推进高水平对外开放,全面扩大开放形成新局面。进入新时代,中国坚定不移地全面扩大开放,努力建设更高水平开放型经济新体制,促进共建"一带一路"高质量发展,推进中国走向更大范围、更宽领域、更深层次对外开放新局。2021年中国实际利用外资达1.15万亿元人民币,位居世界第二,较2012年增长62.9%。2012年至2021年,中国货物进出口总额由24.42万亿元人民币扩大到了39.1万亿元人民币,稳居世界第一位,商品出口占国际市场的份额由11%上升到15%。已有149个国家、32个国际组织与中国签署了"一带一路"合作官方文件,中国对外签署的自由贸易协定由10个增加到19个,先后分六批累计设立21个自由贸易试验区(港)。[2]

5. 在共享发展理念指导下,消除绝对贫困现象,共同富裕取得实质性进展。党的十八大以来,在共享发展理念指导下,党中央把逐步实现全体人民共同富裕摆在更加重要的位置,采取有力措施保障和改善民生,打赢了脱贫攻坚战,消除了绝对贫困现象,全面建成了小康社会。到2020年,我国按国家贫困标准计算的农村贫困人口有9899万人已全部实现了脱贫。2012年至2021年,农村居民年

---

[1] 数据来源于李雪松等《中国五年规划发展报告(2021—2022)》,社会科学文献出版社2022年版,第737—738页。
[2] 数据来源于许维娜《中国这十年:经济实力、科技实力、综合国力、国际影响力持续增强》,人民网,http://finance.people.com.cn/n1/2022/0629/c1004-32459991.html。

人均纯收入从 7917 元提高到 18931 元，城镇居民年人均可支配收入从 24565 元提高到 47412 元。城镇居民恩格尔系数从 2012 年的 36.2% 下降到 2021 年的 28.6%，农村居民恩格尔系数从 2012 年的 39.3% 下降到 2021 年的 32.7%，人均预期寿命由 75.4 岁提高到了 77.9 岁，中等收入群体的比重由 1/4 左右上升到了 1/3 左右。①

五 结语：统筹发展与安全

以人民为中心的创新、协调、绿色、开放和共享五大发展理念，是一个关于发展的系统的理论体系，是关于社会主义发展规律理论认识的新飞跃。当今中国已经进入社会主义现代化的新发展阶段，人民对现代化美好生活的向往与发展不平衡不充分的矛盾更加突出；当今世界正处于百年未有之大变局，国际环境日趋复杂，不稳定不确定性明显增强。面对新征程和大变局下的新矛盾新挑战，在认识到五大发展理念的重大理论意义和实践价值的同时，需要正确处理经济社会发展与国家安全的关系，进一步增强风险意识和树立底线思维，把国家安全问题放在党和国家事业全局更加突出的位置。

近年来，习近平总书记针对国家安全问题做出了"坚持统筹发展与安全""坚持总体国家安全观""保证国家安全是头等大事"等系列重大论断。关于发展与安全的关系以及如何统筹发展与安全，习近平总书记指出："全面贯彻落实总体国家安全观，必须坚持统筹发展与安全两件大事，既要善于运用发展成果夯实国家安全的实力基础，又要善于塑造有利于国家经济社会发展的安全环境；坚持人民安全、政治安全和国家利益至上的有机统一，人民安全是国家安全的宗旨，政治安全是国家安全的根本，国家利益至上是国

---

① 数据来源于陆娅楠《中国这十年：中国式现代化建设取得新的历史性成就》，《人民日报》2022 年 6 月 29 日。

家安全的准则。"[1] 实际上，从发展理念上看，安全发展也是一种发展理念，安全发展理念注重的是解决发展中的国家安全问题，安全发展理念要求坚持"统筹发展和安全"和"总体国家安全观"。安全发展理念的提出，在新发展理念基础上又进一步丰富和发展了对社会主义发展规律的认识。

我们必须认识到，国家安全在中国社会主义现代化事业中的全局性意义日益凸显。在现代化进程中，越是接近目标，越是会面临更多更大风险和挑战，各类安全问题就愈益突出。比如，当前中国面临着人口老龄化、人工智能等带来的挑战，经济社会发展的不平衡不协调带来的各类矛盾，经济全球化受阻带来的创新乏力风险，重大突发性公共事件带来的经济衰退风险，重大国际政治军事冲突带来的极端环境风险，等等。未来的中国现代化新征程，可能是这些风险挑战集中爆发的高危期，这些风险和挑战若应对不好，会引发经济安全、政治安全、社会安全、意识形态安全、文化安全、科技安全、军事安全、国土安全、生物安全、网络安全、生态安全等各类重大国家安全问题，有可能造成中国现代化进程的延滞甚至中断，从而对中国特色社会主义事业造成巨大影响。近几年出现的中美贸易摩擦、新冠疫情冲击、俄乌冲突等百年未有之大变局因素，也使我们更加清醒地认识到必须高度重视现代化进程中的国家安全建设和安全发展问题，必须坚持底线思维、居安思危、未雨绸缪，有效防范和化解重大风险。因此，在现代化新征程中，需要将国家安全建设放到统筹推进中国特色社会主义事业的一体化总体布局中，将安全发展理念放在统领经济社会发展的新发展理念这个整体指导理念中，以有效应对现代化新征程中的各类风险和挑战。

在安全发展理念指导下，围绕统筹发展与安全，着力解决影响中国现代化进程的各种风险，新时代以来已经重点研究部署实施的一系列具体战略包括：国家安全战略、科技兴军战略、改革强军战

---

[1] 《习近平谈治国理政》（第三卷），外文出版社2020年版，第218页。

略、军民融合发展战略、粮食安全战略、藏粮于地藏粮于技战略、重要农产品保障战略、食品安全战略、能源安全战略、金融安全战略、国家网络空间安全战略、产业链与供应链安全战略等。在"十四五"规划中，粮食综合生产能力、能源综合生产能力也被作为安全发展的两个重要约束性指标单独列出。

在新发展理念基础上，进一步统筹发展与安全，强调安全发展理念，体现了中国共产党在新形势下对经济社会发展规律有了更加全面、更加深刻、更加系统的认识，也进一步彰显了习近平新时代中国特色社会主义思想的理论创新性，具有重大的理论和实践指导意义。

（原载《经济学动态》2022年第8期）

中国式现代化作为文明新形态的理论分析

刘洪愧　邓曲恒

一　文明的内涵与现代化的本质

习近平总书记指出："我们坚持和发展中国特色社会主义，推动物质文明、政治文明、精神文明、社会文明、生态文明协调发展，创造了中国式现代化新道路，创造了人类文明新形态。"[1] 那么，中国式现代化新道路和人类文明新形态有着怎样的内在联系，中国式现代化为什么可以说是一种人类文明新形态，"新"在哪里？本文试图在厘清现代化与人类文明形态内在联系的基础上，从中国式现代化道路的本质属性、发展过程的独特性、发展维度、发展成就及其世界意义等方面给出初步回答。

（一）文明的内涵

根据亨廷顿的总结，文明最早是由18世纪法国思想家针对野蛮状态而提出的一个概念[2]，其本质在于人类社会各个方面的进步。之后，文明的概念不断扩展并更加具体和明确。美国社会学家沃勒斯坦在其著作《变化中的世界体系：论后美国时期的地缘政治与地

---

[1] 习近平：《在庆祝中国共产党成立100周年大会上的讲话》，《人民日报》2021年7月2日。

[2] 塞缪尔·亨廷顿（1996）：《文明的冲突与世界秩序的重建》（修订版），中译本，新华出版社2010年版。

缘文化》中认为①，文明是一种历史的总和，包括世界观、习俗、物质文化和精神文化等各方面的特殊联结。汤因比在其著作《历史研究》中认为，每一种文明都具有其特殊性和历史延续性，有着不被其他文明所理解的诸多方面。② 按照上述界定，文明具有丰富的内涵：

1. 文明是承载某种精神和文化的实体存在（如民族国家）。历史上以及当今世界出现过多个这样的实体，其体现在一定的生产力、生产关系和上层建筑上，且有不同于其他文明的本质属性，特别是生产关系方面的特殊属性。西方理论学者尼古拉·丹尼列夫斯基、卡罗尔·奎格利、奥斯瓦尔德·斯宾格勒、阿诺德·汤因比、塞缪尔·亨廷顿等都持这一观点。他们对人类发展历史过程中的文明类型进行了归纳和梳理。其中，俄罗斯思想家尼古拉·丹尼列夫斯基在《俄罗斯和欧洲》一书中较早指出了 10 种单独的文明类型，他在批判欧洲文明的同时，提出了斯拉夫文明的概念。亨廷顿对学者们的观点进行了总结：奎格利认为人类历史上有 16 个明显的文明类型，汤因比罗列了 20 个文明，斯宾格勒列举了 8 个主要文明，麦克尼尔和布罗代尔则分析了人类历史上的 9 个主要文明。③ 目前，国内外学术界普遍认为人类历史上至少出现了 12 个主要文明，但是其中 7 个文明已经不复存在，现存的仅有中华文明、日本文明、印度文明、伊斯兰文明和西方文明。亨廷顿进一步指出，未来世界将不会被一种单一的所谓普世文明所主导，而是有许多不同的文明所共存。中国哲学家梁漱溟则认为世界共有三种文明类型，分别为欧洲文明、中国文明和印度文明。④ 其中，中国文明是所有文明中唯一延续了五千多年的文明。党的十九届六中全会明确指出，文明不

---

① 伊曼纽尔·沃勒斯坦（1991）：《变化中的世界体系：论后美国时期的地缘政治与地缘文化》，中译本，中央编译出版社 2016 年版。
② 阿诺德·汤因比（1961）：《历史研究》，中译本，上海人民出版社 2010 年版。
③ 塞缪尔·亨廷顿（1996）：《文明的冲突与世界秩序的重建》（修订版），中译本，新华出版社 2010 年版。
④ 梁漱溟（1949）：《中国文化要义》，商务印书馆 2021 年版。

仅有不同的形态，还有一种单一的人类文明发展方式，这就是"中华民族是这个世界上古老而伟大的民族，创造了绵延五千多年的灿烂文明，为人类文明的发展作出了不可磨灭的贡献"。①

2. 文明对应着人类社会一定的发展阶段，具有独特的发展过程。人类社会并不是一开始就文明化的，它是人类社会生产力和生产关系发展到一定阶段的产物。恩格斯在《共产主义原理》中指出："共产主义革命将不仅是一个国家的革命，而将在一切文明国家里，即至少在英国、美国、法国、德国同时发生。"② 这里，文明显然暗含一定的社会发展阶段，尤其指比较发达的资本主义国家。事实上，就文明形态或者发展阶段看，人类社会至少经历了原始文明、农业文明、工业文明，目前可以说正在从工业文明走向后工业文明、信息文明或数字文明时代。每个文明形态都有与其相适应的生产力、生产关系和上层建筑，从而形成了各种具体文明形态的差异。在特定的文明发展阶段，一种文明和一种文化之所以区别于其他文明和其他文化，则是因为其发展过程的独特性。历史上的几大农业文明几乎都是独立于其他文明而各自发展的，具有独特的发展过程，从而塑造出各自的独特品质。而对于工业文明，其肇始于西方社会。西方国家也裹挟或者胁迫其他国家和地区进入其主导的工业文明的历史进程中，这使得一些人将工业文明等同于西方文明。但事实上，许多国家的工业化及其发展过程与西方国家的工业化发展过程有着本质的区别，例如东亚新兴经济体的工业化发展过程就具有强烈的儒家文化特质。中国的工业化发展过程（或中国式现代化）则是中国共产党在马克思主义理论指导下结合中国国情探索出的一条全新的工业文明道路，其发展过程迥异于西方工业文明。

3. 文明包括多个发展维度。除了物质生产技术的进步和人民生活水平提升之外，文明还涉及政治制度、社会的组织化、城市化、

---

① 《中共中央关于党的百年奋斗重大成就和历史经验的决议》，人民出版社2021年版，第3页。
② 《马克思恩格斯全集》（第4卷），人民出版社1958年版，第369页。

文化、教育、卫生、医疗、精神生活等各方面的进步。在中国式现代化发展过程中，我们追求物质文明、政治文明、精神文明、社会文明、生态文明协调发展。其中，我们特别强调生态文明，赋予文明以新的维度，标志着人类文明的进步。以上几个方面是文明的主要维度，当然文明还包括其他维度。需要强调的是，文明的核心标志仍然是生产力，文明进入更高发展阶段的主要标志也是生产力的飞跃。这体现了马克思主义的唯物史观，即生产力是社会发展的基础，生产力决定生产关系和上层建筑。这正如中国古人所言"仓廪实而知礼节，衣食足而知荣辱"。

4. 文明体现为一定的发展成就、发展持续性以及由此形成的世界影响力和辐射力。任何一种文明之所以被称为文明，正是由于它们在历史上的某个时期有着明显高于其他文明的生产力和发展成就。它们的生产力一度处于领先地位，甚至引领整个世界的发展，直接或间接地为其他文明提供了发展的养分。例如，古埃及文明为古希腊文明准备了物质基础和文字基础，古希腊文明进而成为西方文明的基础。中华文明为西方文明准备了指南针、火药、造纸术、印刷术，加速了大航海和地理大发现的到来，使得文艺复兴思想更快更广泛地传播。火药的发明更是使得西方文明获得了更大的扩张能力，加快了现代军事技术的进步。此外，文明还必须有一定的持续性，这是形成世界影响力的必要条件。历史上的文明，不管现在是否还存在，都持续了很长一段时间。古埃及文明持续了上千年。现存的中华文明、印度文明、伊斯兰文明和西方文明则都持续了一千年以上。近代以来，西方文明在生产力方面明显超过其他文明，获得了较长时间的扩张和世界影响，但是无法完全消灭其他文明。相反，西方文明为其他文明提供了进一步发展的物质基础，促进了其他文明的完善和进步。从世界各种文明的发展、交流和冲突来看，它们是不断互相影响着的，促进了彼此和世界的进步。一种文明持续的发展成就使得它获得了广泛的世界影响力，特别是对周边地区形成了较大的辐射，超越了国家的地理界限。其中，西方文明近代以来在生产力方面持续领先世界将近 500 年，创造了人类历史上惊人的生产力成就，并借此对世界的其他文明造成强烈冲击，一些文明随之消失或彻底西方化，另一些文明也深受其影响。历史上的中华文明领先世界上千年，对周边国家和地区如日本、韩国和东南亚一些地区具有深远影响，形成了东亚和东南亚地区的儒家文化圈。

（二）现代化的本质是一种文明形态

按照以上的理解，自 18 世纪 60 年代工业革命以来，人类文明便进入了一个新的发展阶段，即工业文明阶段。学术界惯用现代化概念来叙述工业革命以来的文明历程，主要指工业化以及其所带动的城市化和社会文化程度的提高。正因如此，从生产力角度来看，现代化的主要内容是工业化，它本质上是一种文明形态。中国学者认为，从历史的视角看现代化代表了一个世界性的历史过程，是人类社会从工业革命以来所经历的一场巨大变革，是代表我们这个历史时代的一种文明形式。[①] 因此，现代化的本质就是伴随工业革命所诞生的一种新的文明形态。从这个角度看，中国式现代化代表着一种新的文明形态，甚至可以称为"中国式现代化文明新形态"。这一文明新形态以工业化为推动力，促成中国从传统农业乡土社会向现代工业化城市化社会转变，并使得经济、政治、社会、文化、精神等各个领域发生深刻变革。

工业革命以来的科学、技术和工程知识的惊人扩张，使得人类以前所未有的方式来改造和利用自然资源和社会环境。在工业化或者说现代化的过程中，西方资本主义文明依靠其生产力优势，对劳动者的剩余价值进行残酷剥削，并通过海外扩张和殖民掠夺来推进其工业化和现代化的步伐。数据显示，19 世纪初期，欧洲及其殖民地占据全球土地面积的 35%，到 1878 年，这一数字达到 67%，1914 年达到 84%，之后还有所提高；19 世纪初期，英国仅有 150

[①] 罗荣渠：《现代化新论》，北京大学出版社 1993 年版。

万平方英里的土地和 2000 万人口，到 20 世纪初期，英国占有 1100 万平方英里土地和 3.9 亿人口[①]。在其扩张进程中，西方文明对其他文明产生了巨大影响，改变甚至消灭了许多人类文明（如中美洲文明和非洲文明），其他一些文明不是被征服就是被弱化，从而在一定程度上居于从属地位。

到现在为止，工业文明经历了几百年的发展历程，其中西方文明一直占据主导地位。然而，西方文明的扩张在很大程度上并不是因为其文化上的影响力，而更多是因为其先进的生产力、有计划地文化渗透以及有组织地使用武力。西方文明借助工业革命所取得的生产力成果大力发展军事技术，扩大了武器、交通工具、后勤保障和医疗方面的先发优势，增强了其发动战争的能力，促成了西方文明的扩张。这正如亨廷顿指出的，西方文明的兴起和扩张在很大程度上依赖于有组织地使用武力，而不是通过其思想、价值观或宗教的优越性，西方人已经忘记这一事实，但非西方人从未忘记。[②]

由于现代化是文明进步的主要标志，非西方国家也在探索现代化工业文明的道路。但对于选择什么样的现代化发展模式，至今依然困扰着众多发展中国家。经典的现代化理论都是从西方文明进程和实践中提炼现代化的特性，然后把它们作为现代化的标准做法来推广。甚至一些学者认为，现代化几乎等同于西方化，欧美发展模式是现代化的唯一模式和标准教材。但是，非西方国家却在这一模式中屡屡碰壁。根据世界银行统计，在 1960 年的 101 个中等收入经济体中，到 2008 年跨过"中等收入陷阱"的经济体只有 13 个，其中还包括 5 个西方国家，真正跨过"中等收入陷阱"的非西方经济体只有新加坡、韩国、中国香港、中国台湾等少数的小型经济体[③]。

[①] 塞缪尔·亨廷顿（1996）：《文明的冲突与世界秩序的重建》（修订版），中译本，新华出版社 2010 年版。

[②] 塞缪尔·亨廷顿（1996）：《文明的冲突与世界秩序的重建》（修订版），中译本，新华出版社 2010 年版。

[③] 世界银行和国务院发展研究中心联合课题组：《2030 年的中国：建设现代、和谐、有创造力的社会》，中国财政经济出版社 2013 年版。

对于更多发展中国家而言，西方现代化模式可望而不可即。

因此，中国式现代化道路的成功无疑开辟了西方模式以外的现代化方案，并与其形成鲜明对比。因为中国式现代化不仅获得显著的发展成就，而且具有不同于西方文明的底蕴、社会属性、生产关系和上层建筑。

二 中国式现代化作为文明新形态的本质属性

作为一种文明的实体，中国式现代化作为文明新形态是因为其具有与西方文明不同的底蕴、社会性质、领导集体和发展目标。中国式现代化文明也不同于其他的社会主义文明以及中国古代文明，它是结合马克思主义基本原理和中国古代优秀文明传承、吸收工业革命以来世界先进生产力的新的文明创造。

（一）中国式现代化作为文明新形态具有不同于西方文明的底蕴

中国式现代化作为文明新形态的起点和条件不同于西方。我们的起点是一个半殖民地半封建的贫穷落后国家，这就决定了中国的现代化不可能复制西方的道路，其面临巨大的挑战，从而造就了不同于西方文明的底蕴。西方现代化的起点是工业革命，先是依靠对国内劳动人民剩余价值的剥削来完成现代化的原始资本积累，随后借助世界范围内的殖民主义和掠夺来扩张。中国的现代化首先必须推翻帝国主义和封建官僚主义制造的各种障碍，建立现代化的政治基础，因此中国代表的是被压迫和被剥削民族的现代化。事实上，从晚清开始，中国的无数先贤们就一直在探索中国的现代化道路。19世纪60年代的洋务运动可以认为是中国现代化努力的开端，当时的知识分子提出了"中学为体、西学为用"的方针，试图通过结合中国传统文化和西方先进技术来推进中国的现代化。但是由于封建主义和帝国主义势力的强大，近代以来中国现代化的各种努力和尝试都没有取得成功。

中国共产党成立之后,通过新民主主义革命推翻帝国主义、封建主义和官僚资本主义,建立新中国,从而为中国的现代化奠定了政治基础。但新中国成立之初,中国还是一个人口多、底子薄、经济落后的农业大国,这是新中国工业化和现代化的起点。如果按照西方传统的工业化和现代化模式,中国将很难快速建成一个现代化国家,而很有可能沦为西方国家的附庸。因此,中国必须提出自己的现代化理论,探索中国式现代化的实践道路。从而,探索中国的现代化和工业化道路,形成中国式现代化理论,就成为新中国成立以来的努力方向。中国共产党带领人民通过社会主义改造建立社会主义制度,立足社会主义初级阶段的基本国情进行大胆的改革开放,探索出一条中国式现代化道路,目前已基本实现工业化,正在迈向全面建成社会主义现代化强国的征程。

回顾中华文明发展历程可以发现,中国并没有像西方国家那样对其他国家和文明进行征服,对周边国家的辐射和影响都不是依靠武力扩张,而是依赖文化优势以及海纳百川的气度。中华文明与西方文明有着本质上的不同,它更多是一种内敛型文明,讲求"达人达己""各美其美、美人之美、美美与共、天下大同",追求世界和平发展和合作共赢。而西方文明则有殖民主义、干预主义、同化主义的内在冲动,希望以西方为主导构建不平等的世界秩序。这就决定了中国式现代化道路的独特属性,由此成为一种文明新形态。而且,中国式现代化道路和人类文明新形态的形成过程与世界其他文明发展步调一致,是世界多个文明共同发展的一部分。

(二)中国式现代化是社会主义性质的文明形态

根据马克思主义理论,从社会性质来看,存在资本主义文明和社会主义文明。中国式现代化作为文明形态不同于西方资本主义文明,而是社会主义制度下的文明形态。新中国成立后,首先进行生产资料的社会主义改造,建立社会主义制度,从而建立起工业化和现代化的所有制基础。1953年,我国正式提出过渡时期的总路线,即在一个相当长的时期内,逐步实现国家的社会主义工业化,并逐步实现国家对农业、手工业和资本主义工商业的社会主义改造。1956年，我国基本完成对生产资料私有制的社会主义改造，基本实现生产资料公有制和按劳分配，建立起社会主义经济制度。在此基础上，党的八大提出，国内主要矛盾已经不再是工人阶级和资产阶级的矛盾，而是人民对于经济文化迅速发展的需要同当前经济文化不能满足人民需要的状况之间的矛盾，全国人民的主要任务是集中力量发展社会生产力，实现国家工业化，由此提出四个现代化目标，即把我国建设成为一个具有现代农业、现代工业、现代国防和现代科学技术的社会主义强国。

中国式现代化也有着不同于资本主义的所有制基础。改革开放以来，我们坚持以公有制为主体、多种所有制经济共同发展的基本经济制度。这既能够体现我国社会主义制度的优越性，又适应了我国社会主义初级阶段生产力发展水平。其中，公有制为主体决定了中国式现代化建设的基本方向不会动摇；决定了国有经济必须在国民经济发展中起到支撑性作用，现代化建设中的支撑性产业和基础性产业离不开国有企业。多种所有制经济共同发展则能有效发挥政府和市场的双重作用，充分调动各类市场主体的积极性，使得现代化建设可以在效率与公平之间达到动态平衡。更重要的是，这种所有制基础保证了按劳分配为主体、多种分配方式并存能够得以实现，使得中国的现代化建设始终以人民为中心，发展的最终目标是满足人民对美好生活的需要。

（三）党的领导是中国式现代化文明新形态的上层建筑基础

中国共产党从一开始就代表全体人民的利益，代表最先进生产力的发展要求。党的领导是中国式现代化道路取得成功的根本原因。对于一个后发展国家来说，如果没有一个强有力的能够始终代表人民利益的政党来组织协调有限的社会资源、动员全社会力量，那么现代化建设就根本不可能顺利推动。从戊戌变法到辛亥革命的一系列革命之所以无法成功，根本原因就是缺乏一个先进的政治组织。而新中国成立之后的很长一段时间内，我们仍面临着极其复杂危险的国际环境，西方国家在很长一段时期内不允许我们参与他们所主导的国际市场。这正如邓小平同志指出的："毛泽东同志在世的时候，我们也想扩大中外经济技术交流，包括同一些资本主义国家发展经济贸易关系，甚至引进外资、合资经营等等。但是那时候没有条件，人家封锁我们。"① 在这种情况下，如果没有党的领导和集中力量办大事的制度优势，新中国就不可能迅速建立完整的工业生产体系，将始终处于西方资本主义国家附庸的地位。改革开放之后，党的领导在现代化建设中发挥了更加重要的作用，其是有效市场与有为政府成功联系起来的决定性因素，从而既保证了市场在资源配置中起决定性作用，也可更好发挥政府作用以弥补市场失灵，还可保证市场经济不损害人民的根本利益。②

三 中国式现代化作为文明新形态的独特发展过程

作为一种发展过程，从新中国成立到改革开放，我们建立了比较完整的工业生产体系；从改革开放至今，我国基本实现了工业化③。中国用短短几十年时间就走完了发达国家几百年才走过的工业化历程，这一过程具有诸多理论和实践特征。

（一）始终坚持工业化，在优先发展重工业时强调重工业和轻工业协调发展

现代化的基本前提是工业化，很难想象一个没有实现工业化的现代化国家。恩格斯指出："大工业便把世界各国人民互相联系起来，把所有地方性的小市场联合成为一个世界市场，到处为文明和进步作好了准备，使各文明国家里发生的一切必然影响到其余各国。"④ 大工业创造了世界历史，其实也就是创造了现代化的历史。

---

① 《邓小平文选》（第 2 卷），人民出版社 1994 年版，第 127 页。
② 裴长洪、倪江飞：《党领导经济工作的政治经济学》，《经济学动态》2021 年第 4 期。
③ 黄群慧：《2020 年我国已经基本实现了工业化——中国共产党百年奋斗重大成就》，《经济学动态》2021 年第 11 期。
④ 《马克思恩格斯选集》（第 1 卷）；人民出版社 1995 年版，第 234 页。

所以说，虽然现代化不等同于工业化，但其基本内容仍然是工业化。因此，现代化的实质就是工业化所驱动的社会变迁过程，一个国家要实现现代化，就需要首先完成工业化。这决定完成社会主义工业化不仅是新中国成立时的首要任务，也是改革开放以来的首要目标，这是中国式现代化道路的核心，也是党和人民始终追求的目标。在新中国成立之前，毛泽东同志在《论联合政府》和《论人民民主专政》中就多次强调，在革命战争结束后，必须有步骤地解决工业化问题，将中国从落后的农业国转变为先进的工业国是我们的首要任务，1949年9月政治协商会议通过的《中国人民政治协商会议共同纲领》明确提出，要发展新民主主义的人民经济，稳步地变农业国为工业国。①

关于如何进行社会主义工业化，改革开放之前的策略是优先发展重工业，但也注意到了重工业和轻工业协调发展。这不仅是马克思主义政治经济学揭示的客观规律，也是当时国际政治经济环境的要求。一方面，按照马克思主义的观点，工业化不仅包括新的科学技术及相应的物质生产，还包括用机器设备去装备和改造国民经济的各主要部门，如轻工业、农业、交通运输业和服务业。因此第Ⅰ部类生产快于第Ⅱ部类生产是客观经济规律，也是一切社会扩大再生产的共同规律。因此，毛泽东同志1956年在《论十大关系》中指出："重工业是我国建设的重点。必须优先发展生产资料的生产，这是已经定了的。"② 毛泽东同志还指出："生产资料优先增长的规律，是一切社会扩大再生产的共同规律。资本主义社会如果不是生产资料优先增长，它的社会生产也不能不断增长。"③ 而且，重工业优先发展的观点还可追溯到列宁关于生产资料优先增长的理论，列宁很早就提出第Ⅰ部类优先增长规律，即"增长最快的是制造生

---

① 黄群慧：《中国共产党领导社会主义工业化建设及其历史经验》，《中国社会科学》2021年第7期。
② 《毛泽东文集》（第七卷），人民出版社1999年版，第24页。
③ 《毛泽东文集》（第八卷），人民出版社1999年版，第121页。

资料的生产资料生产，其次是制造消费资料的生产资料生产，最慢的是消费资料生产。"① 另一方面，在新中国成立之后的一段时间，还必须统筹发展与安全问题。当时的国际政治形势要求我国快速发展工业，特别是重工业和国防工业。新中国成立初期，我国工业化道路有两种选择：第一种是走西方国家工业化道路，即根据市场需求先发展轻工业，等积累大量资本后再发展重工业；第二种是走苏联的工业化道路，即通过国家指导优先发展重工业，在较短时间内快速实现工业化，然后发展轻工业。当时的国际政治形势要求我国必须快速实现工业化，只有这样才能维持政权稳定，才能在国际社会有立足之地。

当然，我国也重视工业和农业、重工业和轻工业的协调发展问题。毛泽东同志1951年指出："完成工业化当然不只是重工业和国防工业，一切必要的轻工业都应建设起来。为了完成国家工业化，必须发展农业，并逐步完成农业社会化。"② 1957年，毛泽东同志再次强调："以重工业为中心，优先发展重工业，这一条毫无问题，毫不动摇。但是在这个条件下，必须实行工业与农业同时并举，逐步建立现代化的工业和现代化的农业。"③

（二）在独立自主、自力更生基础上开展对外经贸合作

改革开放之前，我国虽然始终坚持独立自主、自力更生，但是从来不拒绝外部援助，而是努力寻求参与国际经济循环。1949年12月，毛泽东同志访问苏联时就曾电告中央："在准备对苏贸易条约时应从统筹全局的观点出发，苏联当然是第一位，但同时要准备和波、捷、德、英、日、美等国做生意"④。1956年，毛泽东同志在《要团结一切可以团结的力量》的讲话中指出："中国现在经济上文化上还很落后，要取得真正的独立，实现国家的富强和工业现代

---

① 《列宁全集》（第1卷），人民出版社2013年版，第66页。
② 《毛泽东文集》（第六卷），人民出版社1999年版，第207页。
③ 《毛泽东文集》（第七卷），人民出版社1999年版，第310页。
④ 《毛泽东文集》（第六卷），人民出版社1999年版，第35页。

化,还需要很长的时间,需要各国同志和人民的支持。"① 在这一思想指导下,在改革开放之前,我国接受了两次比较大的外国援助,第一次是新中国成立初期苏联等东欧国家援助我国建设了156项重大工程,奠定了新中国工业化的基础;第二次是20世纪70年代以第二世界国家为主向我国提供的一系列大型成套设备,弥补了我国轻工业的短板,对解决人们迫切需要的生活物资具有重要作用。

(三) 确定并始终立足社会主义初级阶段的国情

改革开放之前,党和国家领导人就认识到我国处于一个不太发达的社会主义阶段。毛泽东同志在1956年召开的知识分子问题会议上提出我国已经进入社会主义、但尚未完成的思想。② 毛泽东同志在考虑社会主义建设的时间问题时指出:"社会主义这个阶段,又可能分为两个阶段,第一个阶段是不发达的社会主义,第二个阶段是比较发达的社会主义。"③ 改革开放初期,党和国家领导人深刻认识到我国社会主义不发达的国情,认识到我国的基础太薄弱。1981年6月,党的十一届六中全会通过《关于建国以来党的若干历史问题的决议》,第一次正式使用社会主义初级阶段的概念,指出:"尽管我们的社会主义制度还是处于初级的阶段,但是毫无疑问,我国已经建立了社会主义制度,进入了社会主义社会,任何否认这个基本事实的观点都是错误的。""当然,我们的社会主义制度由比较不完善到比较完善,必然要经历一个长久的过程。"④ 1982年9月,党的十二大报告再次提出"我国的社会主义社会现正处在初级发展阶段",并用"物质文明还不发达"对我国社会主义初级阶段国情进行了概括。2016年,习近平总书记指出:"我国仍处于并将长期处于社会主义初级阶段的基本国情没有变。"⑤ 这就是说,社会主义初

---

① 《毛泽东文集》(第七卷),人民出版社1999年版,第64页。
② 《纪念毛泽东同志诞辰120周年理论座谈会发言摘要》,《新华日报》2013年12月26日。
③ 《毛泽东文集》(第八卷),人民出版社1999年版,第116页。
④ 《三中全会以来重要文献选编》(下),人民出版社1982年版,第838页。
⑤ 习近平:《习近平谈治国理政》(第一卷),人民出版社2018年版,第93页。

级阶段的主要矛盾是生产力不发达，其主要任务是提高生产力，其主要的方面就是提高工业化水平。

（四）开创性构建社会主义市场经济体制

立足我国社会主义初级阶段的国情，我们创造性地将社会主义与市场经济相结合，构建了社会主义市场经济体制，不断满足人民生活需要的轻工业得到发展，继续推动重工业领域的升级改造，创造了中国经济增长奇迹。早在1979年，邓小平同志就提出"社会主义也可以搞市场经济"。1981年《关于建国以来党的若干历史问题的决议》正式提出"必须在公有制基础上实行计划经济，同时发挥市场调节的辅助作用"。1984年，党的十二届三中全会提出"社会主义经济是公有制基础上的有计划的商品经济"。1987年，党的十三大提出"社会主义有计划商品经济的体制，应该是计划与市场内在统一的体制"。1992年，邓小平同志在"南方谈话"中进一步提出要建立社会主义市场经济体制，提出"计划多一点还是市场多一点，不是社会主义与资本主义的本质区别。计划经济不等于社会主义，资本主义也有计划；市场经济不等于资本主义，社会主义也有市场"[①]的重要论断。在此基础上，党的十四大报告正式提出："我国经济体制改革的目标是建立社会主义市场经济体制。"之后，党的十四届三中全会通过《关于建立社会主义市场经济体制若干问题的决定》。社会主义市场经济体制的确立消除了经济发展的诸多约束，对推动工业化快速发展具有非常重要的作用。它有效发挥了政府"看得见的手"和市场"看不见的手"的双重作用，既可以发挥市场机制对资源配置的调节作用，也可以发挥政府的宏观调控和集中力量办大事的作用，使得工业化以前所未有的速度推进。

（五）始终坚持经济工作的计划性和阶段性

在中国现代化和工业化过程中，我国始终坚持党对经济工作的领导，坚持党领导经济工作的系统性和计划性，这集中体现在"五

---

① 《邓小平文选》（第三卷），人民出版社1993年版，第373页。

年规划（计划）"中。新中国成立以来，我国虽然经历了从计划经济体制向社会主义市场经济体制的转变，但一直坚持制定实施五年规划。从1953年实施"一五"计划到2021年实施"十四五"规划，已经成功完成了13个"五年规划（计划）"。在每个"五年规划（计划）"中，我们明确当时的经济发展背景、形势和需求，制定相应的经济增长目标、工业发展的主要方向和重点领域，从而使得经济发展按照既定的目标和方向稳步前进，规避了发达国家普遍出现的经济增长过程中的剧烈波动。

四　中国式现代化丰富了现代化文明的发展维度

从发展维度看，中国式现代化不仅丰富了文明的各个维度，而且拓展了它们的内涵。中国式现代化文明新形态不同于西方文明过于注重物质文明的传统，而是强调物质文明、政治文明、精神文明、社会文明、生态文明协调发展。

（一）在物质文明方面，在生产力提高基础上追求全体人民共同富裕

1. 中国式现代化是人口规模巨大的现代化。生产力的提高是所有国家现代化的共性，但是中国式现代化与其他国家的不同在于，我们是14亿以上人口的现代化，这与几百万或几千万人口的经济体的现代化存在质的区别。对于几百万人口的小型经济体，其现代化相对比较简单，只要搞好几个产业或者依附于某个大国就能实现；对于几千万人口的中等规模经济体，其现代化的难度有所增加，需要产业体系比较健全，且具有较强的内源性发展动力。目前全世界实现现代化的经济体大多是人口规模低于1亿的中小型经济体，超过1亿人口且实现现代化的国家只有美国和日本。我国人口超过10亿，如何成功实现现代化不是现有的现代化理论能够给出答案的，这在人类文明史上前所未有，难度可想而知，从而成为现代化物质文明理论的重要补充。几十年来，我国实现了生产力和人民生活水平的巨大提高。我们已经基本实现工业化，国内生产总值攀升到世界第二，以购买力平价计算的国内生产总值位列世界第一，成为工业和制造业第一大国，出口第一大国，货物贸易第一大国，中等收入群体超过 4 亿人，人均国内生产总值超过 1 万美元，到 2035 年有望达到中等发达国家水平。①

2. 中国式现代化实现了全面脱贫目标，追求全体人民共同富裕。新中国成立时，我们一穷二白，1978 年时贫困人口仍占很大比重，到 2021 年中国共产党成立 100 周年时，已经全面建成小康社会，历史性地解决了绝对贫困问题。在全面脱贫的基础上，我们力求在 2035 年前后人均国内生产总值达到或超过 2 万美元，实现全体人民共同富裕，这是物质文明建设的突出标志。西方发达国家的人均高收入事实上掩盖了巨大的收入差距，而且一直没有改善的迹象。中国现代化文明新形态与西方文明的最大不同就是我们发展是为了人民，以实现全体人民共同富裕为根本目标，是对人类文明的巨大贡献。

3. 我们对生产力进步的追求没有终点，未来将加快完成信息化和数字化对国民经济各部门的改造，从而为进入更高水平的文明形态做好物质准备。数字化和智能化技术是未来先进生产力和文明形态的主要标志，我国在新型数字基础设施建设方面已经走在前列。未来将进一步实现生产和服务各领域的智能化、自动化、个性化和绿色化，使得工业和农业生产领域的工业机器人、交通运输领域的自动驾驶汽车、生活领域的智能化家居产品、服务行业的虚拟现实等得到基本普及。

（二）在政治文明方面，探索出一条中国特色的国家治理现代化道路

在国家治理方面，我们没有也无法照搬西方模式，而是经过几十年努力，探索出一条中国特色的国家治理现代化道路。中国的国

---

① 黄群慧：《2020 年我国已经基本实现了工业化——中国共产党百年奋斗重大成就》，《经济学动态》2021 年第 11 期。

家治理模式集中体现为：在党的领导下，实现政府、市场、社会共同参与，共治共享，健全完善全过程人民民主。不同于西方的两党或者多党制，我们坚持党的集中统一领导，坚持人民当家作主，坚持全国一盘棋，发挥集中力量办大事的显著优势。不同于西方的私有制为主体，我们坚持公有制为主体、多种所有制经济共同发展和按劳分配为主体、多种分配方式并存，把社会主义制度和市场经济有机结合起来。不同于西方以资本为中心的发展思路，我们坚持以人民为中心的发展思想，不断保障和改善民生、增进人民福祉，走共同富裕道路。我们的总体目标是：到2035年，各方面制度更加完善，基本实现国家治理体系和治理能力现代化；到新中国成立一百年时，全面实现国家治理体系和治理能力现代化。[①] 实现国家治理体系现代化和治理能力大幅度提高，这是上层建筑完善的主要标志。

（三）在精神文明和社会文明方面，重塑民族精神和社会风貌

物质生产技术只是文明赖以发展延续的外壳，文明的内核是民族精神、民族文化的传承和特有的社会风貌。一个民族和一个国家无论生产力水平如何发达，如果失去了其民族精神和民族文化，那么就无法作为一种单独的文明而存在。因此，中华文明一直注重文明的精神方面。中国式现代化之所以是一种文明新形态，还因为它重新塑造中华民族的认同感，使得民族精神得以延续和发展，使得民族传统的优秀文化得以延续和传播，从而增强民族自尊心、自信心、自豪感。此外，我们将马克思主义的理想信念同传统的民族精神和民族文化相结合，社会主义核心价值观获得广泛认同，使得文明的内核更加坚固。

在精神文明的基础上，我国的教育和社会发展水平全面提高，社会风貌焕然一新。新中国成立初期，全国80%的人口是文盲，人

---

① 《中共中央关于坚持和完善中国特色社会主义制度 推进国家治理体系和治理能力现代化若干重大问题的决定》，《人民日报》2019年11月6日。

均预期寿命仅有 35 岁，社会保障体系几乎是空白。中国现代化建设推动人民受教育水平不断提高，在新中国成立很短时间内就基本消除文盲，目前高等教育毛入学率已经达到 54.4%；人民福祉不断提升，人均预期寿命已经达到 77.3 岁；城镇化水平不断提高，实现了人类历史上规模最大、速度最快的城镇化，常住人口城镇化率由 1978 年的 17.92% 快速上升到 2020 年的 63.89%。[①] 而且，我们从无到有建立起覆盖全民的社会保障体系，建立健全统筹城乡、可持续的基本养老保险制度和基本医疗保险制度，基本公共服务更加均等化，城乡区域发展差距和居民生活水平差距不断缩小。此外，各种市场化的科学、教育、文化、体育产业快速发展，给精神文明和社会文明事业注入新的动力。

（四）顺应人与自然关系发展的客观要求，提出生态文明概念

生态文明是习近平总书记提出并突出强调的一个方面，是人类文明发展到当今时代的必然要求，是对文明维度的重要补充。习近平总书记多次强调，绿水青山就是金山银山，不仅是生产力，也是生活必需品。党的十九大报告指出："我们要建设的现代化是人与自然和谐共生的现代化，既要创造更多物质财富和精神财富以满足人民日益增长的美好生活需要，也要提供更多优质生态产品以满足人民日益增长的优美生态环境需要。"[②] 这不仅是为了顺应国际社会对生态环境保护的要求，而且是解决中国巨大的人口规模和稀缺的自然资源这一对客观矛盾的必然选择。这也是中国式现代化道路与西方现代化道路的重要不同。西方现代化道路以对全世界的自然资源进行掠夺式开发为代价，在历史上对自然资源的攫取曾达到疯狂的程度，打破了地球生态系统的循环和平衡。中国式现代化坚决摒弃破坏自然的现代化模式，绝不走西方现代化的老路，而是坚定不移走生态文明之路。近年来，我国也在实际行动上践行了生态文明的

---

① 此处及该段数据均来自历年《中国统计年鉴》。
② 习近平：《决胜全面建成小康社会 夺取新时代中国特色社会主义伟大胜利——在中国共产党第十九次全国代表大会上的报告》，人民出版社 2017 年版，第 50 页。

发展道路。例如，我国各级政府出台了一系列环境保护法律法规，制定了严格的污染排放标准。这使得我国的资源能源利用效率显著提升，单位国内生产总值的能耗、废气和废水排放量均显著下降。而且，我国积极参与巴黎气候大会，签署《巴黎协定》，响应"碳达峰"和"碳中和"的要求，明确提出2030年"碳达峰"与2060年"碳中和"的目标。此外，我国坚持推动绿色环保产业发展，努力开发各种新能源，新能源的使用比例不断提高，为世界经济绿色发展做出了突出贡献。

五 中国式现代化作为文明新形态的发展成就

从发展成就看，中国式现代化首先是成功实现工业化，然后逐步向信息化和数字化转型，从而将现代化推进到新的高度。

（一）工业化取得了历史性成就

新中国成立之初，我国基本上还是一个传统的农业国，工业化的基础异常薄弱。毛泽东同志在1954年有非常形象的描述："现在我们能造什么？能造桌子椅子，能造茶碗茶壶，能种粮食，还能磨成面粉，还能造纸，但是，一辆汽车、一架飞机、一辆坦克、一辆拖拉机都不能造。"[①] 这就是当时的工业化基础，可以说是接近于无。但是经过"一五"计划（1953—1957年），新中国的工业生产体系从无到有地建立起来，具备了工业化的基本框架，可以生产包括飞机、汽车、发电设备、重型机器、机床、精密仪表、合金钢等高技术产品。1952—1957年，第二产业增加值由141.8亿元增加到317亿元，第二产业增加值指数增长到原来的2.45倍；第二产业和工业占GDP比重从1952年的20.9%和17.6%提高到1957年的

[①] 《毛泽东文集》（第六卷），人民出版社1999年版，第329页。

29.6%和25.3%。① 对于主要的工业产品，生铁、粗钢和成品钢材的产量到1957年达到594万吨、535万吨和415万吨；原煤和原油分别达到1.31亿吨和146万吨，比1952年增长98.0%和231.8%；发电量达到193亿度，比1952年增长164.4%。汽车生产工业从无到有建立起来，1957年达到0.79万辆。

1957—1979年，虽然工业发展有所减速和起伏，但总体发展势头基本得到较好延续。1978年，第二产业增加值提高到1745.2亿元，相比1957年增长4.5倍；第二产业增加值和工业增加值指数分别提高到1525.2和1694；第二产业和工业占GDP比重分别提高到47.9%和44.1%，相对发达国家来看，已经达到比较高的水平。主要工业产品在1978年之前都实现快速增长，特别是化学纤维和乙烯产业从无到有建立起来；原油产量达到10405万吨；发电量达到2566亿度；粗钢产量增加4.94倍，达到3178万吨；汽车增加17.87倍，达到14.91万辆。

改革开放以来，阻碍工业发展的制约因素进一步被破除，开始了更加快速的增长。1978—2012年②，第二产业增加值达到235162亿元，增长约134倍，工业增加值达到199671亿元，增长约123倍。剔除价格因素的第二产业和工业增加值指数也均增长约37倍。但就第二产业和工业占GDP比重看，则没有继续增加，基本保持了较高比重，并在2006年达到峰值（47.9%）。这意味着在2006年之后，我国的工业化已经达到高潮，逐渐进入工业化后期。在改革开放之前，我国以重工业优先发展为目标，使得工业相对农业和服务业更快增长，工业占比大幅度提升，一定程度上偏离了经济发展的客观规律和发展阶段。但是在改革开放之后，我国调整产业发展

---

① 数据来源：根据《新中国60年统计资料汇编》和历年《中国统计年鉴》整理计算得出，其中第二产业增加值指数和工业增加值指数以1952年＝100计算。下文第二产业和工业增加值数据、城镇化率数据以及主要工业产品产值数据的来源同此。

② 1978—2012年，中国工业化快速发展，在2012年前后达到工业化的顶峰，此后进入工业化后期，经济的服务化趋势更加显著，所以本文主要考察1978—2012年的工业化发展情况。

模式，产业发展更加协调，特别是服务业开始快速发展，在国民经济中的占比逐渐上升。此外，我国采用与比较优势更加契合的发展模式，更加注重轻工业和重工业协调发展，甚至在某个阶段更加重视发展劳动密集型轻工业。这在外贸出口领域尤为明显，改革开放初期我国大量的加工贸易出口都属于服装、鞋帽、箱包等轻工业产品。这一时期的工业化也体现在城市化的快速推进中，1978—1998年城镇化率几乎增加一倍，每年增加1个百分点。1998年之后，城镇化推进速度再度加快，每年增加多于1个百分点，从1998年的33.35%迅速跃升到2018年的52.57%。

1978—2012年，主要的工业产品也大幅度增长。其中，化学纤维产量增加将近134倍，且明显高于纱和布的增长幅度，反映出轻工业领域工业化程度的提高。原煤和原油分别增加将近5倍和1倍，其中原油产量增长相对不高主要是受制于我国石油储量少，从而更多依赖进口。发电量增加18.57倍，反映出强劲的工业生产需求。最能反映工业化生产的生铁、粗钢和成品钢材分别增长约18倍、22倍和42倍，中国逐渐跃升为世界上最大的钢铁生产国。化学工业中使用最多的乙烯增加38倍。此外，汽车产量增加约128倍，达到约1928万辆，由于汽车的产业链供应链较长，更加能够体现我国工业综合能力的提高。

总之，新中国成立以来，中国的工业化取得了举世瞩目的成就，建立了世界上最完整的现代工业体系，拥有39个大类、191个中类、525个小类，成为唯一拥有联合国产业分类中全部工业门类的国家。在500多种主要工业产品中，中国有220多种产品的产量位居世界第一。其中，原煤、水泥、粗钢、成品钢材、化肥、发电量、电视机等主要工业产品的产量连续多年位居世界第一。2010年开始，中国就成为世界制造业第一大国，制造业增加值几乎是美国和日本的总和[①]。到党的十八大召开，中国事实上已经完成工业化

---

① 黄群慧：《中国共产党领导社会主义工业化建设及其历史经验》，《中国社会科学》2021年第7期。

的绝大部分进程。习近平总书记2018年在庆祝改革开放40周年大会上的讲话对此进行了概括：一是"我们用几十年时间走完了发达国家几百年走过的工业化历程"，二是"建立了全世界最完整的现代工业体系"，三是"我国是世界第二大经济体、制造业第一大国"。①《中共中央关于党的百年奋斗重大成就和历史经验的决议》也指出："我国从积贫积弱、一穷二白到全面小康、繁荣富强，从被动挨打、饱受欺凌到独立自主、坚定自信，仅用几十年时间就走完发达国家几百年走过的工业化历程，创造了经济快速发展和社会长期稳定两大奇迹。"②

（二）工业化和信息化融合发展成效显著

2001年之后，世界进入信息化阶段，利用信息技术对工业进行改造、从后工业社会向信息化社会转型成为世界各国的重要目标。在这个过程中，信息技术和相关产业不断成长壮大，从而开始了以信息化带动的新型工业化进程。根据联合国贸发会（UNCTAD）发布的《数字经济报告2019》，1992年全球数据流量仅100GB/天，2002年达到100GB/秒，2017年提高到46600GB/秒，2022年将攀升到150700GB/秒；全球信息和通信技术（ICT）产业增加值2015年达3.2万亿美元，占全球GDP比重达4.3%。近年来，信息化更是发展到高级阶段或者说数字化阶段。这也使得工业化出现新的动向，即利用数字化智能化技术对传统工业进行改造，这是奠定未来世界各国工业和制造业国际竞争力的关键所在。

在快速推进工业化进程的同时，我国也密切注意到国际社会工业化的新形势和新动向。为了追赶发达国家利用信息技术对工业行业进行改造的大潮流和生产力发展趋势，我国2001年就提出要走新型工业化道路，推动工业化和信息化融合发展。党的十六大报告正

---

① 习近平：《在庆祝改革开放40周年大会上的讲话》，《人民日报》2018年12月19日。

② 《中共中央关于党的百年奋斗重大成就和历史经验的决议》，人民出版社2021年版，第63页。

式提出我国要走新型工业化道路，要求"坚持以信息化带动工业化，以工业化促进信息化，走出一条科技含量高、经济效益好、资源消耗低、环境污染少、人力资源优势得到充分发挥的新型工业化路子"①。新型工业化是相对于传统工业化而言的，更强调与工业化和信息化的融合。党的十六大以后，我国一直坚持走新型工业化道路，其内涵逐步丰富。党的十七大报告、十八大报告和十九大报告都强调，坚持走中国特色新型工业化道路，推动信息化和工业化深度融合。党的十九届五中全会提出，到2035年基本实现新型工业化、信息化、城镇化、农业现代化，完成信息技术对国民经济主要部门的改造，"十四五"规划进一步重申了这个目标。可以说，在新时代和新发展阶段，我国现代化的新任务就是用信息化和数字化技术来对国民经济各部门进行改造，这也是世界各国现代化的新目标和新任务。中国式现代化的目标包括这些内容，但有新的属性和任务。

从我国的发展实践看，信息技术产业从2001年就开始起步，但是还比较滞后。根据国际电信联盟的数据，当时我国互联网接入比例、移动电话使用比例、固定宽带和移动宽带使用比例都处于非常低的水平。其中互联网使用比例仅1.78%，移动电话使用比例仅6.61%，固定宽带和移动宽带的使用几乎为零。此后，我国提出信息化和工业化融合发展战略，信息化开始加速，到2010年互联网使用比例已经达到34.3%，移动电话使用比例也已经达到比较高的水平（62.76%），但固定宽带和移动宽带的使用比例仍比较低，分别为9.23%与3.44%。2010年之后，我国信息化进入更快速的发展阶段，到2020年前后，各项指标与发达国家已经相差较小，如果进一步考虑我国人口基数和农村地区的制约，那么与发达国家基本没有差距，特别是在城市地区甚至优于发达国家。

近20年来，我国信息基础设施也快速发展，到2019年前后已

---

① 《江泽民文选》（第三卷），人民出版社2006年版，第545页。

经基本赶上美国、日本和德国的发展水平。根据《中国统计年鉴2020》的数据，2019年我国各行业中使用计算机的人数比例已经较高，全部行业达到32%，采矿业、制造业、电力热力燃气及水生产和供应业分别达到25%、28%和68%。除了建筑业等少数行业外，其他服务业中计算机的使用比例也较高，其中信息传输、软件和信息技术服务业的比例最高，达到131%，教育业达到108%。就企业使用互联网来看，全部行业的使用比例达到51%，制造业的使用比例达到67%，其他行业的使用比例也都普遍较高。可以说，我国已经实现了信息化的初级阶段任务，基本完成信息化通信和传输技术对国民经济各部门的初级技术改造。

（三）数字化为中国式现代化文明进入新发展阶段提供了生产力基础

1. 数字技术和数字经济加快发展，为中国式现代化向数字化转型奠定了物质技术和知识基础。数字化是信息化的高级发展阶段，世界各国正运用数字化技术对传统产业进行改造升级，我国也面临这一任务。在信息化初级阶段的基础上，我国开始对国民经济各部门进行信息化的高级阶段改造。虽然中国的数字化水平与美国仍有一些差距，但是由于中国超大规模市场优势，数字经济规模发展已经是仅次于美国的第二大国，其他国家受市场大小的限制，在数字经济方面明显落后于中国和美国。而就数字经济规模、平台企业数量、工业机器人的使用数量、产业数字化程度等指标看，中国几乎与美国并驾齐驱，成为引领全球数字经济发展的主要国家。

党的十八大以来，党中央高度重视数字经济发展，将其上升为国家战略，传统制造业向数字化智能化方向转型升级的速度明显加快。党的十八届五中全会提出，实施网络强国战略和国家大数据战略，拓展网络经济空间，促进互联网和经济社会融合发展；党的十九大提出，推动互联网、大数据、人工智能和实体经济深度融合；党的十九届五中全会提出，发展数字经济，推进数字产业化和产业数字化，推动数字经济和实体经济深度融合，打造具有国际竞争力的数字产业集群。而且,党中央非常重视新型基础设施和数字基础设施建设。2019年7月,中共中央政治局会议提出"加快推进信息网络等新型基础设施建设"。2020年3月,中共中央政治局常务委员会会议强调"加快5G网络、数据中心等新型基础设施建设进度"。党的十九届五中全会进一步要求:"系统布局新型基础设施,加快第五代移动通信、工业互联网、大数据中心等建设。"

虽然我国数字基础设施还处于发展的早期阶段,但是近年来也取得初步发展成就。在5G通信方面,工业和信息化部发布的《2021年通信业统计公报》数据显示,截至2021年年底,我国累计建成并开通5G基站142.5万个,总量占全球60%以上。在数据中心建设方面,建成了诸多超大规模数据中心。在工业互联网方面,诸多大型制造业企业都在加快建设行业层面的工业互联网平台。在人工智能方面,国内大型互联网企业正在建设人工智能开放平台,在自动驾驶、人脸识别、医疗读片等领域已经实现一定突破。在此基础上,数据也成为一种新的生产要素,2020年4月出台的《中共中央 国务院关于构建更加完善的要素市场化配置体制机制的意见》将数据作为一种新型生产要素写入文件,提出在农业、工业、交通、教育等领域开发各种数据应用场景。可以预见在不久的将来,随着我国数字基础设施的完善,必将成为我国工业升级和经济数字化转型的重要推动因素。

2. 作为最新生产力的代表,数字技术在各领域的广泛使用使得现代化进入新的发展阶段,给现代化赋予更多内涵和动力,将促进生产方式发生变革。第一,数字技术不仅是新的经济增长点,而且是改造传统产业的核心所在,对传统企业生产方式变革具有重大影响。第二,利用数字技术可以推动各类生产要素更好更快流动,推动各类市场主体加速融合,助推市场主体改造升级,对产业链供应链的延伸和结合具有重要作用,对加快构建以国内大循环为主体、国内国际双循环相互促进的新发展格局具有重要意义。第三,数字技术也是构建国家竞争新优势的核心力量。数字技术和数字经济已经成为全球科技革命和产业变革的趋势，是新一轮国际竞争的重点领域，美国联合西方国家对我国数字技术的打压和围堵将越来越趋于严格。我国必须在加大数字技术自主研发的同时，充分发挥超大规模市场形成的海量数据和丰富的应用场景优势，促进数字技术和实体经济深度融合，促进传统产业转型升级，形成更大的国际数字技术市场，从而构成数字技术国际竞争和合作的重要依托。因此，探索如何利用数字技术对工业和整个国民经济进行改造，推动新发展格局构建，将是中国式现代化道路的重要方向。

3. 伴随数字化对国民经济各部门改造的完成，中国式现代化文明新形态将出现新特征。第一，价值创造的主体将发生变化，数据成为一种新的生产要素，在价值创造中的作用不断增强，进而会引起分配方式的变革。第二，生产的智能化程度不断提高。以5G通信技术为基础，基于物联网、云计算、大数据的生产体系逐渐完善，并伴随工业自动化、智能制造、人工智能、工业机器人的使用，将使得生产的智能化程度得到前所未有的提高。这种新的生产模式将对所有工业甚至农业和服务业进行改造。这也将使劳动者和劳动工具、劳动对象的关系发生重大变化。人工智能将渗透工业生产的各个方面，智能化机器将替代大部分简单劳动。第三，生产和生活的绿色化程度不断提高。以往工业化模式在推动人类社会发展的同时，也造成资源能源的大量消耗和生态环境的破坏，加剧了人与自然之间的矛盾。全球资源能源危机、生态环境危机、气候变化危机日益严重，迫使世界主要国家开始寻求新的工业化发展路径。而以数字化推动的工业化可以有效节约资源能源、不断开发新能源、新的绿色要素和绿色化生产方式。第四，数字化对资本更加有利，可能扩大资本相对劳动力的优势，使得劳动者收入下降。数字化使得生产工具逐渐由传统的人工操作机器转变为智能化信息机器系统，作为劳动者的个人则由产业工人转变为数字劳工和"在线零工"。这意味着，平台企业及其背后的资本对劳动者的控制、监督和经济压榨将更加强化和隐秘，带来数字经济鸿沟。

六　中国式现代化作为人类文明新形态的世界意义

中国式现代化作为人类文明新形态与世界其他文明也有诸多共同点，吸收并有效利用了世界一切文明的优秀成果，特别是生产力方面的成果。这种文明的共同点正是其世界意义的体现，但其世界意义更在于：

首先，中国式现代化是和平发展的现代化文明，促进了世界经济更好更快发展。中国式现代化这一文明新形态在和平发展中形成，具有包容性，追求并有利于世界和平发展。习近平总书记始终强调"我国现代化……是走和平发展道路的现代化。这是我国现代化建设必须坚持的方向"[1]，并且指出"中国走和平发展道路，不是权宜之计，更不是外交辞令，而是从历史、现实、未来的客观判断中得出的结论，是思想自信和实践自觉的有机统一"[2]。这种和平发展的中国式现代化为世界发展做出了突出贡献。中国脱贫攻坚战取得全面胜利就是对联合国千年发展目标的最大贡献，累计解决了几亿人的贫困问题。中国对世界经济增长的贡献越来越大，2008年国际金融危机之后，中国就成为全球经济增长的最大拉动因素，连续多年对世界经济增长贡献率超过30%。中国倡导的共建"一带一路"使得更多发展中国家和内陆国家融入全球经济地理，促进了这些国家的发展，是对世界经济平衡发展和可持续发展的重大贡献。

其次，中国式现代化文明新形态与西方文明有着本质的不同，在独特的发展过程中取得了显著的发展成就，具有广泛的启示借鉴意义。中国式现代化道路的成功无疑打破了将现代化等同于西方化的教条主义思维，从而给其他发展中国家的现代化提供新启示和新

---

[1] 习近平：《把握新发展阶段、贯彻新发展理念、构建新发展格局》，中共中央文献出版社2021年版，第474页。
[2] 《习近平总书记系列重要讲话读本（2016年版）》，人民出版社2016年版，第263页。

选择。它说明"通向现代化的道路不止一条，世界上既不存在定于一尊的现代化模式，也不存在放之四海而皆准的现代化标准"①；"我国的实践向世界说明了一个道理：治理一个国家，推动一个国家实现现代化，并不只有西方制度模式这一条道，各国完全可以走出自己的道路来。"② 可以说，我们用事实宣告了西方现代化模式是唯一选择观念的破灭。中国式现代化道路也意味着，非西方国家在现代化过程中完全可以保留和发扬自身文化，而不必全盘采用西方价值观。现代化本身并不会导致世界文明多元性的终结，相反，现代化将促使世界各伟大文明焕发生机并且彼此融合。总之，中国式现代化文明新形态终结了西方现代资本主义文明形态的话语霸权，为那些既希望实现工业化又想保持自身独立自主的发展中国家提供了新的选择，为解决人类社会发展问题提供了中华文明的智慧。

最后，现代化文明既是一种发展的过程，也是一种发展的结果，从发展的过程和发展的结果看，中国式现代化文明都不同于西方文明以及其他文明，从而创造了世界现代化文明的新形态。作为一种发展的过程，中国式现代化是世界现代化文明发展过程的重要组成部分。作为一种发展的结果，中国式现代化对应着一个现代化的强国，它将对世界发展中国家形成巨大的影响。习近平总书记指出："党领导人民成功走出中国式现代化道路，创造了人类文明新形态，拓展了发展中国家走向现代化的途径，给世界上那些既希望加快发展又希望保持自身独立性的国家和民族提供了全新选择。"③ 伴随中国工业化的最终完成以及信息化和数字化的发展为新型工业化奠定条件，中国式现代化文明将在 2035 年前后达到新的高度，从而形成更广泛的世界影响。这正如习近平总书记指出的："社会主义初级阶段不是一个静态、一成不变、停滞不前的阶段，也不是一个自发、被

---

① 《求是》杂志编辑部：《指引全面建设社会主义现代化国家的纲领性文献》，《小康》2021 年第 15 期。
② 《习近平关于社会主义政治建设论述摘编》，中央文献出版社 2017 年版，第 7 页。
③ 《中共中央关于党的百年奋斗重大成就和历史经验的决议》，人民出版社 2021 年版，第 64 页。

动、不用费多大气力自然而然就可以跨过的阶段,而是一个动态、积极有为、始终洋溢着蓬勃生机活力的过程,是一个阶梯式递进、不断发展进步、日益接近质的飞跃的量的积累和发展变化的过程。全面建设社会主义现代化国家、基本实现社会主义现代化,既是社会主义初级阶段我国发展的要求,也是我国社会主义从初级阶段向更高阶段迈进的要求。"[①]

(原载《经济学动态》2022 年第 6 期)

---

① 习近平:《把握新发展阶段、贯彻新发展理念、构建新发展格局》,中央文献出版社 2021 年版,第 474—475 页。

中国奇迹何以发生:基于政治经济学解释框架

周 文 李 超

一 引言

近代以来,西方崛起与国家兴衰的话题一直由西方主导。但是,究竟是什么原因使得中国和西方世界在 15 世纪以后的经济发展历程上呈现两条截然不同的道路?这一问题的提出至少可以回溯到 20 世纪中叶魏特夫对于东西方社会形态分野的指认。[①] 彼时美国正处于资本主义发展黄金时代的末期,西方与东方世界特别是其中的中国,力量对比格外悬殊,这也就意味着对于大分流问题的讨论不可避免地从一开始就带有西方中心论的浓厚色彩。长期以来,由于国内外学术界受到这种西方中心论的影响,虽然对于大分流的具体成因莫衷一是,但本质上却形成了一种自由主义经济学的主流"共识":相对于欧洲,近代中国处于政府的集权管制之下,劳动分工受到人为的束缚,国家可以肆意剥夺人民的私有财产,从而阻断了市场的自然发展,进而把萌芽的资本主义扼杀在摇篮里。例如,魏特夫和布罗代尔等学者就直指中西社会经济制度的差异。按照魏特夫颇具影响力的观点,长期以来东方国家的政府作为农业生产管理

[①] 魏特夫(1957):《东方专制主义——对于极权力量的比较研究》,中译本,中国社会科学出版社 1989 年版。

者和治水官僚机构，实际上成为该国最大的地主，从而使社会上的宗教文化依附于君主而存在，政府得以实行集权专制而非仁慈的统治，并由此在西方刻画出东方封建专制国家的中国形象。而布罗代尔则把矛头指向古代中国大一统和中央集权的政治体制[1]，认为官僚政府的过度控制阻止了交易和集市的自由发展，从而难以突破"钟罩"走向资本主义。Elvin 则主要从资源约束的角度解释中西大分流，系统总结了以往西方经济史学界对于中华帝制时期经济演变历程的研究，认为中国在 14 世纪后社会经济鲜有变化，出现了"量的增长，质的停滞"，而在帝国晚期更是陷入由政府主导的结构均衡和劳动对技术替代的高水平陷阱之中，专制君主切断了国际联系，妨害了自由市场的形成与发展，阻碍了社会文化的自发演进，进而落入"高水平陷阱"。[2] 此外还有诸多学者从儒家文化的保守性、近代中国的闭关锁国政策等角度来回答"李约瑟之谜"。作为相对综合派的研究，如兰德斯和艾伦就参考结合了诸多因素[3]，认为地理、气候、宗教和文化等诸多得天独厚的条件共同铸就了英国的自由市场发展环境[4]，而与此相反，正是盲目的文化优越感和狭隘的自上而下政府专制共同导致了中国在工业革命时代的落后。

然而，近年来的理论研究和现实发展都给上述"共识"带来了严峻挑战。在理论研究中，以加州学派为代表的一些学者基于严格的经济史料分析，重新开启了有关近代东西方差异的新议题。已有研究提出，过去这种对于历史大分流成因的"共识"式解释本身存在致命的理论缺陷。在市场方面，整个 18 世纪，中国的贸易和市场发展水平与自由贸易程度即使不是优于欧洲，也至少和欧洲大致相当。黄宗智在其内卷化理论的研究中，进一步得出了与西方主流观

---

[1] 布罗代尔（1986）：《十五至十八世纪的物质文明、经济和资本主义》，中译本，商务印书馆 2017 年版。
[2] Elvin, M. (1973), *The Pattern of the Chinese Past*, Cambridge University Press.
[3] 兰德斯（1998）：《国富国穷》，中译本，新华出版社 2010 年版。
[4] 艾伦（2009）：《近代英国工业革命揭秘——放眼全球的深度透视》，中译本，浙江大学出版社 2012 年版。

点相反的结论，即 1350—1850 年的长江三角洲确有自由发达的商品市场经济①，但这种自然发展实际上固化了小农经济和家庭生产模式，而并没有导致资本主义萌芽，从而市场形成过程和经济发展过程之间似乎存在非相关性的根本差异。另外，对国家在经济发展中的作用语焉不详，存在一种"国家形象之谜"，这在中英两国比较中尤为明显。

具体而言，西方学者眼中的"中华帝国"，一方面被描述为灭绝自由、残酷专制压迫的国家机器，另一方面又被描述为积贫积弱、无力维护统治的羸弱政府；而同时期的"大英帝国"一方面被视为自由放任资本主义的伟大先驱，另一方面又被看作政府主导下的财政军事国家。同时，在现实经济中，不论是 2008 年的国际金融危机，还是近来的中美贸易摩擦和逆全球化趋势，都显示出自由放任市场的堕落和市场原教旨主义的"乌托邦"，更暴露出自由主义经济学理论蕴含的严重问题。而新中国成立 70 多年特别是改革开放 40 多年来的中国经济奇迹，更是有力地反驳了那些以西方经济制度为标杆，以及局限于地理、文化和人种视角解释历史大分流的西方中心论者的自大和偏见。正如习近平总书记在亚洲文明对话大会开幕式上所言："每一种文明都扎根于自己的生存土壤，凝聚着一个国家、一个民族的非凡智慧和精神追求，都有自己存在的价值。人类只有肤色语言之别，文明只有姹紫嫣红之别，但绝无高低优劣之分。认为自己的人种和文明高人一等，执意改造甚至取代其他文明，在认识上是愚蠢的，在做法上是灾难性的。"②

以上种种，不论是加州学派对于旧有"共识"的革新，还是 21 世纪以来经济学的理论与现实的张力，本质上都指向一个核心议题：如何正确地审视和处理好政府与市场的关系。重新审视东西方大分流的历史，严谨地分析市场与国家在这一时期各自的作用，可

---

① 黄宗智：《长江三角洲小农家庭与乡村发展》，中华书局 2000 年版。
② 习近平：《深化文明交流互鉴　共建亚洲命运共同体——在亚洲文明对话大会开幕式上的主旨演讲》，人民出版社 2019 年版，第 6 页。

能是解开"国家形象之谜"和回答中西方历史大分流成因的钥匙。立足改革开放40多年的经济发展实践,正视我国正处于并将长期处于社会主义初级阶段的基本国情,审慎分析和认识中国近代历史,进而打破政府悖论、重新界定政府职能,方能"四十不惑"。党的十九届四中全会再次强调了社会主义基本经济制度的基础性地位,明确将社会主义市场经济体制纳入社会主义基本经济制度,同时要求实现政府与市场的有机统一。中国奇迹在于国家治理能力与市场经济发展正相关。①

本文力图阐明:近二百多年来,由于受到西方中心论影响,中西方学界大都接受近代中国因为专制和市场经济不发达而落后,但是中国崛起的现实却给这种解释带来了挑战。因此,重新审视"西方中心论",更为严谨地分析国家在这一历史时期的作用,或许可以找到解开历史大分流谜团的真正钥匙。与西欧相比,近代中国落后的根源不是市场经济的不发达,而是政府在经济发展中的缺位,更可能是国家治理体系和国家治理能力出现问题。

二 揭开西方中心论迷雾:市场经济思想与实践的中国渊源

要阐明近代中国落后的原因并解决"国家形象之谜",必须正视这样的历史史实:18世纪,中国建设起世界上最大的市场经济,西欧则确立了由政府主导下资本主义和帝国主义相融合的财政军备竞赛体系。②事实上,相比于西方,中国有着更早的市场经济思想和实践。

(一)古代中国市场经济思想的渊源和实践

简单认为中国传统的儒家思想只是为封建王权而辩护,中国经

---

① 周文:《党的十九届四中全会决议是中华民族伟大复兴的行动纲领——学习贯彻党的十九届四中全会精神的体会》,《邓小平研究》2020年第2期。
② 阿里吉(2007):《亚当·斯密在北京——21世纪的谱系》,中译本,社会科学文献出版社2009年版。

济思想除了维护君主专制以外别无其他，是对中国经济思想的误读。

古代中国的经济政策同样有着浓厚的重视市场倾向，《管子》在《轻重》篇中非常重视商品与货币流通，甚至提出货币与物价政策的思想；其还认为君主应当废除各种赋税，而国家收入仅依靠专营盐海之利，便可无籍于民；关于重农抑商，也并非表现为限制商人人数或是直接惩罚商人，而是通过商品流通和调整物价，使用经济手段来限制富商大贾的囤积居奇；其甚至还提出应当为商人提供出行便利，以吸引各地商人来扩大本国的商品流通。[①]《史记》中的《货殖列传》《平准书》则更是体现经济自由主义思想的史学名篇。如《循吏列传》中的"使食禄者不得与下民争利"，就强调了官员不介入一般经济活动的重要性，这与董仲舒的思想一脉相承；《货殖列传》中的"天下熙熙，皆为利来；天下攘攘，皆为利往"则肯定了市场上逐利心的广泛存在。在汉代的盐铁之辩中，面对汉武帝遗留下来的财政国家遗产，贤良文学继承孔孟之道的义利观并借用黄老之学的无为思想，来反对桑弘羊等人的重商主义和政府干预政策。结果，不仅作者桓宽站在了贤良文学一边，而且历史也是如此，在盐铁会议后仅一年，桑弘羊因陷入政治纷争而被处死，进而反中央集权、削弱政府对经济的掌控能力和削减政府支出成为儒学政客的主流思想，由此伴随的是汉朝后期土地与财富向豪强富商的集中愈演愈烈。

而汉代之后所有为了加强政府经济权威的改革基本都以失败告终。唐代杨炎试图通过两税法的改革来加强国家对经济的控制，抑制各地猖獗的土地兼并，但在实行不到30年后就已经名存实亡。北宋王安石变法试图重建政府经济职能和扭转土地兼并现象，最终也以失败告终。明代张居正为了加强中央集权、抑制土地集中和扭

---

① 巫宝三：《论〈管子·轻重〉各篇的经济思想体系问题（上）》，《经济科学》1983年第2期。

转财政危机的全面改革,最终只有一条鞭法被部分地保存下来,并成为清朝"滋生人丁永不加赋"和摊丁入亩政策的制度基础。总之,中国古代大部分时期中央政府的经济政策基本都严守义利观,奉行重视市场、反对政府干预的经济思想。

根据万志英的考证,从16世纪开始,中国进入了一个长期和平、农业发展和贸易复兴的时期[①],私人商业自由增长,土地、劳动力以及商品皆存在竞争而市场经济也走向成熟;同时,政府则严守着儒家的最低税收、轻徭薄赋和藏富于民原则。正是这种体制导致了政府的羸弱和"一盘散沙",既不能兑现民众的福祉,也无力抵御外来的侵略,更没有引导变革的能力。虽然这样的自由主义思想传统确实曾经创造了历史上的辉煌,但是最终没有将中国带入现代文明。孙中山对于近代中国的一盘散沙的政治经济状况痛心疾首,认为"个人不可太过自由,国家方能得到完全自由"。而欧洲人之所以如此渴望自由是因为他们"在那种专制体制之下所受的痛苦……比之中国历朝人民所受专制的痛苦还要更厉害",而中国自秦以后"人民不侵犯皇位,无论他们是做什么事,皇帝便不理会"[②]。总而言之,对于中国近代的落后,其症结并不是简单化的市场经济不足或是不发达。

(二)"中国专制落后"观念的由来

既然中国重视市场的经济思想历史悠久,那么"中国专制落后"的观念又从何而来?事实上,在启蒙早期,西欧思想界对于中国的社会经济状况,诸如先进还是落后、自由还是专制,存在两种截然不同意见之间的激烈争论。综合这两方面意见来看,当时欧洲学者的分析总体上是比较客观清晰的。当然不应过分美化封建君主制,而是要审慎看待近代中国真实的社会经济发展样态。总体而言,西方国家在18世纪后期对于中国的极端偏见才开始逐渐占据上风。

---

① 万志英(2016):《剑桥中国经济史》,中译本,中国人民大学出版社2018年版。
② 孙中山:《三民主义》,东方出版社2014年版,第105、97、98页。

在传教士和商人游客对于中国财富的赞美声中，孟德斯鸠率先将中国的君主制和欧洲的传统君主制进行了类比，在其著作《论法的精神》中多处批评中国的政治制度和传统礼教，认为它的繁荣只不过是特殊的地理和气候因素使然，并提出了其颇为著名的论断："中国是一个以恐怖为原则的专制主义国家"，它的"暴君没有任何规律，他的反复无常的意欲毁灭其他一切人的意欲"[1]。从而开启了对于中国专制批判的先河，并为西方殖民、掠夺和"仗剑"中国提供了借口。不过，孟德斯鸠太过强调中国的专制属性，以至于存在不少自相矛盾的说法。例如他一方面认为君主剥夺了商人逐利的权利，另一方面又认为商人在市场交易中自私、贪婪而不讲诚信；一方面将礼教无情地批判为奴性，另一方面又不得不承认礼教作为国家精神在相互尊重、净化人心和维护和平方面的作用。卢梭则相信人类在进入文明之前有一个美好的自然状态，强调通过分权来尽可能限制政府行为，并把中国描述为"世界人口最多和最著名的民族被屈服在一小撮强盗的统治之下"[2]。

当然，这一时期也不乏对中国持有积极态度、向往中国的自然自由状态和道德治理传统的思想家。莱布尼茨把当时的欧洲和中国都视为最伟大和最高雅的文明，在手工技能方面二者不相上下，在理论科学方面欧洲略胜一筹，但是在伦理道德和政治学说方面中国远胜欧洲；当欧洲人以狼与狼的关系在自由的荒野上挣扎之时，中国正接近完美地致力于谋求社会和平与建立人与人之间相处的和谐自然秩序；中国的君主虽然身居高位，却习惯于培养自身的道德与智慧。[3] 在魁奈看来，中国的政治官僚体制是以自然法则为基础建立起来的，直截了当地反对孟德斯鸠对于中国专制制度的批评："中国君主的专制主义或专制权力，被我们的政论作者过于夸大了，或者说

---

[1] 孟德斯鸠：《论法的精神（上册）》，张雁深译，商务印书馆1995年版，第129、26页。

[2] 卢梭：《新爱洛绮丝》，伊信译，商务印书馆2011年版，第501页。

[3] 莱布尼茨（1697）：《中国近事：为了照亮我们这个时代的历史》，中译本，大象出版社2005年版。

至少他们是带着相当反感的情绪来考虑这个问题。"① 伏尔泰则是以中国为模板来阐述自己开明君主政治思想的,因而他对于中国的赞美广泛存在其作品中,并明确提出:"关于中国的政府……旅行者们,尤其是传教士们,都认为到处看到的是专制制度……可实际情况并非如此。"② 此外,狄德罗作为百科全书学派的代表人物,也相对公允地赞扬了传统儒道思想。③

如果以上分析还只是观点上的交流与讨论,斯密的论述则奠定了西方思想界看待中国的基础。《国富论》有关经济发展成因的分析与自由主义共识相当一致,但是对中国专制、贫穷且闭关自守有着三个方面的独断甚至偏见。其一,中国存在广泛而严重的政府专制,正是这种国家专制对于财富的攫取,使得中国"处于停滞状态似乎由来已久,而且可能很早便已经取得了与当地法律性质与社会制度所能取得的全部财富……平民百姓或小资本主几乎得不到政府的保护,甚至随时会受到低级官僚假借公平的名义肆意掠夺"④。其二,人民生活水平相当低下,"中国底层民众贫穷的情况,远超过欧洲最穷国家的底层民众……任何动物的尸体,例如死猫或死狗,尽管已经腐烂得发出恶臭,受欢迎的程度,犹如他国人民欢迎最健康的美食"⑤。其三,中国君主的"全部收入或其中的绝大部分,始终是来自于某种土地税或地租……每一年他们自己的收入增减直接取决于农业的荣枯"⑥。

正是基于此,"中国的政策偏爱农业胜于其他所有行业……所以,在中国,国外贸易在各方面都受到限制,仅能在一个很狭窄的范围内进行;如果中国允许国外贸易享有更大的自由,则中国的国

---

① 魁奈:《中华帝国的专制制度》,谈敏译,商务印书馆1992年版,第93页。
② 伏尔泰:《风俗论(上册)》,梁守锵译,商务印书馆2011年版,第249—250页。
③ 许苏民:《狄德罗与中国哲学》,《北京行政学院学报》2014年第3期。
④ 斯密:《国富论》,谢宗林、李华夏译,中央编译出版社2010年版,第104—105页。
⑤ 斯密:《国富论》,谢宗林、李华夏译,中央编译出版社2010年版,第49页。
⑥ 斯密:《国富论》,谢宗林、李华夏译,中央编译出版社2010年版,第788页。

外贸易自然会自动扩展到更大的范围。"① 斯密认为要解决中国经济的困境，自然就是建立起自由市场和有限政府的制度，并实行自由贸易。尤其具有讽刺意义的是，正是这套自由市场与自由贸易理论却常常成为欧洲国家发动对外殖民战争的借口。马克思在《鸦片贸易史》中更是清晰地指明："英国政府公开宣传自由买卖毒品，暗中却保持自己对于毒品生产的垄断权。只要我们注意考察英国的自由贸易的性质，我们几乎可以处处看到，它的'自由'的基础就是垄断。"② 虽然启蒙初期的西欧对于中国社会经济状况还有正面的客观认识，然而随着欧洲殖民主义的扩张，在斯密之后这样的客观讨论却早已荡然消失而不复存在，而是代之以西方中心论的偏见，中国政府过度管制的基本国家形象则成为一种西方共识。

（三）西方国家经济崛起并非缘于自由市场而是政府发挥主导作用

不可否认，市场经济的特征是自发性交换经济，但市场经济的形成有赖于一套特定的政治与法律制度，特别是现代市场经济更有赖于现代国家的建立。今天我们可以更清楚地看到，欧洲之所以能走出中世纪的迷雾，正是在激烈的国家竞争中探索建立起政府主导下的财政军事国家模式，通过国家构建和殖民扩张，把整个世界卷入现代经济体系之中。因此，自由主义经济学的西方中心论者不仅对中国的市场实践存在偏见，同时也对西方的管制型政府的事实存在有意掩盖。这种人为反差产生的关键是，对于自由主义经济思想的研究并不能完全代替经济史的研究，因为执行政策实践的权利往往掌握在政治家手中。事实上，自由主义的经济主张和当时的政策实践相去甚远，政府在欧美国家经济崛起的过程中都扮演了相当重要的角色。在英国，由托马斯·孟建立起的重商主义一直到19世纪仍有余威，而自由主义经济理论的提出在很大程度上是为了反对当

---

① 斯密：《国富论》，谢宗林、李华夏译，中央编译出版社2010年版，第784页。
② 《马克思恩格斯全集》（第12卷），人民出版社1962年版，第591页。

时广泛存在的重商主义实践。对此,斯密也承认"期望贸易或行业自由可在英国完全恢复,却是和期望天堂岛或理想国可在英国建立起来一样愚蠢。不仅一般民众的种种偏见,还有许多压制不了的私人利益,都会誓死绝不屈服地反对这种自由"①。在法国,大革命不是摧毁了过去的一切,而是继承。对此,托克维尔非常明确地写道:"在 18 世纪,政府权力已经十分集中,极其强大,惊人地活跃,它不停地赞助、阻止或批准某项事业。它许诺很多,给予也很多。它以各种方式施加影响,不仅主持大政方针,而且干预家家户户,以及每一个人的私生活。"② 在德国,国家主义之父费希特强烈呼唤一个在政府主导下统一德意志国家的形成,甚至公开批评自由贸易,提出了一种乌托邦式的锁闭商业国模式。其后继者李斯特也深刻怀疑以斯密为代表的自由主义经济学的合理性,认为这种理论显然是把还没有出现的世界国家假定为已经实际存在的真实世界,因而当下的经济学仍然是国家与政府的经济学。而远在大洋彼岸由汉密尔顿建立起来的美国学派,也要求政府应当通过制定工业化战略等方法来帮助国家实现经济自给自足,以摆脱英国对于美国经济的支配地位。可以说,并非自由市场而是政府的积极管控成就了西方国家的经济崛起。

(四) 加州学派之后的新解释

伴随中国改革开放的进程,中国经济不断腾飞,实现历史性跨越。同时,加州学派一扫以往西方中心论者在史学方面先入为主的臆断,为人们重新认识全球历史提供了全新视野。他们对于大分流的成因或许有比较大的分歧,但对于当时东西方的社会经济发展状况能够达成共识,即不是简单的管制政府和自由市场导致了二者在经济发展道路上的分野。彭慕兰颇具创见性地提出,一直到 19 世纪中期以前,中国的土地和要素市场比欧洲更为接近斯密的自由有效

---

① 斯密:《国富论》,谢宗林、李华夏译,中央编译出版社 2010 年版,第 530 页。
② 托克维尔:《旧制度与大革命》,冯棠译,商务印书馆 1997 年版,第 30—31 页。

市场理论①，中国的政府也比欧洲政府更少干涉商人自由或设置特权地位，而政府在经济作用上的差异可能是解释大分流的一个重要原因。王国斌认为，明清时期的政府对于商人和自由市场能够带来社会效益持有相当积极的态度②，甚至相信商人能够完成官员难以胜任的任务，但是这种自由市场却几乎没有带来任何经济发展上的新突破；不论在大分流源头或是时至今日，也不论人们承认与否，政治与经济的相互作用在事实上塑造着经济史的进程。

李伯重也认为，明清江南工业的发展正属于斯密式的经济增长，③劳动分工与专业化造就了繁荣的自由市场经济，但这种斯密动力并不是导致工业革命的原因；火枪代表的新型暴力和账簿象征的商业利益是早期全球化的真实写照，此时欧洲诸国广泛建立起来的财政军事国家与中国履行国家职能和承担国际责任的失败形成了鲜明对比，这才是中西方在近代分道扬镳更为根本的原因。

弗兰克反对罗斯托的经济起飞理论，认为这种把西方的兴起归结为自己拔着自己的头发从自然状态中突然跃起的观点纯粹是无稽之谈。④在他构建的处于多样性统一的世界经济体系中，欧洲国家并非依靠自由市场与有限政府的组合，而是依靠政府主导下进口替代和出口拉动战略，才爬上亚洲经济的肩膀。弗里斯在总结加州学派的论述之后，认为对于大分流的解释必须审视国家的重要性，政府作用的天壤之别很可能是这一历史分流的主要原因⑤，因而后续的研究应当认真分析政府在经济发展过程中的角色和功能。具体来

---

① 彭慕兰（2001）：《大分流：欧洲、中国及现代世界经济的发展》，中译本，江苏人民出版社2004年版。
② 王国斌（1998）：《转变的中国：历史变迁与欧洲经验的局限》，中译本，江苏人民出版社2008年版；王国斌、罗森塔尔（2011）：《大分流之外：中国和欧洲经济变迁的政治》，中译本，江苏人民出版社2021年版。
③ 李伯重：《江南的早期工业化（1550—1850年）》，社会科学文献出版社2000年版；李伯重：《火枪与账簿：早期经济全球化时代的中国与东亚世界》，生活·读书·新知三联书店2017年版。
④ 弗兰克（1998）：《白银资本：重视经济全球化中的东方》，中译本，中央编译出版社2008年版。
⑤ 弗里斯（2015）：《国家、经济与大分流》，中译本，中信出版社2018年版。

说，较多学者通过经济史的比较分析认为，欧洲崛起的秘诀在于，国家建构支撑起了重商主义实践，民族国家动员人民大众为了共同的理想而奋斗，规范的治理方式则与科学技术的发展相得益彰，从而共同推动经济社会的有效运转；清帝国虽然也注重维护政权稳定，但在推动经济发展和进行社会治理方面的表现则软弱无力，更像是一个依附在古代文明上的非正式帝国。

综上所述，对近代以来中国经济发展落伍和西方兴起的自由主义经济学解释不仅在理论上是空洞的，而且也不符合历史事实。首先，虽然明清时期的中国保留着封建君主制，但与欧洲的封建君主不同，因为中国浓厚的自由主义治国传统深刻制约着政府行为；其次，启蒙时代早期的西欧思想家实际上对于中国自由市场的发展有着客观的认识，但是后来随着殖民扩张才形成了西方中心论者"中国专制落后"的观念，在这一过程中斯密的论述起到了非常重要的影响；再次，欧美主要国家在经济崛起的过程中，基本上都没有执行自由放任的政策，而是强调积极主动发挥政府管制的作用；最后，近来以加州学派为代表的研究表明，中国近代的落后更可能源于政府没有在经济发展中发挥积极主动的作用。历史为人们展现了这样的画面：自由放任的市场经济思想以儒家学说为载体首先在春秋战国时期产生，并于秦汉时期走向成熟，并成为之后中国历朝历代在经济方面主流的治国理政理念；这样的思想孕育出了曾经辉煌灿烂的中华文明，宋元时期的江南经济出现全盛，明清时期的市场经济走向成熟，然而现代经济的增长却遥遥无期。与此同时，欧洲走出中世纪的迷雾，在激烈的国家竞争中探索建立起政府主导下的财政军事国家模式，通过国家构建和殖民扩张，把整个世界卷入现代经济体系之中。

三 社会主义市场经济：走出自由市场的"原始丛林"

对于市场作用的肯定，不只是西方资本主义的贡献，也是中国传统经济思想的赓续。市场制度具有其他制度难以替代的优越性，其最大的特点就是：能够以一个相对较低的最优成本收集信息和配置资源，可以实现较高的劳动效率并予以回报，同时消解不合理的特权。正如弗里德曼所言："一个不以个人为转移的市场把经济活动和政治观点分开，从而保护人们使他们经济的活动免于受到由于和他们的生产力无关的理由而受到的歧视——不管这些理由和他们的观点还是和他们的肤色具有联系。"[1] 同时，马克思对于资本主义的扬弃，也是以承认资本主义市场经济取得的巨大成就为基础的。应该承认，新中国成立70多年特别是改革开放以来中国经济取得的成就与市场化改革密不可分，这也是我们现在反思高度集中的计划经济体制，提出让市场在资源配置中起决定性作用的重要原因。然而，历史上自由放任市场没有将中国带入现代经济，如今仅凭市场化也不能带来中华民族的复兴。市场能够脱离政府嵌入而自我运转的观点是一种倒退，人类通过几万年的进化终于从自然的原始丛林中走出来，已不可能再退回到市场的原始丛林。实际上，自由主义经济学提出的所谓市场自律原则是值得推敲的。

首先，市场制度的产生和效率提高需要更好发挥政府作用。制度经济学把市场视作一个国家为实现资源合理配置而采用的一种制度，并且这一制度具有自我调整的能力。但市场制度并不总能适时有效地引致自身的变迁，市场制度与政府引导的配合是近代国家经济崛起的秘诀。对于这一问题，林毅夫很早就把市场制度变迁分为诱导性变迁和强制性变迁。[2] 在没有外界干扰的情况下，当制度不均衡由于某种原因出现时，社会中的个体或群体会主动对其产生反应，自发性地诱导原有制度进行调整与重建。但尝试建立一个新的制度是一个极为消耗时间、努力和资源的过程，还会创造性地破坏原有制度形成的均衡。在到达一个临界点之前，单纯由诱导性变迁

---

[1] 弗里德曼：《资本主义与自由》，张瑞玉译，商务印书馆1986年版，第22页。
[2] 林毅夫（1994）：《关于制度变迁的经济学理论：诱导性变迁和强制性变迁》，载科斯等《财产权利与制度变迁——产权学派与新制度学派译文集》，中译本，格致出版社、上海三联书店、上海人民出版社2014年版。

带来的制度供给会很有可能不足。这时如果政府能够及时发现问题并以社会福利为目标进行调控，就可以凭借法令等强制形式来补救持续的制度供给不足。而且，以利他主义为出发点的强制性制度变迁在现实中也确实是可能出现的，并非某种主观臆想。① 由此可见，政府引导下的强制性市场制度变迁理应成为后发国家进行经济建设的重要方式。

其次，只有政府调控下的市场经济才能够真正"促进效率、体现公平"。早在 100 多年前，马克思和恩格斯就指出了市场经济发展带来的问题。恩格斯承认古典经济学的贡献，市场经济确实消解了封建特权，并在《政治经济学批判大纲》中进一步指出："亚当·斯密颂扬商业，说商业是人道的，这是对的。世界上本来就没有绝对不道德的东西；商业对道德和人性也表示过应有的尊重。但是，是怎样表示的呵！……滥用道德的伪善手段就是贸易自由论所引以自豪的东西。"② 马克思也在《资本论》中认为资本主义市场经济具有双重作用，它"一方面表现为生产者从隶属地位和行会束缚下解放出来……但是另一方面，新被解放的人只有在他们被剥夺了一切生产资料和旧封建制度给予他们的一切生存保障之后，才能成为他们自身的出卖者。而对他们的这种剥夺的历史是用血和火的文字载入人类编年史的"③。当今，马克思与恩格斯的如上论断仍然成立，尽管资本主义经济几经转型，并且掠夺性积累数次卷土重来，却始终无法真正解决效率与公平的矛盾。正如皮凯蒂所揭示出的那样，由资本收入不平等和劳动收入不平等带来的贫富悬殊是当前世界面临的最大挑战。市场发挥作用需要把人强制卷入其建立的交换体系之中，在平等交换的形式之下埋藏的是每个人都妄图通过不平等方式侵占别人正当利益的真实企图。如今，若要从新自由主义的

---

① 黄少安、刘海英：《制度变迁的强制性与诱致性——兼对新制度经济学和林毅夫先生所做区分评析》，《经济学动态》1996 年第 4 期。
② 《马克思恩格斯全集》（第 1 卷），人民出版社 1956 年版，第 601—602 页。
③ 《马克思恩格斯全集》（第 23 卷），人民出版社 1972 年版，第 783 页。

自由放任经济锁链中解放出来,就需要重新部署国家权力,对监管不力的市场出台更具干涉性的政策。①

综上所述,政府首先需要对经济活动有积极的调控,市场才能更有效率、更加公平地发挥资源配置的作用。特别是大部分后发国家的经济发展形势久难扭转向好的深层成因,与其说是市场经济发展不完善、不充分,不如说更可能在于政府应该发挥的作用没有合理和更好发挥。认为仅凭自由市场与有限政府就能够促进经济发展,不但在理论建构上子虚乌有,而且在政策实践上也乏善可陈。甚至,一个缺乏监管的市场可能比一个政府垄断市场的效率更为低下,风险更为巨大。对于中国而言,虽然继续完善市场机制特别是推进要素市场化改革依然是现阶段的重要任务,但与此同时也应当深刻认识到市场制度的局限性和政府作用的重要性。中国特色社会主义市场经济不是对资本主义市场经济的沿袭,而是对于资本主义市场经济的扬弃和超越。② 因此,不应当仅仅满足于研究某种"最不坏"的制度,而是应当进一步探索一条更高层次、更高质量的经济发展道路。

四 中国奇迹:国家建构与更好发挥政府作用

尽管西方兴起的真相向我们展示出政府在引致经济增长方面的积极意义,但在发挥政府作用的过程中确实面临着"帮助之手"和"攫取之手"并存的困境。新制度经济学中的诺斯悖论表明,国家具有经常处于矛盾之中的两项经济职能:一方面,它作为近似的社会资源计划者,能够通过降低交易费用来最大化全社会总产出,并使社会产出和国家税收处于良性互动之中;另一方面,它作为社会

---

① 哈维(2003):《新帝国主义》,中译本,社会科学文献出版社2009年版。
② 周文、司婧雯:《共同富裕:市场经济的理论逻辑与现实路径》,《社会科学战线》2022年第4期。

权力控制者，又有动力去实现统治者租金的最大化。① 延续这种制度研究方法，阿西莫格鲁和罗宾逊进一步分析了不同的政治经济制度如何造成了国家间在贫穷和富裕方面的分野。② 包容性制度带来的增长模式可以自我稳定，是国泰民安的缘由；而汲取性制度带来的增长不可持续，是民生凋敝的动因。

本文已经说明政府同样对于西方资本主义的勃兴起到了至关重要的作用，而备受青睐的自律性市场假说在核心机制上却缺乏系统证明。时至如今，一方面，除去少数的极端自由主义者，经历过大危机时期凯恩斯革命的巨大影响，西方主流经济学和现实经济实践都不得不正视市场缺陷，并承认政府在促进经济增长和维护社会公平等方面的意义。但另一方面，出于对"攫取之手"影响的担忧，政府作用又备受质疑与诘问，经济政策往往在市场和政府之间摇曳不定。需要客观承认，市场经济条件下政府作用的发挥往往面临诸多难题。例如，斯密通过"看不见的手"的隐喻，说明市场主体出于私人目的而进行的生产性投资和创新客观上具有经济动态效率；而有关"棋子"的类比，则说明政府以集体为名的决策并非总是真正符合公共利益的。哈耶克凭借自发秩序的原理，指出政府微观信息的收集成本巨大、相关政策的实施难以适应性演化，对于整体经济活动的理性计算更是难以进行。熊彼特依据创造性破坏的观点，强调政府若想要与市场良性互动并引致长期经济增长，必须保持创新进取的动态趋势和保护企业家精神，抑制形式主义和官僚主义在经济中的影响。而近来的公共选择理论则重点研究了政府作为理性人基于收益成本分析所可能导致的政府失灵现象。以上种种，使得西方经济学的理论研究淡化政府和国家建构的作用，导致历史进程中的"国家形象之谜"颇为难解，特别是近年来新自由主义的兴盛

---

① 诺斯（1981）：《经济史上的结构与变迁》，中译本，商务印书馆1992年版。
② 阿西莫格鲁、罗宾逊（2012）：《国家为什么失败》，中译本，湖南科学技术出版社2015年版。

更意味着政府经济职能的淡化和退出。

进一步地，当我们将中国改革开放40多年的伟大成就置于世界视野来观察时可以看到，各式各样的市场化改革并不鲜见，但唯有中国道路所取得的经济奇迹为世所罕见。如果说西方经济学以分析市场机制见长，那么中国经济学走向世界的贡献更可能在于政府效能的提升和国家治理体系和国家治理能力现代化的建构。我国社会主义基本经济制度的确立，特别是确立公有制的主体地位，提供了政府更好发挥作用最基本的依据。相比于西方经济学中政府与市场、二元对立的分析范式，中国在经济发展实践过程中充分发挥社会主义市场经济制度的优越性，探索出了一条以中国共产党总揽全局、协调各方，让市场在资源配置中起决定性作用，同时更好发挥政府作用，形成当代中国马克思主义政治经济学的党、政府、市场的三维分析构架。由此，形成了当代中国马克思主义政治经济学的"三维谱系"。这种"三维谱系"既可以有效发挥市场在资源配置方面的高效率，又可以更好发挥政府作用，使政府主动维护市场的有效性、完善市场监管、开展有效市场建设，进而克服由于市场运行的自发性与盲目性所导致的宏观经济结构失衡和产业发展规划缺少长期性等问题。因此，坚持党对经济工作的集中统一领导，可以更好实现市场与政府的有机结合，不仅可以有效避免市场失灵，还可以有效加快市场建设的速度，促使市场机制更快地发育成熟。因此，坚持党对经济工作的集中统一领导，可以更好把握经济发展正确方向，维护经济发展大局。

第一，坚持党对经济工作的集中统一领导在中国特色社会主义经济建设过程中发挥着独特制度优势，可以更好实现从制度优势向治理效能的转化。从大分流的历史来看，经济发展所依赖的国家建构，应该是以人民为中心的立场和国家治理能力以及治理体系建设的统一。前者的主要目的是建立一个国家民族共同体，后者的主要目的仅仅是维护自身统治，而弱国家强政权的模式则是导致古代中国治乱兴衰的根源。[①] 中国历代封建王朝，直至其灭亡，也没有找到建立一个以人民为中心的国家民族共同体的方法。君主不论如何贤明、采用了何种自由放任的市场政策，根本上只是为了维护自己的统治，既不愿意接受人民群众的监督，更无意于建构国家民族共同体的目标，也就注定不可能走出历史循环论的怪圈。具体到大分流时期的清政府，更是为了政权建设而煞费苦心，但在共同体构建和培育国际竞争力方面却显得力不从心。如红溪惨案中荷兰殖民者对华人的屠杀，当时的乾隆皇帝竟然认为是他们"自弃王化，系彼地土生，实与番民无异"。尽管部分知识精英会出于忠诚的观念去维护国家政权，但很少存在作为共同体的归属感。

正基于此，孙中山才会形容近代中国经济为一盘散沙，黄炎培则将这种弱国家强政权的社会经济发展模式总结为"其兴也勃焉，其亡也忽焉"的历史周期率。同样在西方国家，尽管强制和资本在连绵战火中催生出欧洲早期的民族共同体，但以生产资料私人占有制为主要特征的资本主义社会难以真正完成民族共同体的建设，马克思形容资产阶级的政府为"管理资本家事务的委员会"，甚至西方的公共选择理论自身也认为其政府的行为决策模式更多基于自身阶级利益的收益成本分析而非指向共同体的利益。中国共产党的领导之所以是中国特色社会主义制度的最大优势、是实现经济社会持续健康发展的根本政治保证，也正体现在其真正把民族共同体建设和政权建设统一起来。

中国共产党秉持着为中国人民谋幸福、为中华民族谋复兴的初心和使命，坚持巩固和发展公有制经济并为民营经济发展创造良好条件，代表了最广大人民的根本利益，"坚决防止领导干部成为利益集团和权势团体的代言人、代理人"[②]，防止以资本为导向的利益

[①] 曹正汉：《"强政权、弱国家"：中国历史上一种国家强弱观》，《开放时代》2019年第2期。

[②] 习近平：《高举中国特色社会主义伟大旗帜 为全面建设社会主义现代化国家而团结奋斗——在中国共产党第二十次全国代表大会上的报告》，人民出版社2022年版，第69页。

集团掌控国家，由此塑造核心价值、构建起国家民族共同体。在政权建设方面，由于传统科层组织中的各级政府和国有、集体企业都难以摆脱作为财政主体和利益实体的困境，政府角色错位和政府干预失效难以避免①。党的集中统一领导推动着经济合力，避免了个体的效率分散损失，促进整体经济绩效提升。中国共产党的领导事实上在各级政府和各类企业中提高了人们呼吁的意愿和效率。"退出如快刀斩乱麻，简洁明快；而呼吁则是一门艺术，它永远朝着新的方向发展、攀援。"② 全面从严治党、政府治理效能的增进以及国有企业的渐进式改革完善等，都是党的领导作用在经济发展上的集中鲜明体现。

第二，政府活动在长期中具有价值创造的生产性潜力，因而需要继续促进国有经济与民营经济相辅相成、相得益彰的良性互动，并创新政府管理和服务方式以进一步完善宏观经济治理体制。西方主流经济学所倚赖的自由主义传统和对既得利益集团操纵或俘获政府束手无策的恐惧，已经严重阻碍了人们对于政府作用的理性认知。即便面对当今全球日益严重的经济脱实向虚的不稳定危机，主流经济学界仍然对各种金融衍生品在配置资本中的生产性作用深信不疑，极力否认政府积极调控对于经济发展所可能具备的生产性潜力。当我们重新审视市场发展历史、跳出旧有话语体系的窠臼、反思政府失灵自我实现的预言，进而公正看待政府活动的影响时，将哈耶克和波兰尼两位同时代思想家的洞见结合起来，可能会给出一种全新的经济学理论阐释。固然应当承认，目前的理论和实践都证明市场配置资源是最有效率的形式，然而有效运作的市场并非自发诞生于某种天然秩序，而是与政府有目的的政策制定密切相关。

换言之，"市场不是孤立于外部世界的东西，而是由社会塑造、

---

① 裴长洪、赵伟洪：《习近平中国特色社会主义经济思想的时代背景与理论创新》，《经济学动态》2019年第4期。
② 赫希曼：《退出、呼吁与忠诚——对企业、组织和国家衰退的回应》，卢晶崇译，格致出版社2015年版，第36页。

在具体情境下多边作用的结果……政府政策不是对于市场的'干预'和'入侵',而是共同塑造竞争市场的社会过程的一部分"①。在中国特色社会主义经济建设过程中,坚持党的领导为大力探索政府作用发挥着制度优势。马克思曾在《法兰西内战》中总结巴黎公社的历史经验,批判地吸收当时资产阶级学者的观点,对于未来社会主义的政府组织形式进行了初步设想。在治理体系方面,国家公社需要依据其代表的不同集体性利益而采取"高度灵活的政治形式",这样才是"可以使劳动在经济上获得解放的政治形式"②;在治理能力方面,国家治理体系和国家治理能力的现代化则是建设社会主义经济过程中的必然现象。

改革开放40多年来的成功经验,也为构建有中国特色、中国风格、中国气派的经济学话语体系提供了重大机遇,研究政府怎样合理嵌入市场经济也可能会是中国经济学界破解世界性难题做出的理论贡献。例如,国家汲取能力建设理论要求提高将国家决策转换为现实的能力,尤其需要让税收人员和纳税人严格贯彻中央政府的意志③;财政联邦主义和晋升锦标赛制度,虽然仍基于新古典经济学的分析方法,但从不同方面解释了改革开放以来政府发挥作用的内在机理,开创性分析出如何恰当给予地方政府自主权并设计出激励相容的行政管理模式,进而指出目前我国治理体系与治理能力方面存在的问题,并为未来的体制改革指明了方向④;三维市场体制理论特别强调竞争性地方政府作为内生于经济系统的微观主体特殊地位,中国三维市场体制与西方常规市场经济相比,集中体现出政府能够发挥好集中力量办大事的优势,同时也更需要认真解决收入分

---

① 马祖卡托:《增长的悖论:全球经济中的创造者与攫取者》,何文忠等译,中信出版社2020年版,第239页。
② 《马克思恩格斯选集》(第2卷),人民出版社1972年版,第378页。
③ 王绍光:《国家汲取能力的建设——中华人民共和国成立初期的经验》,《中国社会科学》2002年第1期。
④ Montinola, G., Y. B. Qian & B. Weingast (1996), "Federalism, Chinese Style: The Political Basis for Economic Success", *World Politics*, 48 (1): 50-81. 周黎安:《中国地方官员的晋升锦标赛模式研究》,《经济研究》2007年第7期。

配、公共服务和官员腐败等方面的弊端。①

综上所述，自由主义经济学为西方自由放任市场经济进行辩护的托词，除了对市场作用充满神话般迷信以外，就是对政府极端的不信任和对政府失效的束手无策。然而，这种不信任几乎可以原封不动地用于指责这些市场辩护士的自由放任理论。即企业家对于雇员的报酬也不总是对于劳动者生产率的真实回报，也存在信息不足条件下的盲目性生产行为，更会为了私人利益而损害公共利益。将自由放任市场看作最不坏的制度，显然是一种因噎废食的观点，不能因为政府"攫取之手"存在的可能性，就全然将政府的"帮助之手"作用从经济领域中驱逐出去。单纯的市场和政府都不完美，政府失灵和市场失灵往往同时存在。改革开放以来，中国共产党发挥着总揽全局、协调各方的领导核心作用，面对改革初期的国有资产流失时力挽狂澜，有效地规避了资本强权掌控国家并引导着宏观调控的合理方向；诸多推动国家治理体系和治理能力现代化的举措和政策，则提高了政府在信息搜集和政策实施过程中的效率。不过也必须承认，要真正突破政府与市场的二元对立，建立起党的领导、政府有为与市场有效"三位一体"的具有中国特色的宏观经济学理论体系，最终切实把运动式治理模式转变为治理体系长效机制，无疑仍任重而道远。其中值得强调的是，将党的领导作为经济制度纳入生产关系中来加以学理化研究，目前基本上还处于起步阶段。为了更好发挥政府作用而进行的全面深化改革，既体现着中国共产党人为实现中华民族伟大复兴的初心和使命，更体现出中国实践创新从来不受自由主义经济学的约束和影响。

五　结语

本文秉持经济发展过程中的国家主体性导向，主要从政府与市

---

① 史正富：《超常增长》，上海人民出版社2013年版。

场关系的视角对历史大分流的成因进行了新的解释,从而得出与主流的自由主义经济学"共识"大相径庭的结论:"无为而治"的经济治国理念与国家建构的失败导致了一个积贫积弱的古近代中国,而彼时的欧洲却凭借财政军事国家模式逐步实现了现代经济增长。换言之,并不是从所谓自然状态中迸发出"刀与火"的革命,资本主义的兴起和早期工业革命的产生,在很大程度上与政府的合理作用密不可分。"华盛顿共识"所指明的自由化、市场化和私有化道路,是一条历史上西方发达国家自己也没有走过的道路。

对于这段历史的重新阐释,也呼吁着一种以经济发展为核心、国家建构为重点的政治经济学新话语和理论框架体系的建立。该体系下学术研究的基本前提假设是:为实现现代经济增长而确立的现代化经济体系,需要一个能够发挥自主性的"中央信息协调机构"[1]。当然,这种"中央信息协调机构"需要勇于承担经济调节、市场监管、社会管理、公共服务、生态保护等方面的职能,而非意在执行高度集中的经济计划。相关实证研究则可以指向量化分析发挥国家规模优势与构建有效统一市场之间互动关系的新前沿。

当我们以这样的视角去审视近代以来经济发展的历史,不论是大分流之始西欧诸国的遽然崛起,还是第二次世界大战后东亚国家的经济奇迹,抑或是新自由主义思潮泛滥后英美列强的衰落趋势,一系列迷思几乎都可以迎刃而解。而在经济全球化的大背景下,各个国家和地区要以某种中央协调机构为主导、建立起高质量增长的制度基础,在此基础上顺应世界多极化趋势建立起联合的全球治理体系,才能真正打破不合理的国际经济旧秩序,让各国人民共享经济全球化红利,推动构建人类命运共同体。[2]

东欧剧变和拉美困境给我们上了极其重要的一课,市场化改革

---

[1] 维斯、霍尔森(1995):《国家与经济发展:一个比较及历史性的分析》,中译本,吉林出版社2009年版。
[2] 周文、冯文韬:《经济全球化新趋势与传统国际贸易理论的局限性——基于比较优势到竞争优势的政治经济学分析》,《经济学动态》2021年第4期。

和对外开放离开了政府的作用很难取得成功。回首过去，无论改革开放前30年还是改革开放后40多年，中国建设社会主义现代化强国的脚步从未停止，而在社会主义经济建设过程中对于党的领导与政府作用的重视更是一以贯之，由此，新中国成立70多年成就的历史共同铸就了中国奇迹。立足当下，中国仍然处在实现赶超与复兴的伟大征程中，应当推动有效市场与有为政府的有机结合，以更加开放的举措面对世界，从而创造出新的奇迹。

同时，以斯蒂格利茨为代表的一些西方学者已经开始了对于自由主义经济理论和政策的反思：一方面，经济学本该是严谨的社会科学，却沦落成为自由市场资本主义最大的啦啦队，急需一次经济学的重构；另一方面，由于对政府的不信任，各种各样的利益团体干扰了经济和社会政策，他们的政治影响力使得政府几乎不可能制定合理的政策。[①] 放眼未来，面对当前西方话语霸权式微、国际形势动荡的百年未有之大变局，对西方既有理论可能更加需要采取审慎和批判的态度。当一些经济学家为自由放任市场摇旗呐喊的时候，我们并无意指责他们这种"构想乌托邦的勇气"[②]，即为了人类自由和世界美好所做出的尝试，而是在学术性怀疑自发性市场是否真的有如此魔力。大分流的历史也说明，在经济领域最为浅显与盲目的态度和做法可能就是诉诸自然；更为深层的意义在于承认人民才是经济发展的根本动力，而一国政府的经济职能也突出表现于促使本国国民进入扩大化的市场体系之中、劳动创造能力充分涌流进而共享经济发展成果。显然在这一方面，新自由主义经济学在对待政府作用、政府与市场关系的问题上，并没有展示出应有的客观和理性。市场制度包容性的进一步完善、政府治理能力和治理体系的提高与建构，破解"帮助之手"和"攫取之手"的两难，进而彻底重塑市场与政府的有机统一关系，也许应该是面向未来去思考乌托

[①] 斯蒂格利茨（2010）：《自由市场的坠落》，中译本，机械工业出版社2011年版。
[②] Hayek, F. A. (1973), *Law, Legislation and Liberty*, The University of Chicago Press.

邦更为准确的含义。

因此，进入文明史以来，无论是西方世界的兴起，还是东方世界的赶超，经济的发展总是依靠国家为主体推动。事实上，国家治理体系与治理能力的兴衰永远是经济发展变动的主线。以史为鉴，单纯的市场经济和全然的政府计划都无法将国家经济发展引入正途，研究如何使市场在资源配置中起决定性作用、更好发挥政府作用、实现市场与政府的有机结合才应是当代经济学研究的主题。可以看到，新中国成立70多年来的伟大成功实践所呈现的"中国道路"，其背后的经济学内在机理就在于始终坚持市场与政府关系的辩证法和有机结合，并不断突破既有的新自由主义理论的"桎梏"。因此，中国经济奇迹所展示的正是对自由主义经济学中市场和政府关系的批判性重构，更预示着所蕴含的崭新中国经济学的雏形。

（原载《经济学动态》2022年第11期）

下卷
社会主义市场经济条件下的资本问题

关于社会主义利用资本的几个理论问题

邱海平

在百年奋斗历程中，中国共产党坚持马克思主义基本原理，从我国国情和不同时期主要任务出发，不断深化对资本的认识，不断探索规范和引导资本健康发展的方针政策。1956年社会主义改造完成后，"资本"在我国遭到彻底否定并消失了。在那个特殊的历史时期，出于意识形态和政治上的原因，为了表示社会主义与资本主义的对立和根本区别，人们把"资本"与"资本主义"等而视之，忌讳使用"资本"概念。改革开放以来，我国逐步确立了公有制为主体、多种所有制经济共同发展，按劳分配为主体、多种分配方式并存，社会主义市场经济体制等社会主义基本经济制度。与此相适应，各种资本也发展起来，成为推动经济发展的重要力量。

习近平总书记在2020年中央政治局会议、2021年中央经济工作会议和2022年中央政治局第38次集体学习中发表重要讲话，阐明了党对资本的基本认识和重大原则，标志着习近平经济思想的重大发展，为学术界深入研究社会主义市场经济中的资本问题指明了方向。应坚持以马克思主义和习近平新时代中国特色社会主义思想为指导，科学总结我国社会主义市场经济发展实践经验，正确认识资本与资本主义、资本与社会主义的关系，科学认识资本的一般特性，深刻认识资本主义制度中的资本和社会主义制度中的资本的共性与本质区别，深化认识社会主义市场经济中各类资本的特性与双重作用，为更好发挥资本在我国社会主义经济建设中的积极作用提供正确的理论指导。

一　什么是资本

科学认识社会主义市场经济中的资本问题，首先需要正确理解什么是资本，什么是资本主义，资本与资本主义的关系是什么。在过去一段历史时期，人们曾经把资本与资本主义等同起来，从而把社会主义与资本对立起来，并且认为这是以马克思的理论为根据的。实际上这是一种误解。在马克思的理论中，资本与资本主义是既有联系又有区别的两个概念。

关于什么是资本，马克思在《资本论》中做了最全面最系统最深刻的分析。与资产阶级经济学家对资本的形而上学和历史唯心主义的理解不同，马克思运用唯物辩证法和历史唯物主义方法论，采用从抽象上升到具体的逻辑方法，分别从"资本的生产过程""资本的流通过程""资本主义生产的总过程"三个维度和三个层次抽丝剥茧式地揭示了资本的多重规定性和丰富内涵。

1. 货币是资本的最初表现形式，资本是能够带来价值增殖的价值。在《资本论》第一卷第二篇中，为了说明"货币到资本的转化"，从而在逻辑上提出"资本"范畴，依据资本运动的价值增殖的总体特征，马克思原创性地提出了 G-W-G′ 这个"资本总公式"，并通过与 W-G-W 这个商品流通公式的对比分析，"从形式上"直观地说明了资本运动与一般商品流通的联系和区别。马克思用资本总公式 G-W-G′ 表达了资本的三个总体性特征：一是价值增殖即赚钱的目的和动机；二是资本对于价值增殖的追求是无止境的；三是资本必须经过一定的运动过程（为了与商品流通形式进行更加直观的对比，马克思用 G-W-G′ 这样一个看似也是属于商品流通的形式来表达资本所特有的运动过程）才能实现价值增殖或赚钱的目的。[①] 为

[①] 把马克思这里提出的资本总公式与商业资本的运动公式相混同，从而否定马克思关于这部分理论的创造性和重要性，是不正确的。

了引出后面的剩余价值生产理论，马克思在这里把资本实现的价值增殖部分叫作剩余价值。① 必须认识到，这是关于资本的最一般分析，揭示了一切资本的一般特征，适用于不同历史时代的所有资本，其中也包括社会主义条件下的资本。马克思从资本总公式与商品流通公式的对比分析出发来说明作为货币的货币与作为资本的货币的联系和区别，反映了马克思关于资本与商品流通、货币的内在联系的深刻洞见，他明确指出："商品流通是资本的起点。商品生产和发达的商品流通，即贸易，是资本产生的历史前提。世界贸易和世界市场在 16 世纪揭开了资本的现代生活史。""为了认识货币是资本的最初的表现形式，不必回顾资本产生的历史。这个历史每天都在我们眼前重演。现在每一个新资本最初仍然是作为货币出现在舞台上，也就是出现在市场上——商品市场、劳动市场或货币市场上，经过一定的过程，这个货币就转化为资本。"② 因此，认为马克思把资本仅仅理解为"物质实体和力量"③ 是没有根据的。同时我们要深刻地认识到，马克思的这个理论对于理解社会主义市场经济条件下资本存在的必然性具有重要指导意义。习近平总书记在 2021 年中央经济工作会议上明确指出："社会主义市场经济是一个伟大创造，社会主义市场经济中必然会有各种形态的资本。"④ 这是符合马克思理论逻辑的正确论断。

2. 资本在本质上是一种特定的、属于一定历史阶段的生产方式和生产关系。《资本论》第一卷第二篇中，马克思在劳动价值理论或价值规律的基础上，进一步展开对"资本总公式的矛盾"的分析。通过分析，马克思得出一个十分重要的逻辑结论："资本不能从流通中产生，又不能不从流通中产生。它必须既在流通中又不在

---

① 《资本论》（第一卷），人民出版社 2004 年版，第 176 页。
② 《资本论》（第一卷），人民出版社 2004 年版，第 171—172 页。
③ 杰弗里·霍奇森（2015）：《资本主义的本质——制度、演化和未来》，中译本，格致出版社、上海三联书店、上海人民出版社 2019 年版，第 154 页。
④ 《中央经济工作会议在北京举行习近平李克强作重要讲话栗战书汪洋王沪宁赵乐际韩正出席会议》，《人民日报》2021 年 12 月 11 日。

流通中产生。"① 马克思的这个结论深刻地揭示了科学的政治经济学必须回答的根本问题，即如何在劳动价值理论与等价交换的基础上去说明剩余价值的产生。② 同时这个逻辑结论还预示了《资本论》从第一卷到第二卷的逻辑理路。在这里，马克思首先揭示了流通过程中的购买环节对于资本价值增殖的特殊"贡献"，即在这个环节存在一种特殊的商品即劳动力商品的买与卖，而劳动力成为商品正是货币转化为资本的前提条件。马克思进一步分析了劳动力成为商品的前提条件，这就是劳动者在获得人身自由的同时他们的生产资料被剥夺，从而成为具有"双重自由"的雇佣劳动者。马克思深刻地指出："自然界不是一方面造成货币占有者或商品占有者，而另一方面造成只是自己劳动力的占有者。这种关系既不是自然史上的关系，也不是一切历史时期所共有的社会关系。它本身显然是已往历史发展的结果，是许多次经济变革的产物，是一系列陈旧的社会生产形态灭亡的产物。"③ "有了商品流通和货币流通，决不是就具备了资本存在的历史条件。只有当生产资料和生活资料的占有者在市场上找到出卖自己劳动力的自由工人的时候，资本才产生；而单是这一历史条件就包含着一部世界史。因此，资本一出现，就标志着社会生产过程的一个新时代。"④ 这就清楚地表明，马克思对于资本的理解已经从一般性层面上升到了特殊性层面，即不仅把资本理解为所有可以获得价值增殖的货币或价值，而且进一步理解为一种特定的、属于一定历史阶段的社会生产方式，即通过劳动力商品的

---

① 《资本论》（第一卷），人民出版社2004年版，第193页。
② 李嘉图学派解体的原因之一正在于无法正确解答这个问题。参见恩格斯为《资本论》第二卷写的序言。
③ 《资本论》（第一卷），人民出版社2004年版，第197页。
④ 《资本论》（第一卷），人民出版社2004年版，第198页。马克思在《资本论》第一卷第七篇第24章"所谓原始积累"中，以英国为"典型例证"，对劳动者的生产资料被剥夺的历史过程进行了详细考察，体现了逻辑与历史相统一的分析方法。马克思的分析表明，国家在资本主义生产方式的建立中发挥了不可替代的重要作用。因此，把西欧资本主义生产方式的确立和资本主义社会的建立理解为一种"自然现象"，是理论上的虚构。

买卖而建立的资本主义生产方式,《资本论》后面的所有分析都是以此为基础和出发点的。①

在提出"资本"范畴之后,《资本论》第一卷第三、第四、第五篇展开了对"资本的生产过程"的分析,马克思分析了剩余价值的生产方式和根本来源,从而揭示了资本主义生产关系和剩余价值生产发展规律;第七篇则是对资本积累过程即资本再生产过程的研究,马克思分析了资本积累与劳动生产率提高的共同演进对劳资双方产生的根本性影响,揭示了资本积累规律及其产生的社会经济后果。值得关注的是,在整部《资本论》中,马克思依据历史唯物主义和辩证唯物主义方法论,一方面把"资本"理解为资产阶级社会的"普照的光"②;另一方面把生产方式作为划分人类社会形态的根本标准,把产业资本在整个社会生产中取得支配和统治地位理解为资本主义生产方式和资本主义社会得以建立的根本标志,并据此把资本主义生产方式基础上的商业资本、借贷资本、土地所有权与资本主义以前的商业资本、高利贷资本和土地所有权区别开来。深刻理解这一点,是准确把握《资本论》的理论逻辑及其结构的前提和出发点。

3. 资本是一种特殊的运动,不能把资本理解为一种静止物。马克思指出,资本"只能理解为运动,而不能理解为静止物"。③ 依据上述确定的逻辑进路,马克思在《资本论》第二卷系统考察了"资本的流通过程":前两篇考察单个产业资本的循环和周转;第三篇分析社会总资本的再生产和流通。马克思的资本循环理论表明,正是在循环中,产业资本依次采取了货币资本、生产资本和商品资本等物质形式,特别是资本从货币形式转化为生产要素形式之后,生产资料和劳动力成为资本的表现形式,只是在这里,资本主要表现

---

① 杰弗里·霍奇森对于马克思强调雇佣劳动制度是资本主义的本质特征的不满意,来源于他对马克思的历史唯物主义方法论的忽视或无知。
② 《马克思恩格斯文集》(第 8 卷),人民出版社 2009 年版,第 31 页。
③ 参见《资本论》(第二卷),人民出版社 2004 年版,第 121—122 页。

为狭义的生产要素。为了保持循环的连续性，产业资本必须以一定的内在比例同时处在货币、生产要素、商品三种不同的形式上，并且必须完成依次转换。如果不是这样，产业资本的循环就不是通畅的，甚至可能中断。由于产业资本必须依次采取货币、生产要素和商品等形式，那么如果说流通环节是广义的生产过程的必要环节，相应地，货币和商品也是广义的生产过程不可或缺的要素。从这个意义上可以说，产业资本及其各种表现形式都是广义的生产要素，在商品资本和货币资本职能独立化而形成商业资本和借贷资本之后，也不会改变它们是广义的生产要素这一基本性质。①

资本循环是可见的产业资本运动形式，而不可见的资本价值运动及其增殖才是资本循环背后的内容。资本循环的目的不仅在于实现预付资本价值的回流，更在于必须实现预付资本价值的增殖，否则整个循环就是没有意义的，甚至是失败的。于是，马克思进一步分析了产业资本循环背后的资本价值运动，即资本周转。马克思从资本循环出发，分析了制约资本价值运动及其速度的全过程因素，其中包括生产资本的结构，即固定资本与流动资本的比例、劳动期间、生产时间、流通时间等，从而说明了提高资本周转速度或效率的可能途径和方法。马克思的资本循环和周转理论，体现着劳动二重性的分析方法，只有从循环和周转的内在统一性出发，才能真正理解和把握马克思这一理论的精髓，才能深刻认识产业资本的运动规律。②

由于各个产业资本之间是互相联系、互为条件、互相制约的，在抽象地分析了单个产业资本的循环和周转之后，《资本论》第二卷第三篇进一步分析了由各个产业资本的运动及其相互联系和交错

---

① 仅仅在这个意义上可以说，从广义的生产过程角度看，把资本理解为生产要素大体上是可以成立的；从狭义的生产过程的角度看，只有产业资本在循环过程中处在生产环节时才转化为生产资料和劳动力两种主要生产要素。

② 马克思的理论启示我们，我国在新发展阶段构建新发展格局，不仅要深入研究影响国民经济循环的全过程因素，更要深入研究国民经济周转效率问题。

而形成的社会总资本的再生产与流通。① 马克思依次分析了社会总资本简单再生产和扩大再生产的实现过程、形式和条件,从宏观上揭示了产业资本运动规律。马克思的分析表明,从宏观上看,社会总资本再生产要得到完全实现,社会生产的各个部类、副类乃至各个部门之间必须保持各种复杂的内在比例关系,但是由于"过程本身的复杂性"②,特别是资本主义社会生产的无政府状态,决定了这些比例关系并不能自动地持续得到满足和保持,这些比例关系得到满足的程度以资本主义经济的波动性和周期性表现出来,繁荣、危机、萧条、复苏是资本主义宏观经济运行过程中必然呈现的几个阶段和状态。

总之,《资本论》第二卷全面深刻地揭示了资本是一种特殊运动的规定性,这种运动的规定性既来源于商品生产的内在要求,更是来源于资本是价值增殖的价值和独特的生产方式的本质属性。只有从这几个方面的统一性出发,才能深刻认识和把握资本的运动特性和规律。

4. 资本是一种特殊的社会权力。在《资本论》中,马克思对资本的权力问题进行了全面分析。

首先,马克思分析了资本作为一种社会权力的来源,即资本权力首先来源于它的第一个表现形式——货币,而货币本身的权力来源于它作为一般等价物的特殊规定性以及由此而产生的各方面职能,并且"随着商品流通的扩展,货币——财富的随时可用的绝对社会形式——的权力增大了"③。一切资本首先都表现为货币,从而不仅拥有了一种权力,而且把体现在货币上的社会权力变成私人权力。马克思深刻地指出:"货币本身是商品,是可以成为任何人的

---

① 在马克思的理论中,"社会资本"是"社会总资本"的一个简称,与当代西方学术界使用的"社会资本"概念具有完全不同的含义。
② 《资本论》(第二卷),人民出版社 2004 年版,第 558 页。
③ 《资本论》(第一卷),人民出版社 2004 年版,第 154 页。

私产的外界物。这样，社会权力就成为私人的私有权力。"①

其次，马克思进一步分析了资本在生产过程中的权力来源及其与工人的对立性质。马克思指出："雇佣工人的协作只是资本同时使用他们的结果。他们的职能上的联系和他们作为生产总体所形成的统一，存在于他们之外，存在于把他们集合和联结在一起的资本中。因此，他们的劳动的联系，在观念上作为资本家的计划，在实践中作为资本家的权威，作为他人意志——他们的活动必须服从这个意志的目的——的权力，而和他们相对立。"②"资本家所以是资本家，并不是因为他是工业的管理者，相反，他所以成为工业的司令官，因为他是资本家。工业上的最高权力成了资本的属性。"③"生产过程的智力同体力劳动相分离，智力转化为资本支配劳动的权力，是在以机器为基础的大工业中完成的。"④

最后，马克思分析了资本作为平等的社会权力在资本竞争以及由此而形成的利润率平均化中的作用，他指出，在通过生产价格获取平均利润的形式上，"资本就意识到自己是一种社会权力，每个资本家都按照他在社会总资本中占有的份额而分享这种权力"。⑤ 同时，资本权力还表现出特有的阶级属性："我们在这里得到了一个像数学一样精确的证明：为什么资本家在他们的竞争中表现出彼此都是假兄弟，但面对整个工人阶级却结成真正的共济会团体。"⑥ 马克思进而指出了资本的权力所存在的内在矛盾："由资本形成的一般的社会权力和资本家个人对这些社会生产条件拥有的私人权力之间的矛盾，越来越尖锐地发展起来，并且包含着这种关系的解体，因为它同时包含着把生产条件改造成为一般的、公共的、社会的生

---

① 《资本论》（第一卷），人民出版社 2004 年版，第 155—156 页。
② 《资本论》（第一卷），人民出版社 2004 年版，第 385 页。
③ 《资本论》（第一卷），人民出版社 2004 年版，第 386 页。
④ 《资本论》（第一卷），人民出版社 2004 年版，第 487 页。
⑤ 《资本论》（第三卷），人民出版社 2004 年版，第 217 页。
⑥ 《资本论》（第三卷），人民出版社 2004 年版，第 220 页。

产条件。"①

《资本论》运用的是唯物辩证法的方法论和从抽象上升到具体的理论叙述方法，因此，我们不仅要全面认识资本的多种规定性，而且必须深刻把握资本的多重规定性之间的辩证关系及其内在统一性。其中，深刻认识资本与货币之间的内在联系具有特别重要的意义。这个意义在于，正是由于货币始终是资本的前提和第一种表现形式，货币到资本的转化具有内在的必然性，但是，货币究竟是转化为什么性质的资本，则取决于一定的社会制度和历史条件。从这一点出发，不仅能够深刻理解为什么资本主义起源于西欧，而中国历史上虽然有发达的商品生产和商品交换但一直未能自发地过渡到资本主义社会，并且能够正确理解中国特色社会主义市场经济条件下的资本现象。

二 什么是资本主义

关于什么是资本主义，西方学者存在各种不同的理解。例如，制度与演化经济学家杰弗里·霍奇森在《资本主义的本质》一书中专门探讨了资本主义的定义问题，霍奇森不同意或者不完全同意许多人的观点（包括马克思的观点），提出了一个关于资本主义的"完整"定义："具有下面六个特征的一种生产体系：1. 一个法律体系支持拥有、购买和出售私有财产的普遍个人权利和义务。2. 普通的商品交换和包含货币的市场。3. 普遍的生产资料私人所有，企业据此为出售而生产物品和服务，追求利润。4. 多数生产的组织是分享的，脱离了居家生产和家庭生产。5. 普遍的雇佣劳动和雇佣合同。6. 一个有银行制度的发达金融体系，普遍使用可以把财产用作

---

① 《资本论》（第三卷），人民出版社 2004 年版，第 294 页。

抵押的信用，出售债务。"① 霍奇森特别强调了法律在资本主义形成和运行中的重要地位。又如，当代美国经济学家塞缪尔·鲍尔斯、理查德·爱德华兹、弗兰克·罗斯福、梅伦·拉鲁迪在合著的《理解资本主义》一书中认为："我们将资本主义（capitalism）定义为一种经济制度，在这种制度中，雇主以营利为目的雇用工人生产商品和服务并销售。"② 值得注意的是，鲍尔斯等人对于资本主义的定义并没有强调生产资料的私人所有。可以看出，霍奇森、鲍尔斯等人的观点明显受到马克思理论的影响。拉里·尼尔等在《剑桥资本主义史》中认为，每一类资本主义当中还是有着四种共同的要素，它们强调的无外乎是："1. 私有的产权；2. 第三方可强制执行的契约；3. 价格灵活变动的市场；4. 支持型的政府。""资本主义就能够有效地被定义为在更广泛的、起支撑作用的社会、政治和文化系统中运行的一个复杂而具有适应性的经济制度。"③④ 尼尔强调了资本主义与资本的关联，但是忽视了雇佣劳动在资本主义中的特殊地位，仅仅把"劳动力"理解为与土地、资本、商品和服务并列的市场交易对象。

讨论马克思关于资本主义的理解，我们不得不注意到这样一种现象，这就是马克思是否及何时使用"资本主义"这个概念，在国际学术界存在不同的看法。例如，法国著名史学家布罗代尔在《15至18世纪的物质文明、经济和资本主义》第2卷中认为，"资本主义"是一个"新近出现的词"，它形成于18世纪中期，马克思从来

---

① 杰弗里·霍奇森（2015）：《资本主义的本质——制度、演化和未来》，中译本，格致出版社、上海三联书店、上海人民出版社2019年版。
② 塞缪尔·鲍尔斯、理查德·爱德华兹、弗兰克·罗斯福、梅伦·拉鲁迪：《理解资本主义》，中译本，中国人民大学出版社2022年版，第4页。
③ 拉里·尼尔、杰弗里·威廉姆森：《剑桥资本主义史》（第1卷），中译本，中国人民大学出版社2022年版，第3、5页。
④ 这部著作实际上是以现代资本主义为参照的一部比较经济史论著，书中考察了资本主义前的世界主要国家和地区的经济发展状况，因此，使用"资本主义史"这样一个书名并不恰当。

没有使用过"资本主义"这一概念。① 另有西方学者则认为，马克思虽然使用过"资本主义的"这个形容词，或谈到过"资本家"，但无论是在《共产党宣言》还是《资本论》第一卷中都没有把资本主义作为一个名词来使用，直到1877年，马克思在与俄国追随者的通信中讨论俄国过渡到资本主义时才使用这个词②。杰弗里·霍奇森则提出："普遍认为，资本主义这个词是社会主义者路易勃朗在他的《劳动组织》（Organisation du travail）中发明的。""不久后，皮埃尔-约瑟夫·蒲鲁东（Proudhon，1851）使用了 capitalisme 这个词，而且其使用在英语和法语中慢慢扩大。""卡尔·马克思频繁使用'资本主义生产方式'（capitalist mode of production）和'资本家'（capitalists）。但他很少用资本主义（capitalism）这个词。它在《资本论》第一卷中只出现过两次，在后面两卷中出现过九次。"③ 张一兵和汪浩斌一方面考察了马克思对于"资本""资产者""资产阶级""资本家"这些概念的使用情况及其历史变化；④ 另一方面同意马克思并没有使用"资本主义"这个词的观点，但是认为马克思在实际上揭示了"资本主义的内涵的科学规定：它是资本的生产关系占统治地位的生产方式和经济体制"。⑤ 卫兴华对于西方学者有关"资本主义"这个词在历史上出现和流行的看法提出了不同意见，对于国内学者照搬西方学者相关观点的做法提出批评，并明确提出："最早从社会经济制度涵义上运用'资本主义'

---

① 费尔南·布罗代尔：《15至18世纪的物质文明、经济和资本主义》（第2卷），中译本，生活·读书·新知三联书店1993年版，第236—237页。
② 汤姆·博托莫尔等（1988）：《马克思主义思想辞典》，中译本，河南人民出版社1994年版。
③ 杰弗里·霍奇森（2015）：《资本主义的本质——制度、演化和未来》，中译本，格致出版社、上海三联书店、上海人民出版社2019年版，第218页。
④ 张一兵、汪浩斌：《马克思主义真的没有使用"资本主义"一词吗?》，《南京社会科学》1999年第4期。
⑤ 张一兵、汪浩斌：《马克思主义真的没有使用"资本主义"一词吗?》，《南京社会科学》1999年第4期。

概念的，正是马克思。"①

笔者认为，关于"资本主义"这个词的历史起源及其流行时间的考证和争论，其意义是有限的；关于马克思何时开始使用"资本主义"这个词的考证和讨论，对于了解马克思的思想和理论发展史则是有一定意义的。对于今天世界范围的思想界甚至公众来说，无论人们对于"资本主义"如何定义，它总是作为"社会主义"或"共产主义"的对立面或反义词来理解的，这应该是确定无疑的事实。对于马克思主义学者来说，马克思的《资本论》是关于资本主义经济运动规律的最重要最权威的理论著作，也应该是一种广泛的共识。从本文讨论的主题角度看，深入研究和科学阐释马克思关于资本主义的理解，特别是马克思从政治经济学角度出发关于资本主义的理解，仍然是一项重要工作。讨论什么是资本主义，当然离不开对于什么是资本的理解。因此，这里所做的，就是在上述马克思关于资本的理论基础上，进一步说明马克思关于资本主义的理解。

首先需要指出的是，认为马克思在《资本论》中没有使用"资本主义"这个名词，进而认为马克思没有资本主义的定义，完全是没有根据的臆断。众所周知，在《资本论》中，马克思大量使用了"资本主义生产方式""资本主义生产""资本主义制度""资本主义社会"等概念，在这些概念中，"资本主义"确实是作为定语来使用的，但是不能据此认为马克思没有资本主义的概念。从逻辑的角度说，如果不知道什么是资本主义，那么马克思又怎么可能使用上述这些概念呢？正如卫兴华指出的那样："难道能够把'资本主义的'与'资本主义'完全割裂开来，有'资本主义的'而没有'资本主义'吗？按此逻辑推论：'红色的'没有'红色'，'罪恶的'没有罪恶，'美丽的'没有'美丽'，'美国的'没有美国，'我们的'没有'我们'，试问，这样理解问题和这样的判断能够成

---

① 卫兴华：《究竟何人最先从经济制度涵义上使用"资本主义"和"市场经济"概念？》，《当代经济研究》2000 年第 10 期。

立么?"① 不仅如此,在《资本论》中,马克思实际上使用过"资本主义"这个名词。例如,在《资本论》第一卷中,有"资本主义使用机器的目的""在资本主义下""资本主义以前的生产方式""资本主义时代""反资本主义"等表述;在第二卷中,有"资本主义以前的商品生产形式""在资本主义基础上""资本主义状态"等表述;在第三卷中,有"资本主义的发展""资本主义发展阶段""资本主义发达""资本主义规定性""资本主义时期"等表述。张一兵和汪浩斌认为,由于翻译的原因,在这些表述中"资本主义"一词都应该用"资本家"来替换。② 实际上,在马克思的上述表述中,大部分情况下的"资本主义"是无法或者不可能用"资本家"来替换的。由此可见,认为《资本论》没有使用"资本主义"这个名词,进而认为马克思并没有关于资本主义的准确定义,是没有根据的。

现在可以对马克思关于资本主义的理论进行一个概括的说明。马克思的资本主义理论是一个系统理论,包括以下一些要点。第一,在马克思的理论中,所谓"资本主义",首先是指人类历史发展中的一种特殊社会形态或阶段,马克思称之为"资本主义社会"。第二,马克思把不同历史阶段占支配地位的社会生产方式作为划分不同社会形态从而社会不同历史阶段的根本标志,在《〈政治经济学批判〉序言》中,马克思明确指出:"大体说来,亚细亚的、古希腊罗马的、封建的和现代资产阶级的生产方式可以看做是经济的社会形态演进的几个时代。"③ 马克思把社会生产方式及其决定的生产关系称之为"经济制度",从而把资本主义理解为一种特殊的社

---

① 卫兴华:《究竟何人最先从经济制度涵义上使用"资本主义"和"市场经济"概念?》,《当代经济研究》2000年第10期。
② 张一兵、汪浩斌:《马克思主义真的没有使用"资本主义"一词吗?》,《南京社会科学》1999年第4期。
③ 《马克思恩格斯文集》(第2卷),人民出版社2009年版,第592页。

会经济制度。① 正是根据资本主义生产方式是否在社会生产中占据支配或统治地位，马克思认为"资本主义时代"是从16世纪开始的，因为直到16世纪，工场手工业这种资本主义生产方式才在西欧特别是英国广泛建立起来。② 第三，马克思认为社会是一个"有机体"，③ 一定历史阶段占支配地位的生产方式和生产关系是建立在生产力的一定发展阶段基础之上的，同时，在生产方式和生产关系的基础上，还存在一定的政治法律制度和社会意识形态，生产力—生产关系—上层建筑—意识形态之间的相互作用，正是推动社会形态变化的内在机制。与资本主义生产方式相联系，必然存在资本主义政治法律制度和社会意识形态。④ 第四，马克思认为一切生产资料私有制占统治地位的社会必然存在阶级及其对立，在经济上占统治地位的阶级同时也是政治和意识形态上占统治地位的阶级，所以马克思有时特别是在早期也把资本主义社会称之为"资产阶级社会"，把"资本主义生产方式"称之为"资产阶级生产方式"。第五，资本主义生产方式从一开始就具有两个特征：一方面，"它生产的产品是商品。使它和其他生产方式相区别的，不在于生产商品，而在于，成为商品是它的产品的占统治地位的、决定的性质。这首先意味着，工人自己也只是表现为商品的出售者，因而表现为自由的雇佣工人，这样，劳动就表现为雇佣劳动"⑤；另一方面，"剩余价值的生产是生产的直接目的和决定动机"⑥。第六，资本主义生产方式和资本主义社会都是历史的产物，是社会生产力发展到一定历史阶

---

① 马克思的"经济制度"如同"生产资料所有制"一样，并不是法学概念，而是经济学范畴。从客观的经济关系出发理解法律政治制度，而不是相反，这正是马克思在批判黑格尔法哲学之后所确立的新思想。因此，霍奇森批评马克思忽视了法律在资本主义中的地位和作用，只能说明他并没有正确理解马克思。参见杰弗里·霍奇森（2015）《资本主义的本质——制度、演化和未来》，中译本，格致出版社、上海三联书店、上海人民出版社 2019 年版，第 54—57 页。
② 参见《资本论》（第一卷），人民出版社 2004 年版，第 171、823 页。
③ 《资本论》（第一卷），人民出版社 2004 年版，第 874 页。
④ 《马克思恩格斯文集》（第 2 卷），人民出版社 2009 年版，第 591—592 页。
⑤ 《资本论》（第三卷），人民出版社 2004 年版，第 995—996 页。
⑥ 《资本论》（第三卷），人民出版社 2004 年版，第 997 页。

段的必然产物和发展形式。资本主义在促进社会生产力和生产社会化不断发展的同时，造成了阶级之间、国家之间、社会与自然之间等的矛盾日益深化和扩大，最终必将被更高级的社会生产方式即共产主义生产方式所取代。马克思指出："以个人自己劳动为基础的分散的私有制转化为资本主义私有制，同事实上已经以社会的生产经营为基础的资本主义所有制转化为社会所有制比较起来，自然是一个长久得多、艰苦得多、困难得多的过程。"① 特别值得注意的是，马克思关于资本主义的理论一方面是以当时西欧特别是英国资本主义发展实践为事实依据的；另一方面又属于关于"资本一般"的理论，因此，马克思的理论体现着一般性与特殊性的有机统一。只有从这种统一性出发，才能准确把握马克思理论的精髓并正确运用马克思的理论理解社会主义条件下的资本问题。

综上所述，马克思全面地揭示了资本和资本主义的本质属性和一般规定性，深刻地揭示了资本与资本主义的内在联系和辩证关系。马克思的理论表明，资本主义或资本主义社会是资本以及资本主义生产方式占统治地位或者成为"普照的光"的社会形态，无论之前还是之后，仅仅存在资本和资本主义生产方式，并不意味这个社会就是资本主义社会，这一点已得到中国特色社会主义经济发展实践的有力证明。

三 社会主义与资本的关系

经典马克思主义的社会主义理论以生产力的高度发达和商品生产与资本主义经济制度的消亡或者被消灭为前提，因此，在马克思主义经典作家所设想的社会主义社会（共产主义社会的第一阶段）中是不存在非公有制经济的，也是不存在市场经济与资本的。新中国成立以后，特别是1956年社会主义改造完成以后，我国在社会主

---

① 《资本论》（第一卷），人民出版社2004年版，第874页。

义经济制度和发展道路上进行了艰苦探索，既取得了伟大成就，也经历过严重曲折。经过改革开放，最终建立了社会主义初级阶段基本经济制度，成功地走出了一条中国式的社会主义现代化道路，创造了人类文明新形态，开创了科学社会主义新境界。必须从社会主义初级阶段基本经济制度建立和发展的历史逻辑、理论逻辑、实践逻辑及其有机统一出发，科学认识社会主义与资本的关系问题。

新中国成立以后，按照既定的新民主主义理论和政治路线，为了快速实现国家工业化，自1953年起开始进行社会主义改造，通过和平的方式消灭了生产资料私有制，建立了全民所有制和集体所有制两种基本的生产资料公有制。与此相适应，在全民所有制单位实行工资制、在农村集体实行工分制的分配制度和方式，并建立了高度集中的计划经济体制。在这样的经济制度体系下，不存在真正意义上的资本，更不存在私人资本。从理论上说，这样的社会主义经济制度体系"比较接近"马克思主义经典作家设想的社会主义模式。之所以说是"比较接近"，不仅是因为仍然存在两种不同形式的公有制而不是单一的生产资料公有制，而且是因为从来就没有消灭货币，从而整个经济活动仍然具有一定的商品性，因此，现实社会主义经济从一开始就与马克思主义经典作家关于社会主义的设想存在显著的不同。实践证明，这样的社会主义经济制度体系一方面满足了初步实现工业化目标的需要；另一方面又存在一些严重缺陷，最主要的是地方、企业以及劳动者生产积极性受到压抑，生产效率不高，浪费比较严重，经济活力严重不足，人民生活水平提高过慢，等等，必须进行全方位改革。

1978年党的十一届三中全会以后，我国进入改革开放和社会主义现代化建设新时期。改革开放的核心任务，就是要通过经济体制改革和对外开放，大力发展生产力，迅速实现国家现代化和提高人民生活水平。由于没有现成的经验，我国的改革开放呈现从点到面、从局部到整体、从表层到深层的循序渐进的不断深化过程。① 在改革开放的过程中，我国经济制度体系发生了深刻变革。农村集体所有制采取了家庭承包制的新形式，在城市和乡村恢复和发展了个体经济、私营经济等非公经济，吸引了大量外资，恢复和发展了商品经济，建立了社会主义市场经济，国营企业变革为国有企业，并普遍实行了以股份制为主的现代企业制度，全社会建立了以按劳分配为主体、多种分配方式并存的新的分配制度。正是在改革开放和社会主义初级阶段基本经济制度建立和发展过程中，各种性质和形式的资本悄然地、自然而然地、合乎逻辑地登上了我国经济社会生活的舞台，并发挥着越来越重要的作用。

从理论认识来看，改革开放以来，人们关注和讨论的焦点是社会主义与市场经济的关系，其中一个非常重要的理论认识就是把市场经济与资本主义区分开来，从而为大力发展社会主义市场经济提供了理论依据。② 在发展社会主义市场经济的实践过程中，各种性质和形式的资本也随之得到发展，这里实际上隐含着一种被默认的理论判断和逻辑，即资本不等于资本主义。事实上，自党的十四届三中全会以来③，"资本"一直是被作为"生产要素"来看待的。在当前全面建设社会主义现代化国家新的发展阶段，不仅有条件而且有必要对社会主义与资本的关系进行更深入的理论探讨和科学的理论解释。习近平总书记指出："要加强新的时代条件下资本理论研究。"④ 笔者认为，需要对两个重要理论问题作出回答，其中，一个基本问题是为什么社会主义可以有资本，另一个更深层问题则是为什么公有制经济本身可以而且必然采取资本的形式。这两个问题

---

① 邓小平同志形象地称之为"摸着石头过河"。

② 1992年邓小平南方谈话明确阐述了这一点，从而为党的十四大确立建设社会主义市场经济体制的改革方向提供了思想和理论认识上的准备。

③ 在中央文件中，党的十四届三中全会通过的《中共中央关于建立社会主义市场经济体制若干问题的决定》开始使用"资本"这个概念，并把它理解为一种"生产要素"。

④ 《习近平在中共中央政治局第三十八次集体学习时强调 依法规范和引导我国资本健康发展 发挥资本作为重要生产要素的积极作用》，《人民日报》2022年5月1日。

是具有内在逻辑联系的，只有先回答第一个问题，然后才能进一步回答第二个问题。

理解为什么社会主义可以有资本这个问题，首先要正确认识马克思主义经典理论中的社会主义（共产主义第一阶段）与现实社会主义的联系和区别，既不能将二者直接相等同，犯教条主义错误，更不能将二者对立起来，犯经验主义和机会主义错误，这是理解现实社会主义所有重大问题的根本方法论前提。在这个方法论前提之下，才能正确理解现实社会主义为什么不仅可以有资本，而且必然通过利用资本最终走向马克思主义理论设想中的社会主义。这其中的根本原因在于以下六点。第一，从人类文明发展规律的角度看，文明交流与互鉴，特别是落后国家向先进国家学习，不仅是推动人类文明进步的重要途径，更是落后国家实现工业化和现代化的必然途径。列宁曾经深刻地指出："没有各种学术、技术和实际工作领域的专家的指导，向社会主义过渡是不可能的，因为社会主义要求广大群众自觉地在资本主义已经达到的基础上向高于资本主义的劳动生产率迈进。"[1] "社会主义能否实现，就取决于我们把苏维埃政权和苏维埃管理组织同资本主义最新的进步的东西结合得好坏。"[2] 列宁还提出了著名公式："苏维埃政权+普鲁士的铁路秩序+美国的技术和托拉斯组织+美国的国民教育等等等等++=总和=社会主义。"[3] 我国社会主义起源于落后的经济社会条件，作为发展中国家，必须向发达国家学习先进的科学技术、经济管理方法和其他各方面先进文化成果，只有这样，才能发挥后发优势，相对快速地实现工业化和现代化，缩短与发达国家的距离，并最终超越发达国家。同时，作为发展中国家，由于缺乏资本原始积累，实现工业化所需要的巨额资金和资源除一部分可以由国内生产部门提供之外，还需要从资本富裕的发达国家引进，而且只有通过引进外国资本这

---

[1] 《列宁全集》（第34卷），人民出版社1985年版，第160页。
[2] 《列宁全集》（第34卷），人民出版社1985年版，第170—171页。
[3] 《列宁全集》（第34卷），人民出版社1985年版，第520页。

种方式，才能同时引进发达国家的先进科学技术、管理经验及其他先进文化成果，这是落后国家搞社会主义的一个必然规律和内在要求。因此，在对外开放和国际经济合作中，资本就必然进入社会主义经济之中。① 第二，无论是在计划经济体制下还是在市场经济体制下，由于都存在货币，从而都需要通过资金或资本积累推动工业化和现代化建设。无论是"资金"还是"资本"，虽然用语不同，但它们都是以货币形式代表的经济资源或社会的剩余产品或剩余价值，从这个意义上来说，"资金"具有"资本"的基本功能。这就是说，在我国改革开放以前出于意识形态的原因并不使用"资本"概念，而是使用"资金"概念，但这并不能改变"资金"具有"资本"的特点与功能这一事实，只不过它不是私人资本，而是公有资本或国有资本。同时，由于受制度和体制的制约，其作为资本的特点和功能还没有得到充分发挥。第三，无论是从理论上还是实践上来看，资本与资本主义既有联系又有区别，如果说市场经济是社会主义经济的必然形式，而资本又是市场经济体系中的最重要构成要素，那么，在建立和发展社会主义市场经济的过程中，就必然要充分利用各种资本在资源配置和组织中的重要作用，否则，就是不完整的市场经济。实践已经充分证明，大力发展市场经济，大力发挥各种资本的积极作用，并不必然导致社会主义变成资本主义。第四，从我国社会主义初级阶段的多种所有制经济结构来看，个体经济、民营经济、外资经济等非公经济的恢复和发展一开始就具有市场经济的性质，它们的经营和运行一开始就是以资本为中心的。第五，在市场经济条件下，资本是联系各种经济组织和形式的纽带，正是通过资本以及资本市场，社会经济资源才能经过市场机制得以流动和优化配置，从而促进整个社会资源配置效率和生产效率的不断提高。第六，社会主义经济是开放经济，由于资本仍然是当代世

---

① 当然，落后国家能否以及如何开展对外经济交流与合作，受到国际政治形势的重要影响。

界经济的主角，因此，为了融入世界经济，充分利用国内国际两个市场和两种资源，社会主义经济就不仅必须允许资本的存在和发展，并且还要深入研究和把握资本运动规律，充分利用和驾驭好各种资本，而不至于被资本尤其是私人资本和外国资本所颠覆。

"社会主义与资本的关系"不仅表示社会主义社会与资本的关系，而且表示社会主义经济与资本的关系。在正确理解社会主义社会必然存在资本的基础上，还需要进一步深入理解为什么社会主义经济本身也必然采取资本的形式。这里所说的社会主义经济是指公有制经济，即国有经济和集体经济。上述讨论已经为社会主义经济为什么要采取资本形式提供了部分解释，在此基础上，还可以从"内部论"的角度出发做出进一步解释。首先要看到，经过多年改革，我国国有经济和集体经济已经在事实上采取了资本的形式，中央文件称之为"国有资本"和"集体资本"①。从一定意义上来说，社会主义公有制经济采取资本的形式，这是社会主义经济理论与实践的重大创新和突破。理解这一点的关键，不仅在于需要对资本与资本主义做出正确的区分，而且需要进一步深刻理解资本在当代社会经济中的重要地位。依据前述马克思关于资本的基本理论，"资本"最重要的内涵和一般特征在于它是适应社会化大生产需要的一种社会经济组织方式，正因为如此，以生产资料私有制为基础的资本主义经济可以采取资本这种社会生产和经济组织方式，以生产资料公有制为基础的社会主义经济同样可以采取资本这种社会生产和经济组织方式，在社会主义市场经济条件下尤其如此。社会主义经济与市场经济的有机融合，必然使公有制经济中的财产采取资本的形式，因此，社会主义公有制经济采取资本形式，是社会主义市场经济发展的必然结果。党的十八届三中全会提出以资本为纽带积极发展混合所有制经济、"完善国有资产管理体制，以管资本为主加

---

① 党的十四大报告还未使用"资本"概念，党的十四届三中全会通过的《中共中央关于建立社会主义市场经济体制若干问题的决定》开始使用"资本"概念，并提出"资本"是一种生产要素。

强国有资产监管,改革国有资本授权经营体制,组建若干国有资本运营公司,支持有条件的国有企业改组为国有资本投资公司"的国有资产管理体制改革重大方略和举措[①],是社会主义公有制经济理论和实践的又一个重大创新。社会主义市场经济是一个伟大创造,社会主义经济采取资本的组织方式同样是一个伟大创造。

四 正确认识资本的一般性与特殊性及其双重作用

如前所述,马克思从研究"资本一般"的理论定位出发,以生产资料私有制为基础的典型资本主义为研究对象,全面深刻揭示了资本的多重规定性或属性,体现着一般性与特殊性辩证统一的方法论。必须从这一方法论出发,科学理解和运用马克思的资本理论,正确认识社会主义市场经济中资本的一般属性与特殊属性以及资本的双重作用。

首先,必须从历史发展的角度出发深刻理解资本的一般性本身的多重含义。唯物辩证法表明,任何事物都具有一般性与特殊性两个方面的规定性,一般性反映了事物之间的共性和普遍联系,特殊性反映了事物之间的差别和矛盾,一般性寓于特殊性之中,特殊性中隐含着一般性。必须从辩证的角度出发认识一般性与特殊性及其相对关系,从而认识一般性与特殊性的多重含义。马克思的资本理论表明,资本是一个历史范畴,正是在历史发展中,"资本"这个范畴的含义也随之得到丰富和发展。只有从历史发展的角度出发,才能理解资本的一般性和特殊性从何而来,进而才能理解资本在共时性或空间上的一般性与特殊性的关系。资本在形式上经历了不同的社会历史阶段,从商业资本和高利贷资本发展到产业资本,最终形成了以资本主义生产方式为核心的资本主义经济制度体系和社会

---

① 《中共中央关于全面深化改革若干重大问题的决定》,人民出版社 2013 年版,第 9 页。

形态，资本取得了在资本主义社会形态下的特殊规定性，即资本在本质上是建立在生产资料私有制基础上的、以雇佣劳动制度为核心标志的特殊生产方式和生产关系。同时还必须看到，在资本主义经济制度和社会形态本身的发展过程中，资本与社会其他层面的力量（其中最重要的是国家）之间的关系①，以及资本在社会整体中的地位和作用都在发生着历史性变化，从而使资本的含义得到进一步发展。结合马克思的资本理论以及资本本身的历史发展可以看出，所谓"资本的一般性"具有多层次的含义，例如：货币是资本的第一存在形式；追求无止境的价值或货币财富是资本的共同目的和动机；资本是社会经济的特殊组织方式和发展生产力的特殊历史形式；资本运动以资本所有者与劳动者的关系为轴心；资本以商品生产和市场经济为前提，资本之间存在竞争；产业资本、商业资本、借贷资本、银行资本、金融资本、虚拟资本等是资本的不同形态；等等。② 毫无疑问，这些"资本的一般性"同样适用于社会主义市场经济中的资本。③

其次，必须从社会经济制度和资本的特殊性出发，正确认识社会主义市场经济中的资本与资本主义经济制度下的资本的本质区别。由于我国存在各种不同性质的资本，一方面需要从总体上正确认识它们与资本主义制度下的资本的根本区别，另一方面还需要对这些不同性质的资本及其作用进行具体的分析。

从总体上看，社会主义制度下的资本与资本主义制度下的资本，既存在许多共同的一般属性和功能，同时也存在本质的区别，这种本质区别来源于资本与特定的社会政治经济制度的关系。从本质上

---

① 如何认识资本及资产阶级在当代西方发达资本主义国家中的地位和影响，是国际学术界关于国家理论争论的焦点。参见史丹利·阿若诺威兹、彼得·布拉提斯《逝去的范式：反思国家理论》，中译本，吉林人民出版社2008年版。

② 严格来说，对于"资本的逐利性"这个概念，只有理解为资本通过获得利润或利息的最大化从而实现追求无止境的价值或货币财富的目的，才是准确合理的。

③ "资本是重要的生产要素"不仅没有充分反映资本在社会主义市场经济中的重要地位，而且从马克思理论角度看，在逻辑上也是存在问题的。

看，资本主义社会政治法律制度是建立在资本以及资产阶级的统治地位基础之上的，所以马克思把资本主义社会称为"资产阶级社会"。尽管当代资本主义政治法律制度即国家制度具有广泛的公共服务职能，但这并不意味着资本主义国家的根本性质有什么实质性的改变，当代发达资本主义国家以及国际政治经济发展实际都充分地证明了这一点，恩格斯关于资产阶级国家是"资本家的国家""理想的总资本家"[①]的理论命题并没有过时。无论是认识当代发达资本主义国家内部的各种经济政治社会现象，还是理解当代世界经济政治格局及其变化趋势，仍然必须坚持从马克思主义关于资本以及资本主义生产方式和经济政治制度的本质属性及其内在矛盾的理论观点出发，不被各种表面现象所迷惑。

与资本主义经济政治制度根本不同，中国特色社会主义经济建立在生产资料公有制为主体、多种经济形式共同发展，按劳分配为主体、多种分配方式并存和社会主义市场经济等制度基础之上，是人类经济制度的新形态；中国特色社会主义政治建立在中国共产党领导、全体人民当家作主、多党合作和广泛的政治协商等制度基础之上，是人类政治制度的新形态。在中国特色社会主义政治经济制度下，不仅可以而且必然需要大力发展社会主义市场经济，不仅可以而且必然需要充分利用和发挥各类资本在促进生产力发展、创造社会财富、提高资源配置效率、推动技术创新、增加社会就业、增强国家竞争力等各方面的积极作用。从实践发展来看，改革开放是中国共产党领导全体人民做出的主动选择，其根本目的是开创社会主义发展的正确道路，其根本性质是社会主义制度的自我完善。正是在改革开放的过程中，党和国家积极采取各种政策法律措施，鼓励、支持和引导各类资本不断发展，开创了社会主义利用资本的新境界，创造了我国经济持续快速发展的奇迹。充分利用和正确发挥资本这种社会化大生产和市场经济组织形式的积极作用，充分彰显

---

① 《马克思恩格斯文集》（第3卷），人民出版社2009年版，第559页。

了中国特色社会主义制度与道路的优越性和先进性，也充分彰显了党和人民对于中国特色社会主义制度、理论、道路和文化的高度自信。我国的发展实践已经充分证明，在中国共产党的坚强领导下，社会主义是可以而且能够有效利用资本的，对资本持一种"原罪"感与恐惧心态是不正确的，"谈资色变"也是不必要的。

在充分认识资本在社会主义制度下的重要地位和积极作用的同时，还必须进一步充分认识各类资本的特征及其可能产生的消极作用，加强对各类资本的监管和治理，防止和遏制资本可能产生的各方面消极作用甚至颠覆性破坏作用。这里仅就公有资本与非公有资本进行概括的说明。就我国国有资本和国有企业来说，由于受党和国家政府的直接领导及其全民所有的根本性质，虽然国有资本和国有企业同样具有追求价值增值的基本动机和目标，但是，国有资本和国有企业还肩负着执行和实现国家发展战略目标的根本任务，从而具有经济、政治、社会等多方面职能。从这个意义上来说，国有资本是一种特殊的资本，国有企业是一种特殊的企业。因此，对于国有资本和国有企业及其控股的混合所有制经济而言，主要是通过各种制度建设并发挥各方面监督作用，防止国有资本和国有企业在各种经营活动中产生权钱交易的腐败行为和国有资产流失，同时必须加强引导和监管，使国有资本和国有企业在经营中自觉遵守国内外法律法规，自觉维护公平竞争市场秩序和环境，发挥好国有资本和国有企业在社会主义市场经济发展中的主力军、排头兵、压舱石、定海神针等各方面重要作用。

就我国民营资本和民营企业以及外资和外资企业来说，由于其产权属于私人所有，追求无止境的价值财富是其主要动机和目的。因此，在经营和发展过程中，其大多数主要通过合法合规手段实现盈利最大化，但是也存在侵犯员工合法权益、制造假冒伪劣商品、炮制虚假广告、行贿政府官员等违法违规行为，从而给社会带来一些消极影响。特别值得重视的是，在数字技术广泛应用和数字经济发展过程中，民营资本和外资在平台、平台经济以及新媒体中占据了主体地位，而平台、平台经济以及新媒体在社会经济政治以及意识形态中都具有十分重要的作用和十分广泛的影响。大量的案例和研究表明，平台、数字经济、新媒体是最容易产生新的垄断和不正当竞争的领域，并存在危害国家安全的重大隐患，国家对于资本的监管和治理面临严峻挑战。因此，在引导和规范民营资本与外资健康发展方面，尤其要注重深入贯彻总体国家安全观，从统筹发展与安全的战略高度出发，强化对于数据和数字经济及相关企业与资本的全过程监管，坚持反垄断和不正当竞争，坚决防止资本无序扩张和野蛮生长，确保各类非公资本在国家法律法规的规范和社会监督下健康运行和发展，进一步发挥好各类非公有资本对于国家和社会的积极作用。

五　小结

改革开放以来，伴随我国生产资料所有制及其结构、分配制度与方式的变革和社会主义市场经济体制的建立与发展，各类资本不断形成和发展，在经济社会生活中发挥着越来越重要的作用。从马克思的资本理论和历史发展的角度看，现代资本是社会化大生产和市场经济的组织方式，它既可以是资产阶级社会的经济基础，也可以成为社会主义经济发展的工具和手段。市场经济是社会主义经济发展的必经历史阶段和必然形式，从而社会主义经济也必然采取资本的组织形式。利用资本发展社会主义经济，是中国共产党和中国人民的一个伟大创造，是社会主义经济理论与实践的重大创新。在任何社会条件下，资本的作用都具有双重性。在社会主义制度条件下，不仅能够有效发挥资本的积极作用，也能够正确引导和规范资本的行为，从而有效遏制资本的消极作用甚至破坏性作用。在全面建设社会主义现代化国家新发展阶段，必须坚持以习近平新时代中国特色社会主义思想为指导，深刻总结我国经济发展实践经验，加强资本问题研究，构建中国特色社会主义政治经济学的资本理论，为进一步发挥各类资本的积极作用、防止和克服资本的消极作用提供科学的理论指导，这是我国理论经济学界面临的重大课题和光荣任务。

（原载《经济学动态》2022 年第 7 期）

规范和引导社会主义市场经济资本健康发展

刘 伟

一 资本的一般性质和特性

习近平总书记指出："必须深化对新的时代条件下我国各类资本及其作用的认识，规范和引导资本健康发展，发挥其作为重要生产要素的积极作用。"[①] 要认识在中国特色社会主义条件下、在社会主义市场经济中的资本，首先需要明确资本的一般性质。

资本作为重要的历史范畴和理论范畴的出现是人类社会发展萌发资本主义并逐渐进入资本主义时期的事情。就其自然形态而言，资本是最为重要和基本的生产要素，其不仅表现为各类物质形态的资本，也表现为人力资本。就其社会形态而言，资本是特定的社会生产关系，即资本主义生产关系的体现[②]。这种自然形态与社会形态的统一，使得资本具有了特殊的历史性质，并且对人类文明的发展做出了特殊的历史推动。一方面，资本成为资本主义社会生产关系的制度基础，资本的运动过程本质上是资本主义生产关系的运动和实现的过程；另一方面，资本的市场竞争性配置机制推动了生产

[①] 《习近平在中共中央政治局第三十八次集体学习时强调 依法规范和引导我国资本健康发展 发挥资本作为重要生产要素的积极作用》，《人民日报》2022 年 5 月 1 日。
[②] 蒋学模：《社会主义经济中的资本范畴和剩余价值范畴》，《经济研究》1994 年第 10 期。

力空前发展，创造了人类现代化文明形态。从现代化文明发展史来看，现代化的经济社会发展内涵发端于工业化，即人类社会以工业文明替代传统的农耕文明；现代化的经济社会制度内涵则发端于市场化，即人类社会以市场机制冲破小农经济。工业化和市场化所构成的现代化的历史进程，首先是与资本主义社会形态联系在一起，以资本作为经济制度基础，以"市场"作为资源配置机制，从而取代了封建主义社会形态。

资本的社会属性使之作为生产要素具有一系列新的历史特性，正是这些新的历史特性使之能够令资本主义制度与市场经济机制历史地统一起来，使市场经济的历史出现首先建立在资本主义私有制的基础之上。之所以资本主义形态能够在人类文明史上首先与市场经济机制相统一，重要的一点在于资本本身的属性和特征能够满足市场经济机制对于基本经济制度的基本要求。同时，资本本身作为社会生产关系的生产和再生产也需要通过市场经济机制来实现。

从理论上来说，资本具有以下几方面突出特性。一是资本作为经济权利摆脱了（也要求摆脱）超经济权力的限制。相比较前资本主义时期的封建社会而言，具有"单纯的经济性质"，资本所体现的要素产权不再依附于各种超经济权力，因此其运动规则能够并且需要首先遵循经济规则，而不是首先服从政治的、行政的、宗法的等超经济权力运行规则，而超经济强制的普遍存在，恰恰是封建社会形态下的私有制不能建立市场经济机制的所有制及产权制度原因。资本主义社会形态不仅是使资本成为摆脱超经济权力"奴役"的经济权利，而且使这种经济权利成为支配其他非经济权利的力量[1]，从而形成了"资本主义"。二是资本作为排他性的权利，具有相对明确的所有者主体和相对严格的交易界区，从根本上改变了欧洲中世纪封建土地制度下产权主体混乱和产权界区不清的格局，从

---

[1] 胡乐明：《规模、空间与权力：资本扩张的三重逻辑》，《经济学动态》2022年第3期。

而改变了封建制度下土地作为基本生产资料（要素）不可交易的局面。交易的实质是所有权在不同产权主体之间的转让，主体的排他性不明确、界区不清晰，相互间所有权转让意义上的交易便难以普遍发生，而且即使发生，交易过程中的风险和摩擦也会是难以预料的（交易成本居高不下会阻断交易）。资本私有制的产权主体排他性和交易界区清晰度远远严格于以往的私有制，进而适应了市场交易对产权制度的基本要求。三是资本作为能够带来剩余价值的价值，具有扩张积累的逐利性。一方面，资本的可交易性及市场竞争风险使资本家不同于封建主，中世纪欧洲封建主的土地不可交易，也就不可能通过市场竞争获得或失去土地，相应地也就不存在生产要素（土地）的市场风险和市场激励，而资本所面临的市场竞争则使资本家必然具有无限扩张的冲动；另一方面，实现扩张积累的根本途径便是逐利，因而资本具有冒险逐利的天然属性，资本家贪婪和扩张的程度远高于封建主——封建社会形态下封建主具有浓厚的寄生性和消费性的保守特征。进一步地，资本的价值一般性使其逐利积累扩张行为摆脱了财富在封建社会形态下的实物形态的限制，在逐利的驱动下可以冒与之相对应的任何风险。四是资本作为资本主义雇佣劳动生产方式的关键要素，只有与劳动力商品形成雇佣劳动方式，才能实现资本的增殖要求，才可能成为带来剩余价值的价值。因而，资本的本性在于实现剩余价值的占有，具有剥削性。不同于以往私有制条件下凭借生产资料占有和人身依附关系条件下的剥削，资本运动通过法权式的资本与劳动力的市场等价交换机制来实现剥削，即存在形式上的平等交换，而事实上的不平等（劳动力商品价值和使用价值的不同，使其价值或价格和所运用创造出的价值存在差异）。因此形成资本与劳动的根本对立，在这种对立中，一方面是资本通过无偿占有剩余价值而形成资本的积累；另一方面又是劳动者被剥削进而形成贫困的积累，导致资本主义形态下经济危机成为源于资本主义制度的周期性现象。五是资本的权能具有结构性，这是生产社会化的必然要求。即是说，资本的不同权能在一定条件下可以通过市场加以分解，形成私有资本主体基础上的不同权能分解到不同主体的权能结构，并以此为基础形成不同的资本（企业）治理结构。一方面，这种权能结构及相应的治理结构本质上是私有资本通过市场形成的产权制度性分工，不同产权权能由不同主体掌握，能够在产权制度上获得分工效率；另一方面，在获得这种制度分工效率的同时，可能会形成权力、责任、利益的严重失衡，在缓解资本私有制与生产社会化尖锐矛盾的同时，加剧资本"冒险"的冲动，加剧经济增长的"泡沫"和经济发展的不可持续性。

总之，就资本的一般历史社会性质而言，它具有产权主体的"纯粹"经济性、交易界区的排他性、扩张积累的逐利性、雇佣劳动的剥削性、产权权能的结构性。正因为如此，资本构成了资本主义市场经济社会形态的基石。

二 社会主义市场经济与资本

在马克思恩格斯经典作家的理论中，社会主义社会形态作为共产主义的初级阶段（或称共产主义第一阶段），是在根本否定资本主义制度的基础上建立起来的，因而社会主义与作为生产关系意义上的资本是根本对立的，不存在所谓"社会主义资本"的命题。然而在历史实践中，人类社会形态的演变、社会主义革命和制度建立并不是单一直线的逻辑演进，包括"十月革命"和我国新民主主义革命在内的实践，恰是在资本主义链条薄弱环节同时也是社会生产力发展水平落后的国家首先取得突破，相应建立起来的社会主义社会形态的生产力发展要求基本经济制度具有多元性，即在社会主义公有制为主体的基础上，多种所有制经济共同发展。这是在社会主义历史实践长期探索中，特别是在中国特色社会主义改革开放伟大实践中总结出来的关于基本经济制度的科学认识。尤其是提出社会主义与市场经济相互统一的历史命题之后，中国特色社会主义理论和实践突破了西方经济理论将市场与资本主义作为统一体,同时把社会主义与市场经济对立起来的传统,突破了西方正统经济学关于市场化的改革必须以资本私有化为制度基础的"华盛顿共识",也克服了马克思主义经典作家关于社会主义与市场经济根本对立理论的历史局限,使"社会主义市场经济"成为中国特色社会主义改革开放需要坚持的方向①。由此,中国特色社会主义市场经济与资本如何有机统一,便成为构建社会主义市场经济的重大理论和实践问题。从理论上来说,资本作为生产要素和生产关系的体现,在中国特色社会主义市场经济中,无论是作为基本经济制度中的构成部分,还是作为市场竞争中的行为主体存在,是得到了肯定的,同时在经济制度和法律制度上也是被充分承认的②。问题是在实践中如何更好地规范和引导资本发展。正如习近平总书记所指出的:"资本是社会主义市场经济的重要生产要素,在社会主义市场经济条件下规范和引导资本发展,既是一个重大经济问题、也是一个重大政治问题,既是一个重大实践问题、也是一个重大理论问题,关系坚持社会主义基本经济制度,关系改革开放基本国策,关系高质量发展和共同富裕,关系国家安全和社会稳定。"③ 这就需要在认识和把握资本一般属性的基础上,进一步深入分析社会主义市场经济条件下资本应有的特性和对资本的基本要求,深刻理解和把握资本作为一种物化的生产关系所具有的双重属性:一方面,资本在自然形态上是重要的生产要素,具有创造财富推动生产力发展的积极作用,其本身就是社会生产力中最为重要的因素之一,体现着科技进步、治理水平等技术和制度创新的水平;另一方面,资本具有逐利、扩张、剥削等属性,体现资本主义生产关系的本质,必须在基本经济制度和市场运行机制上、宏观经济结构和微观经济基础上等各方面

---

① 荣兆梓:《生产力、公有资本与中国特色社会主义——兼评资本与公有制不相容论》,《经济研究》2017年第4期。
② 周丹:《社会主义市场经济条件下的资本价值》,《中国社会科学》2021年第4期。
③ 《习近平在中共中央政治局第三十八次集体学习时强调 依法规范和引导我国资本健康发展 发挥资本作为重要生产要素的积极作用》,《人民日报》2022年5月1日。

加以规范引导。

1. 公有资本的主导性。社会主义与市场经济的统一关键在于公有制与资本的融合。公有制是社会主义生产关系的本质特征，公有资本是社会主义生产关系的物质基础。社会主义公有制经济在国民经济中占主体地位，这主要体现在两个方面：一是宏观结构上公有资本在社会总资本中占优势；二是微观基础上国有资本控制国民经济命脉，对经济发展起主导作用。

2. 资本属性的多样性和多形态性。社会主义初级阶段存在多种经济成分，与多种经济成分相适应，资本构成必然呈现多样性和多形态性的特征。具体从经济成分来看，社会主义市场经济中的资本是由国有资本、集体资本、私人资本、外商资本和港澳台地区资本所构成的，显示出多样性的特征。从资本形态来看，随着新一轮科技革命的兴起与发展，传统的"商品资本""产业资本""金融资本""人力资本"等资本形态也随之发生了巨大的变化与拓展。例如，迅速兴起的数字经济领域中的"数字资本"，以及"文化资本""生态资本""社会资本"等新型资本概念相继涌现，使得资本的形态日益呈现多样化的趋势。

3. 资本运作的市场性与社会主义宏观调控引导性的结合。中国特色社会主义市场经济资源配置的特征在于市场起决定性作用和更好发挥政府作用。在社会主义市场经济条件下，资本的本质要求其运动和实现形式必须是市场机制。在社会主义市场经济条件下，资本的分布、重组和结构调整均离不开市场机制的作用，资本运作表现出明显的市场性。但是，这种市场调节并不是自发进行的，而是在中国特色宏观调控下有计划进行的。

4. 社会主义市场经济条件下的资本具有促进生产力发展的文明作用，也承担着促进人的发展的历史使命。资本需要适应社会主义社会经济发展以人民为中心的价值取向，并且历史地推动这一价值取向的实现。资本作为重要的生产要素，在参与资源配置的过程中推动经济发展，是实现中国式现代化的关键因素。但是，资本未必能促进人的发展，甚至可能产生异化——资本作为物，异化为统治、改变、支配人的命运的异己力量，人创造了资本但却不能控制它。而"人的发展"才是一切发展的最终目的和归宿。社会主义市场经济条件下的资本在努力探寻经济发展与人的发展的有机统一，实现资本的文明作用和历史使命的有机结合。

5. 资本的逐利性和扩张性决定了其日益深度融入全球化与金融化进程。经济全球化是人类不断突破地域限制、进行经济交往、实现生产总过程的全球扩展的过程。我国作为世界经济体系的重要组成部分，不可避免地被纳入资本全球化过程。同时，金融化使得金融领域的资本日益广泛地渗透到物质和非物质生产领域，并与这些领域的资本结合，使得金融资本具有了自我扩张、自我循环的机制。

6. 引导和支持资本健康发展，让公有资本更多地流向服务于国计民生的行业和领域。从"资本—劳动—国家"的社会框架来看，党和国家作为资本与劳动对立之外的力量发挥作用，有助于厘清资本发展的边界。公有资本的共享性决定了公有资本在基础设施建设和改善民生的过程中起着主导作用。资本有序发展有助于发挥公有资本在服务于国计民生、提供公共产品方面的重要作用，是保障人民群众利益的重要举措。而为资本设置"红绿灯"则有助于防止资本野蛮生长，预防政治"旋转门"现象的产生，避免资本对权力的侵蚀。

三 当前资本无序扩张的表现及其风险挑战

伴随资本规模的不断扩大，如果不对其加以有效约束，将会给整个经济社会发展带来一系列危害。

（一）我国当前资本无序扩张的突出表现

1. 资本过度积累导致各种市场垄断。资本无序扩张会导致资本过度积累，进而形成市场垄断，影响经济效率和分配公平。资本过度积累导致的垄断主要体现在单个企业的垄断和企业合谋的垄断。就单个企业垄断来看，企业利用其资本规模所形成的成本优势和市场力量，采用限定交易、搭售、强制"二选一"等方式形成一家独大的局面。在获得市场支配地位后，滥用垄断优势，获取垄断利润。例如，有些资本平台采取掠夺性定价，利用其在融资能力上的优势以"烧钱"的方式低价倾销，把中小企业挤出市场。就资本合谋垄断来看，企业间通过采取签订协议、资本相互渗透、控股等方式形成多头或是单头的资本联盟，排除、限制竞争。

在数字经济时代，平台经济已经呈现高度聚集化特征，甚至被称为"超级平台聚集体"。此类超级平台借助数据收集与分析技术、商业模式创新形成了一个完整的网络生态系统，并通过跨界竞争、用户竞争、线上线下融通竞争等手段不断增强和巩固自身的市场地位。平台企业呈现"生态化"的发展趋势，在一个领域取得竞争优势后，会倾向于将这种优势扩展到另一个市场上，其业务结构基本上是1个主要平台融合无数个与该平台相关的业务的"1+N"模式，最终构建出一个业务相互支撑的"生态系统"。这时，如果数字基础设施又内嵌于平台经济的过程中，数字市场就会伴随基础设施延伸而生成，会超越反垄断法之前所界定的相关市场，通过数字基础设施将不同市场连接起来，共同形成特定平台的架构和护城河。我国反垄断监管与全球反垄断执法机构正在共同面临来自数字经济的挑战，包括超级平台的拒绝交易行为、自我优待行为、个性化定价行为、差别待遇行为、限定交易行为、最惠待遇条款等。

2. 资本违法违规并购带来潜在的损害竞争风险。20世纪70年代后，国际政治、经济环境发生重大变化，在新自由主义对自由化、私有化和市场化的呼吁下，各国政府对市场经济运行的干预和规范减少，资本之间的兼并、竞争日趋激烈。大企业的并购动作几乎波及互联网、医药、石油、航空等各个行业。资本无序扩张对数字经济、技术创新的阻碍日益凸显，尤其突出地表现于数据驱动型并购和扼杀式并购中。

资本往往通过并购增强市场控制力，但有些并购未进行申报，其中有的可能存在严重的损害竞争风险。2022年7月10日，国家市场监管总局依据《中华人民共和国反垄断法》（以下简称《反垄断法》）对28起违法实施经营者集中案件作出行政处罚决定，这些案件均为过去应当申报而未申报的交易。

3. 资本过度虚拟化和金融化，带来系统性金融风险。资本过度虚拟化和金融化，制造出经济泡沫。一方面，资本出于逐利目的大量进入非实体经济领域，影响实体经济发展，导致严重脱实向虚。另一方面，经济泡沫不断累积，产生"庞氏骗局"，带来系统性金融风险。我国当前的资本形态演化呈现"金融化+平台化"的特征。资本的金融化特征是利用资本市场工具加大杠杆、扩张信用，资本从中获利。一些企业利用新型科技平台，打金融科技的擦边球，将金融企业包装为科技企业，逃避金融监管，由此带来了宏观金融风险和社会不稳定效应。此外，还有部分跨国经营红筹企业利用境外上市或投资进行包装，其资本金融化和平台化行为更为隐蔽。金融业极高的利润率导致了资本等生产要素向金融行业过度集聚。然而，也正是在这十多年，我国的金融风险迅速累积，各种类型的金融案件与事故频发，给整个经济社会的可持续稳定发展带来了巨大威胁。

4. 资本过度杠杆化和债务化，导致"大而不倒"。资本过度杠杆化和债务化会表现出以下两种特征：一是"以小控大"，资本过度杠杆化之后，一小部分核心资本利用其在平台、资质、关系等方面的优势控制大量资本；二是"关键节点"，一部分资本力量在金融体系中通过债务等形式"滚雪球"之后，形成金融链条中的关键节点，这个环节一出问题便会发生系统性风险。因此，当出现破产风险时，资本会绑架政府，政府出于防范系统性风险的考虑，不敢让它出问题，被动地给它继续输血，导致了"大而不倒"，政府难以下决心让其按市场规律破产。

5. 资本与权力的联姻，滋生腐败。资本与权力的联姻并以权钱交易的方式围猎权力，主要表现为资本干预选人用人、资本影响政策制定、资本干预政策执行三种形式。权力本身具有不断向外扩张的倾向，在经济领域，我国应当准确合理地确定政府在市场中的权力边界，审慎地设定合理必要的市场准入门槛，减少不必要不合理的监管，降低繁杂办事程序构成的进入壁垒，确定科学的市场准入负面清单，从维护社会公共利益角度对重大项目和限制类项目进行准确的核准和投资审批，减少通过政府"有形之手"直接挑选"优胜者"和"失败者"。还应当依照法律、法规以及规范性文件等要求，对政府相关部门的权力进行梳理、登记，并依照行政流程出台权力运行流程图，标识每个运行节点的权力范围，形成可以对外公示的权力清单。权力的运用必须有清晰的边界、严格的程序、对称的责任。只有明晰政府在市场中合理科学的权力边界，才能减少拥有权力的部门和人员被资本"俘获"的机会、缩小资本"寻租"的空间、降低资本无序扩张的可能性。为此，资本必须遵循法治规范。

6. 资本进入特殊敏感行业，对舆论进行不当操控。资本进入媒体、舆论管控等特殊敏感行业，通过引导舆论影响政策走向。例如，社交媒体的兴起已经导致了全社会范围内的"去媒体化"，传统的新闻媒体的影响力大幅下降，民众更多地通过社交媒体来获取信息。在此背景下，平台通过"控评"、屏蔽搜索等手段即可轻易引导舆论走向。资本借此频繁通过"黑公关""水军"生成平台虚假数据，制造虚假民意，操纵社会舆论。

7. 资本利用监管漏洞，大规模向非经济领域侵蚀，导致部分民生行业在资本逐利过程中偏离其社会责任和社会目标。产品创新、业务创新、模式创新、多业务交叉融合、相互关联渗透，甚至跨界混业日益普遍，增加了监管界定和识别的难度。比如部分资本钻监管的空子，大规模进入医疗等领域。与其他经济领域相比，医疗等领域具有特殊性，它们承担了社会责任和社会目标。虽然法律并不禁止资本进入医疗等民生领域，但是进入该领域的资本不能为了获取利润而背离其社会责任和社会目标。医疗等民生领域是不能完全市场化的领域，因而尤其不能放任资本逐利。

（二）必须认识到新时期的垄断风险与挑战

近年来，顺应新一轮科技革命和产业变革，依托我国超级大市场的优势，互联网平台经济迅速发展，在促进创业创新、优化资源配置、满足消费者需求等方面做出了积极贡献，在经济社会发展全局中的地位和作用日益凸显。平台企业是互联网经济背景下新兴的市场主体，是科技创新和商业模式创新相结合的产物，凭借其资本和技术优势渗透至经济社会的众多领域，相比于传统企业显示出一些难以企及的竞争优势和资源配置效率。与此同时，一些平台企业发展不规范、存在风险，平台经济发展不充分、存在短板等问题也较为突出。一些平台企业在发展过程中与社会资本加速结合，凭借资本、数据、流量、技术等优势，无序扩张、野蛮生长、过度渗透、监管套利、超越法律法规限制实施垄断和不正当竞争行为，给公平竞争市场秩序带来新的冲击，对经济秩序、社会稳定、文化走向和国家安全等诸多层面产生了不同程度的影响。

在经济方面，新时期的垄断行为对正常的市场竞争秩序产生了前所未有的破坏，对中小企业合法权益和消费者利益造成了巨大的侵害，同时，资本的无序扩张阻碍了国家创新驱动发展战略初衷的实现。在社会方面，新型垄断行为成为垄断企业敛财的工具和手段，不顾社会公共利益与应当承担的社会责任，浪费社会公共资源，挤占弱小经营者的生存空间，劳动者权益无法得到保障，逐步造成社会贫富分化加剧乃至社会矛盾加剧。在文化方面，因互联网平台和流行文化的联系密切，社会舆论和精神文化生活长期被笼罩在互联网资本的掌控下，而渐渐丧失文化传播、繁荣的动力，消减文化多样性，特别是对价值观尚未定型的青少年影响较大。最后，在国家安全层面，因数据资料对平台经济的重要价值属性，资本的扩张必然以加大对互联网数据的收集为目标，而数据本身在内容上既涉及个人隐私，又关乎商业利益、国家安全和公共利益，资本的逐利性可能导致数据控制权风险上升。

四 资本无序扩张的深层原因与规范和引导资本健康发展所面临的问题

(一)资本无序扩张的深层原因

1. 政策摇摆和不明确导致的"预期摇摆期",诱发部分资本试图获取政治权利以确保安全,进而产生"恐慌型"的无序扩张和垄断。当政策摇摆和不明确时,市场主体缺乏清晰的政策预期,对此,一部分"积极"的资本试图通过影响管制政策和管制行为去确保自身安全,由此引发了管制俘获。在这一过程中,公平竞争的资本被淘汰,从而形成了逆向选择,加剧了市场垄断程度。若是政策能够保持稳定和透明,则更容易形成公平竞争的均衡局面。

2. 新兴科技革命和监管跟进滞后导致的"制度空窗期",诱发部分资本利用监管真空肆意妄为,进而产生"无规乱为式"的无序扩张和垄断。当前资本无序扩张均不同程度地处于"监管空白地带"和"法规空窗地带"。近年来,产品创新、业务创新、模式创新、多业务交叉融合、相互关联渗透甚至跨界混业日益普遍,一些创新业务或产品通过粉饰包装增加了监管界定和识别难度,也给相关管理部门穿透式监管和防范化解风险带来严峻挑战。这类"制度空窗"为资本绕开监管实现套利提供了可能。一旦资本成功绕开现有的监管制度,就能获得与其所承担风险不匹配的巨大收益,从而形成垄断。新兴技术和新兴业态不断涌现,而监管制度往往处于相对滞后的状态,难以跟上创新的步伐,有些领域甚至存在监管空白。在监管制度缺失的情况下,资本就处于"自由放任"的状态,资本快速扩张所形成的垄断也就不可避免。

3. 行业利润不均和资本逐利天性导致的"结构调整期",诱发部分资本纷纷逃离实体经济转向虚拟经济,进而产生"脱实向虚式"的无序扩张。一段时间以来,我国经济出现结构性失衡,"脱实向虚"问题严重,制造业利润不断下行,房地产、金融等行业利润居高不下。各类资本出于逐利本性，纷纷逃离制造业等国民经济主战场，转向房地产、金融等行业，不断利用高杠杆制造金融风险、加剧资产泡沫、脱离实体经济。部分资本利用新兴网络经济、媒体经济等监管空白地带，开展不正当获利活动，导致"资本无序扩张"。

（二）规范和引导资本健康发展所面临的问题

相对而言，当前我国规范和引导资本健康发展仍面临着诸多问题，相关政策措施在许多方面还有待完善。

1. 对社会主义资本的认识还不够清晰。由于近年来数字技术与平台经济的快速发展，资本特性与行为规律正在发生进一步的演变，新的历史条件下需要明晰和深化对资本的认识。

2. 资本无序扩张带来收入差距拉大和发展不平衡问题。与资本无序扩张相伴随的是收入差距拉大和发展不平衡问题。资本天然的逐利性使其在运动过程中会不断追求剩余价值，伴随资本的积累与循环，贫富差距和发展不平衡问题日益突出。

3. 不同形态资本的合法性和行为边界不清。在针对不同形态资本的合法性和行为边界的规定方面，由于新兴技术和新兴业态不断涌现，法律规则往往处于相对滞后状态，难以跟上创新的步伐，有些领域甚至存在"法规真空地带"，从而给资本无序扩张提供了可能。

4. 对不同行业属性设定下的资本的行动边界和行动模式缺乏明确界定。社会主义市场经济条件下明确界定不同行业属性设定下的资本的行动边界和行动模式，正确认识和把握资本的特性和行为规律，要求为资本设置"红绿灯"[①]。但是"红绿灯"设置的总体思路是什么？"灯"规范和引导的对象是什么？"路"和"灯"的关系又如何？"红绿灯"设置的政策框架又该如何制定？这一系列问

---

① 董志勇、毕悦：《为资本设置"红绿灯"：理论基础、实践价值与路径选择》，《经济学动态》2022年第3期。

题尚未得到真正回答。

5.《反垄断法》有待进一步完善。我国《反垄断法》自实施以来具有广泛的适用性,在预防和制止垄断行为、保护市场公平竞争方面取得了积极成效,受到了国际社会的广泛关注。但同时,我国《反垄断法》在实施过程中也反映出了一些由实体规则、程序规则和责任制度不完善等带来的问题。此外,由于互联网平台的新商业模式和新兴数字技术的创新应用,垄断行为的形式和内容均发生了重大变化。尽管现行反垄断法的基本框架在互联网领域仍然可以适用,但鉴于平台经济具有动态创新等特点,如何避免极端监管、提升政府干预效率、鼓励市场创新与竞争,成为我国反垄断法在理论、制度与实践上均面临的新挑战。

6. ESG 体系仍需进一步完善①。在对资本的社会责任和社会道德约束方面,我国 ESG 体系还存在概念不够清晰、法律法规相对滞后、评价标准和指标差异大、信息披露有待规范等问题。

7. 缺乏资本完全预警与监控体系。在资本完全预警与监控方面,由于我国对于一些新兴经济领域的监管跟进滞后,诱发了部分资本利用监管空窗无序扩张。因此,资本安全问题需要引起重视。

8. 反腐水平有待提升。在资本与权力的关系方面,资本无序扩张、平台垄断等背后往往存在腐败行为,斩断权力与资本勾连纽带对于规范与引导资本健康发展显得尤为重要。

---

① ESG 是英文 environmental(环境)、social(社会)和 governance(公司治理)的缩写,是指一种通过将环境(environmental)、社会责任(social responsibility)与公司治理(corporate governance)因素纳入投资决策与企业经营,从而积极响应可持续发展理念的投资经营之道。2022 年 5 月 27 日,国务院国有资产管理委员会印发的《提高央企控股上市公司质量工作方案》中强调,贯彻落实新发展理念,探索建立健全 ESG 体系,立足国有企业实际,积极参与构建具有中国特色的 ESG 信息披露规则、ESG 绩效评级和 ESG 投资指引,为中国 ESG 发展贡献力量。ESG 体现的是兼顾经济、环境、社会和治理效益的可持续发展价值观。ESG 概念是舶来品,兴起于西方,而我国正在构建的 ESG 体系有着自身的鲜明特点。

五 深化新时代规范和引导资本健康发展的理论认识与政策实践探索

（一）应当尊重人类社会关于引导资本健康发展的"五大共识"

尽管古今中外由于历史、文化、地理、体制等因素有所不同，对于资本的具体要求不同，但是，各个国家都对资本的无序扩张有过规范，并且在理论上形成了相应共识。总体而言，人类社会对于"如何引导资本促进经济社会进步"达成了"资本的政治中立原则""资本的法律合规原则""资本的社会义务原则""资本的道德向善原则""资本的经济促进原则""五大共识"。

不可否认，以大数据、云计算、信息通信技术为依托的数字经济是未来发展的方向。从全球范围看，平台经济已经呈现高度聚集化特征，甚至被称为"超级平台聚集体"。此类超级平台借助数据收集与分析技术、商业模式创新形成了一个完整的网络生态系统，并通过跨界竞争、用户竞争、线上线下融通竞争等手段不断增强和巩固自身的市场地位。当下，全球各司法辖区关于数字经济反垄断的执法与司法实践正面临数字经济的诸多挑战，但国内外关于反垄断法规制平台的相关理论研究还处于起步阶段，无法为反垄断立法、执法与司法提供足够的理论支撑。因此，对域外数字领域反垄断法律制度，如美国、欧盟、德国、日本的数字经济领域反垄断立法、理论与实践进行比较研究，具有重要的价值。

（二）创建中国特色社会主义资本理论新体系

资本是马克思理论体系中的核心内容，内涵极为丰富。同时，作为人类社会发展到一定历史阶段的产物，随着经济社会的不断演进，资本的形态及其功能也会有所不同。在领导社会主义市场经济体制改革的历程中，中国共产党创造性地建立了社会主义市场经济，破解了市场经济只能与资本主义捆绑的关系，发挥了价值规律在社会主义初级阶段高效促进资源配置的重要作用，这也使得社会主义资本区别于传统的认知。而规范和引导资本健康发展的依据便是正确认识其历史方位和特殊规律，这就要求我们在明晰资本经典理论的基础上，把握好社会主义市场经济条件下资本的特殊性，从理论上推陈出新，继续推进马克思主义在资本理论上的中国化，创建中国特色社会主义资本理论新体系，把握好社会主义市场经济中资本的新定位、新特性和新规律。这包括社会主义初级阶段资本存在的必然性、客观长期性，社会主义资本属性的多元性、多层次性和多形态性，多种所有制并存中资本新规律，以及在全球化、金融化和新一轮技术革命过程中社会主义资本的属性和行为规律。

（三）规范资本无序扩张要坚持"共同富裕"的根本原则

新时代的共同富裕内涵为资本市场改革发展稳定工作指明了重要方向，也对资本市场发展质量提出了更高要求。从实践层面上看，在坚持"两个毫不动摇"原则前提下，要辩证看待资本市场发展与共同富裕的关系：既要充分发挥资本作为生产要素的积极作用，为我所用，推动共同富裕；同时还要规范资本无序扩张，防止其剥削属性膨胀，导致贫富分化加剧。落实到当今中国，这一问题可以首先从以下三个方面入手：一是完善基本分配制度，探索更加完善的资本回报方式；二是夯实社会主义市场经济基础性制度，切实推进要素市场化配置改革；三是深化金融供给侧结构性改革。总之，既要有利于做大蛋糕，也要促进分好蛋糕，处理好初次分配、再分配、第三次分配的关系；既要有明确的价值取向，又要有坚定的历史使命。

（四）从法律层面对不同形态资本的合法性和行为边界进行再定位

第一，激活并完善已有规则。在抑制和防范资本无序扩张的问题上，我国已基本构建起必要的法律制度框架，已结束无法可依的状态，并进入了执法必严、违法必究的阶段。在这一新阶段，为适应新发展格局，执法和司法部门要善于利用法律工具箱，激活法律中"沉睡"的规则，使相关制度得以落地实施，克服有法不依问题。

第二，针对监管滞后和监管空窗问题，及时制定围绕新业态的监管法规。面对我国现阶段资本偏好互联网行业、向新兴领域集中的特点，需要有针对性地制定适应新业态的监管法规。2021年8月，中央全面深化改革委员会第二十一次会议通过了《关于强化反垄断深入推进公平竞争政策实施的意见》，就数字经济和平台经济领域的反垄断和反不正当竞争审查等方面的制度构建提出了新要求。具体来讲，要加快建立数字经济时代下的新竞争规则，完善平台企业垄断认定、数据收集使用管理、消费者权益保护方面的法律规范。

第三，在规范资本行为的同时，还要完善产权保护的法律体系。首先，要进一步完善《中华人民共和国专利法》《中华人民共和国商标法》等专项法律，形成集商标权、专利权、著作权等多项权利于一体的完整知识产权法律框架。其次，要强化执法人员的执法力度，强化和提升基层执法人员意识和能力，及时有效地维护经济主体合法权利。

第四，要实现法律与政策相配合。法律规范由于其立法程序的严肃性而呈现高度稳定性的特点，在抑制和防范资本泛滥的过程中，既要坚持和发挥法律的刚性约束作用，强化事后追责，也要发挥政策的灵活性优势，注重政策与法律的衔接与配合。具体来讲，要重视政策的引导功能，针对具体问题事先划定监管"红线"，让企业知道行为的边界在哪里，引导和鼓励资本依法依规经营。此外，针对资本泛滥导致经济脱实向虚等问题，法律规范发挥作用的空间有限，更要重视发挥政策的引导功能。

（五）根据不同行业属性设定资本的行动边界和行动模式

针对当前已经出现的"资本无序扩张"苗头，以及社会各界有关民营资本合理性、合规性的激烈讨论，在设置"红绿灯"时需要历史地、发展地、辩证地认识和把握社会主义市场经济条件下资本的特性和行为规律。对此，应当明确两个基调：一是在合规经营和服务国家大局的前提下坚决保护私有产权；二是不断完善相关的法律、法规和政策，在制度框架下解决民营资本的无序扩张问题，同时秉持"稳中求进、统筹协调、分类指导、精准施策"的基本方针。

具体来看，设置"红绿灯"时要把握好以下几个方面：一是立足行业类型，设置"红绿灯"时要有清晰透明的规则与科学合理的界限；二是立足发展实质，防范过度监管，设置"红绿灯"时要处理好创新与反垄断之间的关系；三是立足发展环节，设置"红绿灯"时要环环相扣，共同发力；四是立足发展目的，设置"红绿灯"时要化繁为简，令行禁止。

（六）针对垄断面临的新现象和新挑战完善《反垄断法》

科学合理的反垄断法律制度，不仅是我国积极开展反垄断执法司法的法律依据，也是有效推动我国经济高质量发展的基本保障。为进一步完善我国反垄断法律制度，可以从三个方面加以考虑。一是强化竞争政策基础地位的法制建设。建议以反垄断法修改为契机，将公平竞争审查制度纳入反垄断法。同时，通过竞争政策法制化，建立竞争政策与其他政策之间的协调机制，另外，要将产业政策和竞争政策置于国家权力机关的监督框架下。二是增强执法的专业性和程序法制化，进一步完善强化反垄断法实施的体制机制。三是要以审慎切实的原则，妥善应对全球反垄断法共同面临的平台经济、数字经济挑战。

（七）完善ESG体系，强化资本的社会责任和社会道德

随着我国政府对环保、绿色、可持续发展的日益重视，相关的政策制度体系也在不断完善，但是由于起步较晚，我国的ESG体系还存在概念不够清晰、法律法规相对滞后、评价标准和指标差异大、信息披露有待规范等问题。对此，应当全面普及ESG理念，在全行业推出指引文件；加强ESG信息披露，开展ESG评价体系建设；发挥金融资本能动性，通过资金纽带影响其他资本的环境、社会和治理风险水平。

(八) 构建资本安全预警与监控体系，提高事前预警能力

与事后监管相比，包括经营者集中审查（反垄断审查）、市场准入和外商投资安全审查在内的事前监管措施具有导向作用清晰、防患于未然、不利影响小、执法成本低等优势。基于此，参照其他司法辖区的做法和实践，可以从三个方面加以考虑。一是组织多方参与。确定防止资本无序扩张的事前监管措施的可行措施、重点领域和适用范围，形成多种监管方式和多个执法机构的有机协调和监管合力，发挥行业组织和企业的能动性，倡导全民参与监督，避免重复监管和监管漏洞。二是明确事前监管措施的动态调整机制。根据经济动态和执法经验，针对事前监管措施的适用领域、标准、范围建立常规性的动态调整机制，使其调整有法可依、清晰稳定。调整时注意科学审慎决策和多方参与，灵活把握对于特定领域加强执法和将特定领域直接纳入事前监管范围的区别，总体上在调整适应和稳定预期之间实现平衡。三是提高事前监管举措的专业性、针对性与科学性。在反垄断审查方面，尽快推出加强民生、金融、科技、媒体等重点领域经营者集中审查的具体措施。在外商投资安全审查方面，应当进一步细化相关规定，包括申报标准、审查流程、考量因素和救济措施等。在市场准入方面，应当始终坚持"两个毫不动摇"，加强执法力度，强调公平执法，提高事前监管决策的针对性和科学性，审慎对待事后追溯性监管。

(九) 进一步提高反腐水平，强化事后惩处力度

反腐败具有重大战略意义：中等收入陷阱的深层原因是市场化和法治化的不足，而这种制度不完备、不完善所导致的"寻租"，既破坏公平竞争，又在根本上瓦解效率。为此，必须规范由资本引发的腐败问题，保障经济运行干净透明。

针对腐败新动向：一是充分发挥中国共产党在选人用人方面的制度优势，预防资本力量对官员选用的干预，强化反腐倡廉工作，推动构建亲清政商关系，预防资本对决策的干预。二是理顺体制机制，对过度集中的公权力进行拆解，例如审批权和监管权不能合

一，有关部门和个人在行使审批权时，必须同步受到监管。三是进一步健全市场经济规则秩序，严格执行《中华人民共和国反不正当竞争法》《反垄断法》，对资本触碰红线、逾越法律底线等行为，要建立全过程风险管控机制。四是健全舆论监督机制，发挥市场监督、媒体监督、投资者监督等多渠道合力，并匹配以必要的激励约束机制。

从事后监管和惩处来看：一是加强针对垄断协议、滥用市场支配地位、未依法申报、行政垄断的反垄断调查以及针对不正当竞争行为的反不正当竞争调查，持续强化对垄断协议和滥用市场支配地位行为的惩处。二是加强对重点领域和重点案件的查处，对于操纵市场等恶性行为必须出重拳、用重典，坚决清除害群之马，通过个案处置的小切口，形成示范效应，压实合规责任，与此同时，通过代表人诉讼、行刑衔接等手段加大对中小投资者的保护。三是根据反垄断法，对目前仍在持续发生和产生危害的市场主体和行为严加惩治，通过推动构建自律管理、日常监管、稽查处罚、刑事追责、集体诉讼和民事赔偿有机衔接、权威高效的资本市场执法体系，严肃市场纪律，维护市场秩序。四是针对涉及腐败的新经济主体，在明确证据的前提下，区分企业和企业法人，区分主要责任、次要责任、直接责任、间接责任。

（原载《经济学动态》2022年第8期）

社会主义市场经济条件下的资本要素：
特性、作用和行为规律

胡怀国

目前，我国已经正式进入了全面建设社会主义现代化国家、向第二个百年奋斗目标进军的新发展阶段。习近平总书记指出，"进入新发展阶段，我国发展内外环境发生深刻变化，面临许多新的重大问题，需要正确认识和把握"，特别是要"正确认识和把握资本的特性和行为规律""探索如何在社会主义市场经济条件下发挥资本的积极作用，同时有效控制资本的消极作用"[①]。2022年4月29日，习近平总书记在主持中央政治局第三十八次集体学习时进一步强调："资本是社会主义市场经济的重要生产要素，在社会主义市场经济条件下规范和引导资本发展，既是一个重大经济问题、也是一个重大政治问题，既是一个重大实践问题、也是一个重大理论问题"[②]，"要深入总结新中国成立以来特别是改革开放以来对待和处理资本的正反两方面经验，深化社会主义市场经济条件下资本理论研究"[③]。如何正确认识和把握社会主义市场经济条件下资本要素的特性、作用和行为规律，是事关我国现代化建设全局的重大理论和实践问题，本文试图从政治经济学的角度予以初步的理论考察。

---

① 习近平：《正确认识和把握我国发展重大理论和实践问题》，《求是》2022年第10期。
② 习近平：《习近平谈治国理政》（第四卷），外文出版社2022年版，第217页。
③ 习近平：《习近平谈治国理政》（第四卷），外文出版社2022年版，第219页。

一　引言

2021年是中国共产党成立一百周年，同时也是我国全面建成小康社会、实现第一个百年奋斗目标之后，乘势而上开启全面建设社会主义现代化国家新征程、向第二个百年奋斗目标进军的开局之年，我国正式进入了新发展阶段，这是我国发展的新的历史方位。新发展阶段仍然属于社会主义初级阶段，这意味着发展仍然是解决我国一切问题的基础和关键。习近平总书记指出："我国经济发展获得巨大成功的一个关键因素，就是我们既发挥了市场经济的长处，又发挥了社会主义制度的优越性。"[①] 与此同时，"既然是社会主义市场经济，就必然会产生各种形态的资本"[②]，就必然会产生如何在社会主义市场经济条件下正确认识和把握资本要素的特性和行为规律、如何发挥资本要素的积极作用并有效控制其消极作用等重大理论和实践问题。对此，习近平总书记明确指出："在社会主义市场经济体制下，资本是带动各类生产要素集聚配置的重要纽带，是促进社会生产力发展的重要力量，要发挥资本促进社会生产力发展的积极作用。同时，必须认识到，资本具有逐利本性，如不加以规范和约束，就会给经济社会发展带来不可估量的危害"，"在社会主义制度下如何规范和引导资本健康发展，这是新时代马克思主义政治经济学必须研究解决的重大理论和实践问题"[③]。

然而，这并不是一件轻松的事情。正如习近平总书记指出的："马克思、恩格斯没有设想社会主义条件下可以搞市场经济，当然也就无法预见社会主义国家如何对待资本。列宁、斯大林虽然领导了苏联社会主义建设，但当时苏联实行的是高度集中的计划经

---

① 习近平：《不断开拓当代中国马克思主义政治经济学新境界》，《求是》2020年第16期。
② 习近平：《正确认识和把握我国发展重大理论和实践问题》，《求是》2022年第10期。
③ 《习近平谈治国理政》（第四卷），外文出版社2022年版，第219页。

济体制，基本上没有遇到大规模资本问题。搞社会主义市场经济是我们党的一个伟大创造。"① 如何正确认识和把握社会主义市场经济条件下资本要素的特性和行为规律，是我们在中国特色社会主义实践探索中遇到的新课题，不可能找到现成的教科书。面对新时代马克思主义政治经济学必须研究解决的这一重大理论和实践问题，一方面，我们必须"坚持把马克思主义基本原理同中国具体实际相结合、同中华优秀传统文化相结合，坚持实践是检验真理的唯一标准，坚持一切从实际出发，及时回答时代之问、人民之问，不断推进马克思主义中国化时代化"②；另一方面，有关理论研究不可能"凭空而起，必须建立在前人的研究成果之上"，"必须以马克思主义经济学为主干，兼收并蓄地吸收西方经济学有关市场经济的理论研究成果"③，但这同样不是一件轻松的事情。特别地，不同时代的学者往往面临着不同的时代课题，同一个概念在不同时代的学者那里往往有着非常不同的时代内涵，这意味着我们在兼收并蓄地吸收前人研究成果时，不得不奋力穿越重重的时代迷雾。

以本文重点考察的"资本"为例，古典经济学奠基者亚当·斯密更多地把它视为"便利劳动和节省劳动"的手段和工具，甚至把劳动熟练程度也看作是一种资本，明确指出："工人增进的熟练程度，可和便利劳动、节省劳动的机器和工具同样看作是社会上的固定资本。"④ 新古典经济学奠基者马歇尔则把知识、企业组织乃至国家组织视为资本的主要组成部分，并认为"资本大部分是由知识和组织构成的"⑤。马克思主义政治经济学奠基者马克思则更多地把资本视为一种社会关系和生产关系，明确指出："资本不是一种物，

---

① 习近平：《正确认识和把握我国发展重大理论和实践问题》，《求是》2022年第10期。
② 《中共中央关于党的百年奋斗重大成就和历史经验的决议》，人民出版社2021年版，第67页。
③ 习近平：《对发展社会主义市场经济的再认识》，《东南学术》2001年第4期。
④ 亚当·斯密（1776）：《国民财富的性质和原因的研究》（上卷），中译本，商务印书馆1996年版，第258页。
⑤ 马歇尔：《经济学原理》（上卷），中译本，商务印书馆1997年版，第157页。

而是一种以物为中介的人和人之间的社会关系。"① 斯密、马歇尔、马克思等学者关于资本的不同理解，某种程度上同他们面临的时代课题有关：一方面，正如习近平总书记强调的，"只有聆听时代的声音，回应时代的呼唤，认真研究解决重大而紧迫的问题，才能真正把握住历史脉络、找到发展规律，推动理论创新"②；另一方面，正如恩格斯明确指出的，"一门科学提出的每一种新见解都包含这门科学的术语的革命"③，正是在聆听时代的声音、回应时代的呼唤的过程中，有关学者借助"术语革命"推动了重大理论创新并创立了新的理论经济学体系，但同时也赋予了同一个概念非常不同的时代内涵。这意味着，为了穿越这种时代的迷雾、更好地吸收前人研究成果，我们不得不付诸某种历史的回顾和理论的梳理。

特别地，马克思在创立马克思主义政治经济学时，对资本问题有着深刻而又丰富的理论阐述，为我们正确认识和把握社会主义市场经济条件下的资本问题提供了根本指导。但正如习近平总书记强调的："今天，时代变化和我国发展的广度和深度远远超出了马克思主义经典作家当时的想象。"④ 我国已经是社会主义国家，社会主义基本制度和社会主义生产关系已经成为当代中国一切发展的根本政治前提和制度基础，这意味着我们不能简单套用马克思在自由资本主义时代对资本问题的分析，尤其是不能把马克思关于资本是一种"资本主义生产关系"的定义直接套用到社会主义市场经济情形，而必须在更为准确地把握马克思面临的时代课题及有关概念的时代内涵的基础上，坚持把马克思主义基本原理同我国具体实际和时代特征相结合，在不断推进马克思主义中国化时代化的过程中，不断深化对社会主义市场经济条件下资本问题的认识。

---

① 《马克思恩格斯文集》（第5卷），人民出版社2009年版，第877—878页。
② 习近平：《在哲学社会科学工作座谈会上的讲话》，人民出版社2016年版，第14页。
③ 《马克思恩格斯文集》（第5卷），人民出版社2009年版，第32页。
④ 习近平：《在庆祝中国共产党成立95周年大会上的讲话》，人民出版社2016年版，第9页。

二 市场经济的效率优势与资本要素的支配性：一种政治经济学分析

习近平总书记指出："经济发展就是要提高资源尤其是稀缺资源的配置效率，以尽可能少的资源投入生产尽可能多的产品、获得尽可能大的效益。理论和实践都证明，市场配置资源是最有效率的形式。市场决定资源配置是市场经济的一般规律，市场经济本质上就是市场决定资源配置的经济。"[①] 市场经济在优化资源配置、推动经济发展方面具有显著的效率优势，但它绝非一个自然而然的自发过程，而是有赖于市场、政府和社会之间的相互作用并涉及一系列复杂的现实运动，或如斯密在古典经济学奠基之作《国富论》中指出的：一方面，要充分激发每个人的积极性并充分发挥市场在资源配置中的重要作用，"每一个人，在他不违反正义的法律时，都应听其完全自由，让他采用自己的方法，追求自己的利益"[②]；另一方面，要充分发挥政府的重要作用，"第一，保护社会，使不受其他独立社会的侵犯。第二，尽可能保护社会上各个人，使不受社会上任何其他人的侵害或压迫，这就是说，要设立严正的司法机关。第三，建设并维持某些公共事业及某些公共设施。"[③] 党的十八届三中全会通过的《中共中央关于全面深化改革若干重大问题的决定》更是明确指出："市场决定资源配置是市场经济的一般规律"，"核心问题是处理好政府和市场的关系，使市场在资源配置中起决定性作用和更好发挥政府作用。"[④]

---

① 习近平：《论坚持全面深化改革》，中央文献出版社2018年版，第30—31页。
② 亚当·斯密（1776）：《国民财富的性质和原因的研究》（下卷），中译本，商务印书馆1996年版，第252页。
③ 亚当·斯密（1776）：《国民财富的性质和原因的研究》（下卷），中译本，商务印书馆1996年版，第252—253页。
④ 《中共中央关于全面深化改革若干重大问题的决定》，人民出版社2013年版，第5页。

至少从理论上讲,市场得以在资源配置中起决定性作用、市场经济得以实现其在推动经济发展方面的效率优势,有赖于一系列的社会条件、政治前提和制度基础,不妨简要归纳如下:第一,相对安全的发展环境和相对稳定的社会条件,没有任何国家能够在山河破碎或社会动荡中实现最优资源配置和现代经济发展;第二,每个人至少在理论上拥有相对平等的政治法律权利和社会经济地位,从而能够更多地凭借个体努力改善自身境遇,并以此形成鼓励普遍勤劳和促进资本积累的制度性框架;第三,每个人、每个市场主体能够面对大致相同的市场秩序和交易规则,不同要素和资源能够自由流动、各种商品和服务能够自由交易,并以此激发社会活力、提高经济效率、促进经济发展;第四,促进要素流动和商品交易并有效降低交易成本的基础设施和制度安排,以使有关成本和障碍不至于高到要素无法流动、商品难以交易的程度;第五,必不可少的政府矫正措施和公共服务,以使理论上拥有平等权利、面对相同规则的个体或市场主体,不会因为其在现实世界必定存在的事实差异,而损及权利和规则的平等性、市场体系的统一性。当然,正如斯密在批判法国重农主义过于追求理想化时所强调的:"如果一国没有享受完全自由及完全正义,即无繁荣的可能,那世界上就没有一国能够繁荣了。"[①] 上述条件或前提更多地属于一种简化分析的理论参照系,而不是容不得任何偏离的现实对应物。

就生产要素而言,不同要素能够平等地、普遍地参与有关经济活动是市场经济得以发挥其效率优势的制度前提,但不同要素拥有的不同特性以及由此产生的事实差异,不仅有可能借助市场机制的放大效应而影响到其平等参与经济活动的能力,而且有可能破坏权利规则的平等性、市场体系的统一性乃至市场经济的逻辑前提和制度基础。不妨以劳动、土地和资本三种生产要素为例:土地为人类

---

① 亚当·斯密(1776):《国民财富的性质和原因的研究》(下卷),中译本,商务印书馆1996年版,第240页。

生产生活所必需，但其位置相对固定、数量相对有限、流动性相对较低，故通常是经济发展中基础性的但相对被动的要素；劳动者在空间上能够流动、在数量上可以调整，并在肉体和精神上拥有一定程度的自主性，但不同劳动者不仅在体力、智力和努力程度等方面存在个体差别，而且其对经济活动的参与往往会对自身产生影响，这就使得劳动成为经济发展中最具能动性亦最复杂的要素；资本要素在三种生产要素中无疑最具流动性，且"关于资本，有一个最重要的原理是：自由资本可以无差别地运用在任一门产业上"①，故其不仅是市场经济效率优势的重要来源，而且是市场信号的敏锐捕捉者、要素配置的重要引领者、经济活动的主要组织者或马克思所说的"普遍有用性的体系"的创造者——"以资本为基础的生产，一方面创造出普遍的产业劳动……另一方面也创造出一个普遍利用自然属性和人的属性的体系，创造出一个普遍有用性的体系"②，并由此赋予了资本要素在现代市场经济乃至现代经济发展中的重要作用和支配性地位——"资本作为孜孜不倦地追求财富的一般形式的欲望，驱使劳动超过自己自然需要的界限，来为发展丰富的个性创造出物质要素……由此可见，资本是生产的，也就是说，是发展社会生产力的重要的关系。"③

然而，尽管资本是市场经济效率优势的重要来源，是发展社会生产力的重要关系，但"资本的合乎目的的活动只能是发财致富，也就是使自身变大或增大"④，并借助市场机制对要素特性及其相对优势的放大作用而产生一系列问题。例如，李嘉图曾注意到"劳动者没有工资就活不下去，农场主和制造业者没有利润也是一样"⑤，

---

① 斯坦利·杰文斯：《政治经济学理论》，中译本，商务印书馆1997年版，第180—181页。
② 《马克思恩格斯全集》（第30卷），人民出版社1995年版，第389—390页。
③ 《马克思恩格斯全集》（第30卷），人民出版社1995年版，第286页。
④ 《马克思恩格斯全集》（第30卷），人民出版社1995年版，第228页。
⑤ 大卫·李嘉图（1817）：《政治经济学及赋税原理》，载彼罗·斯拉法主编《李嘉图著作和通信集》（第1卷），中译本，商务印书馆1997年版，第103页。

但前者不仅处于相对劣势地位并面临一系列脆弱性，而且存在明显的肉体和精神上的限制。如斯密认为："天性要求，在紧张劳动之后，有一定程度的纵情快乐，有时只是悠闲自在一会，有时却是闲游浪荡和消遣娱乐。如不依从这要求，其结果常是很危险的，有时是致命的，不然，迟早亦会产生职业上的特殊疾病。"① 与之不同，资本对利润的追求几乎不存在任何来自自身的限制——"如果有10%的利润，它就保证到处被使用；有20%的利润，它就活跃起来；有50%的利润，它就铤而走险；为了100%的利润，它就敢践踏一切人间法律；有300%的利润，它就敢犯任何罪行，甚至冒绞首的危险。"② 资本对发财致富和自身增殖的无限追求及其引发的内在扩张冲动、资本相对于其他要素特别是劳动要素的相对优势、资本在市场经济和经济发展中的支配性地位等，赋予了资本要素一系列积极作用和消极作用，并在近代以来的西方式现代化进程中留下了大量的经验教训，不妨予以简要的历史回顾。

三 西方式现代化进程中的资本问题：经验教训与理论回应

至少就主要经济体而言，人类社会曾长期处于传统农业社会，人们的生产生活更多地是为了满足生存需要，整个社会带有明显的地域性限制、等级化特征和人身依附性，并由此形成了与之相适应的传统社会秩序和治理模式。对此，马克思曾在《路易·波拿巴的雾月十八日》中总结说："每一个农户差不多都是自给自足的，都是直接生产自己的大部分消费品，因而他们取得生活资料多半是靠与自然交换，而不是靠与社会交往。……他们不能代表自己，一定要别人来代表他们。他们的代表一定要同时是他们的主宰，是高高

---

① 亚当·斯密（1776）：《国民财富的性质和原因的研究》（上卷），中译本，商务印书馆1996年版，第75—76页。
② 《马克思恩格斯文集》（第5卷），人民出版社2009年版，第871页。

站在他们上面的权威,是不受限制的政府权力,这种权力保护他们不受其他阶级侵犯,并从上面赐给他们雨水和阳光。所以,归根到底,小农的政治影响表现为行政权支配社会。"[①] 生存型的生产生活方式、等级化和人身依附的社会关系、行政权支配社会的治理模式等,使得传统农业社会的生产、分配、流通、消费等经济活动以及劳动、土地和资本等要素的流动表现出明显的地域性限制,并笼罩在行政权的支配之下。

在这种情况下,如何突破人类发展的人身性依附和地域性限制并形成某种促进普遍勤劳的制度性框架,就成为任何一个大的农业社会突破"马尔萨斯陷阱"、开启现代化进程的基本问题,而资本积累与现代市场经济关系的形成则是其中的关键环节。在人类社会的发展历史上,1453年君士坦丁堡的陷落率先打破了欧洲社会的中世纪沉寂,引发了欧洲特别是西欧社会的一系列连锁反应,并在其相对漫长的历史演进过程中开辟了一种西方式现代化路径。西方式现代化以资本积累和市场经济的发育为前提,极大地促进了经济发展和物质财富的积累,但始终无法从根本上解决经济发展与人的发展之间的内在冲突。马克思在对西方式现代化前半程及其理论回应进行批判性反思的基础上实现了理论超越,为人类社会开辟一种以经济发展推动人的发展的现代化路径提供了理论可能,同时也为我们在不断推进马克思主义中国化的过程中以中国式现代化推进中华民族伟大复兴提供了根本指导,不妨结合西方式现代化的经验教训及其理论回应予以简要梳理。

(一) 西方式现代化的阶段性特征与经验教训

西方式现代化经历了相对漫长的历史演进过程。为便于分析,不妨依其阶段性特征和若干标志性事件,将其大致划分为三个阶段,即300年左右的准备期(1453—1753年)、100年左右的前半程(1750—1850年)和100年左右的后半程(1870—1970年)。重

[①] 《马克思恩格斯文集》(第2卷),人民出版社2009年版,第566—567页。

商主义、古典经济学以及边际革命以来的西方经济学则分别是相应的理论回应。其中，1453—1753年间的商业革命，本质上是在农业活动仍占支配地位的情况下，通过国王与商人、权力与资本的结盟，在传统农业社会的缝隙中开辟出一种财富积累的新途径，它积累了现代化因素但没有从根本上改变传统社会秩序；1750—1850年间的英国工业革命，开辟了西方式现代化道路并催生了现代市场经济关系，它极大地推动了经济发展，但同时也造成了较为严重的"人的不发展"；1870—1970年间，西方主要经济体先后开启了以大规模工业化推进现代化的进程，其突出特征是国家开始承担起越来越多的发展责任，第二次世界大战之后更是普遍构建起了相对完善的社会保障体系和再分配政策体系，但这种主要"围绕着分配兜圈子"[1]的政府矫正措施"既不会使工人也不会使劳动获得人的身份和尊严"[2]，它缓解了但没有从根本上解决经济发展与人的发展之间的内在冲突。自20世纪80年代以来更是面临着一系列新的问题和挑战，并渐次推动当今世界面临百年未有之大变局。

就市场经济关系和资本要素而言，1453—1753年间的商业革命积累了现代化因素，如地域性限制的突破、资本的原始积累、宗教改革和民族国家的形成等，但正如斯密批判的，重商主义本质上"是一种限制与管理的学说"，[3]它缺乏某种普遍性，无法形成促进普遍勤劳的现代市场经济关系并实现现代意义上的经济发展。1750—1850年间的英国工业革命则与之不同，它深深地改变了人们的生产生活方式并形成了有助于促进普遍勤劳和资本积累的现代市场经济关系，作为苏格兰启蒙运动代表人物和古典经济学奠基者的斯密，更是在初步构建了包含政治修明、法律严正、社会包容、经济自由等内容的道德哲学体系的基础上，首次构建了一种适应于现

---

[1] 《马克思恩格斯文集》（第3卷），人民出版社2009年版，第436页。
[2] 《马克思恩格斯文集》（第1卷），人民出版社2009年版，第167页。
[3] 亚当·斯密（1776）：《国民财富的性质和原因的研究》（下卷），中译本，商务印书馆1996年版，第229页。

代市场经济关系的理论经济学体系，深入揭示了市场经济条件下以资本积累为前提的劳动分工和市场交易促进经济发展的内在机制。英国工业革命极大地促进了经济发展和物质财富积累，但资本自由运动所产生的消极作用仍然远远超出了斯密的理论预期：市场经济下的资本自由运动推动了经济发展，但它不仅没有"造成普及到最下层人民的那种普遍富裕"[①]，反而导致了较为严重的贫富差距、阶层分化，并极大地恶化了普通民众的生存状况，如"1840年，利物浦上等阶级（贵族、自由职业者等等）的平均寿命是35岁，商人和收入较好的手工业者是22岁，工人、短工和一般雇佣劳动者只有15岁"[②]。

1870—1970年，西方主要经济体先后开启了以大规模工业化推动现代经济发展的历史进程，某种程度上可视为西方式现代化的后半程，其突出特征是国家开始承担起越来越多的发展责任，特别是借助劳动保护、社会保障和再分配政策等政府矫正措施，部分地缓解了经济发展与人的发展之间的剧烈冲突。但资本对自我增殖的无限追求、资本的高度流动性及其在更大范围和更多领域的扩张，不仅仍然赋予了资本相对于劳动等要素的巨大优势，而且引发了以资本的自我循环运动为特征的虚拟经济在20世纪的过度膨胀，特别是资本在全球范围的流动和扩张更是成为世界经济乃至国际格局的巨大扰动因素，甚至一度引发了给人类社会带来巨大灾难的第一次世界大战和第二次世界大战。如果说，西方式现代化的前半程充分显示了资本自由运动所引发的经济发展与人的发展之间的内在冲突，那么西方式现代化的后半程则更多地显示了资本在更大范围和更多领域的扩张所引发的经济风险、社会风险乃至政治风险。20世纪80年代以来，西方式现代化进入了一个新阶段，特别是经由新一轮经济全球化、市场化浪潮推动了国际资本流动、重塑了国际分工格

[①] 亚当·斯密（1776）：《国民财富的性质和原因的研究》（上卷），中译本，商务印书馆1996年版，第11页。
[②] 《马克思恩格斯文集》（第1卷），人民出版社2009年版，第420页。

局，但同时也赋予了资本相对于劳动、虚拟经济相对于实体经济的巨大优势，造成了日趋明显的贫富差距、经济虚拟化和资产泡沫化，并最终演变为2008年国际金融危机，此后更是在进退失据之中推动当今世界进入动荡变革期并面临百年未有之大变局。

（二）马克思对西方式现代化的批判性反思与理论超越：兼论马克思的"术语革命"

马克思生活在西方式现代化前后半程相互交织的历史交汇期，对西方式现代化，特别是以英国为典型的西方式现代化前半程，有着更为充分的观察，并通过对西方式现代化及其理论回应的批判性反思，不仅创立了旨在实现每个人自由而全面发展的马克思主义学说，并且为构建一种经济发展和人的发展有机统一的现代化路径提供了理论可能。或如马克思在《1844年经济学哲学手稿》中指出的："共产主义是对私有财产即人的自我异化的积极的扬弃，因而是通过人并且为了人而对人的本质的真正占有；因此，它是人向自身、也就是向社会的即合乎人性的人的复归，这种复归是完全的复归，是自觉实现并在以往发展的全部财富的范围内实现的复归。"① 也就是说，共产主义（未来社会）是一种"积极扬弃"（而不是消极取消或简单消灭）自我异化的过程，是一种以经济发展推动人的发展的现实运动，是对能够推动经济发展但无法实现人的发展的西方式现代化的理论超越。在马克思看来，人的发展是经济发展的目的和归宿，而经济发展则是实现人的发展的最根本手段——"生产力的巨大增长和高度发展……之所以是绝对必需的实际前提，还因为：如果没有这种发展，那就只会有贫穷、极端贫困的普遍化；而在极端贫困的情况下，必须重新开始争取必需品的斗争，全部陈腐污浊的东西又要死灰复燃。"②

马克思高度重视经济发展，但同时也深刻认识到"人是人的最

---

① 《马克思恩格斯文集》（第1卷），人民出版社2009年版，第185页。
② 《马克思恩格斯文集》（第1卷），人民出版社2009年版，第538页。

高本质"。以英国工业革命为典型的西方式现代化前半程推动了经济发展,但没有实现人的发展,而资本的自由运动则是造成这种内在冲突的关键因素。正因如此,马克思高度重视资本问题,不仅在不同时期的大量著述中有着关于资本的丰富论述,而且还为我们留下了以资本的自由运动为逻辑主线、专门探讨资本问题的三卷本《资本论》以及作为其准备的大量手稿。我们甚至可以这样说:纵览人类文明的历史进程,不论是对资本的重视程度还是有关著述的广度、深度和篇幅,似乎还没有哪一位经济学家能够同马克思相提并论。但正如恩格斯在《资本论》英文版序言中所指出的,《资本论》中"某些术语的应用,不仅同它们在日常生活中的含义不同,而且和它们在普通政治经济学中的含义也不同。但这是不可避免的。一门科学提出的每一种新见解都包含这门科学的术语的革命";[①] 为了深入揭示自由资本主义时代的资本自由运动规律,马克思在进行政治经济学分析时不得不借助不可避免的"术语的革命",特别是在古典经济学集大成者李嘉图以其天才的理论洞察力所淬炼的"价值"等概念的基础上进一步提炼出了"剩余价值"等概念,实现了对古典经济学的理论超越,并创立了马克思主义政治经济学说。从某种程度上说,我们只有真正理解了这些概念的时代内涵,才能成功穿越时代的迷雾,准确把握马克思乃至古典经济学的有关论述。

以古典经济学和马克思主义政治经济学的核心概念"价值"为例,其在某种程度上是经济思想史上首次把分配视为政治经济学主要问题的李嘉图,为深入分析要素分配规律及其在经济发展过程中的动态演进,以其天才的理论洞察力,在斯密有关论述的基础上淬炼出来的政治经济学术语。按照李嘉图的说法,"价值与财富在本质上是不同的,因为价值不取决于数量多寡,而取决于生产的困难

---

① 《马克思恩格斯文集》(第5卷),人民出版社2009年版,第32页。

和便利"①,"通过不断增进生产的便利,我们虽然不只是增加国家的财富,并且会增加未来的生产力,但同时却会不断减少某些以前已经生产出来的商品的价值"。也就是说,"价值"主要取决于生产的困难和便利程度,它更多地同人们的努力程度有关,而不是同物质财富的数量有关。这在某种程度上是对苏格兰启蒙运动关于人们的境遇更多地取决于自身努力程度的现代社会秩序的进一步理论抽象和经济学应用(尽管李嘉图未必清楚斯密在该问题上的理论自觉)。马克思在某种程度上延续了李嘉图的这一思路,并对价值和使用价值等基本概念作出了更为明晰的界定,如《资本论》开篇第一章便明确指出,"不论财富的社会的形式如何,使用价值总是构成财富的物质的内容"②,"更多的使用价值本身就是更多的物质财富"③。也就是说,按照马克思的看法,使用价值更多地同物质财富的增加或经济发展有关,它是各种生产要素共同作用的结果,而资本则是占据支配性地位的关键要素;价值更多地同人们的努力程度或劳动时间有关,体现的是人们通过个体努力改善自身境遇的现代社会秩序和现代市场经济关系,它主要反映了商品的社会属性,并更多地同人的发展有关。

现代经济发展有赖于人们的境遇更多地取决于自身努力程度的制度性框架,并以此促进资本积累和普遍勤劳。由古典经济学者特别是李嘉图淬炼并经马克思进一步发展的"价值""劳动价值论"等概念和理论,则是深入探讨其内在机制的重要理论工具。如果说,李嘉图的劳动价值论主要是为了揭示经济发展中的地租上涨对利润或资本积累动机的侵蚀及其对经济发展的影响,那么马克思的劳动价值论以及由此发展出来的"剩余价值理论"等则更多的是为了揭示资本对利润的无限追求对劳动者工资的侵蚀并通过把工资维

---

① 大卫·李嘉图(1817):《政治经济学及赋税原理》,载彼罗·斯拉法主编《李嘉图著作和通信集》(第一卷),中译本,商务印书馆1997年版,第232—233页。
② 《马克思恩格斯文集》(第5卷),人民出版社2009年版,第49页。
③ 《马克思恩格斯文集》(第5卷),人民出版社2009年版,第59页。

持在生存水平、通过"驱使劳动超过自己自然需要的界限"等内在机制而严重危及人的发展。正是借助有关术语革命，马克思对更多地同使用价值和经济发展有关的物质形态的资本、更多地同价值和人的发展有关的价值形态的资本等作出了全面而又深刻的理论阐述。不过，由于马克思面对的时代课题主要是西方式现代化前半程的经济发展与人的不发展，故其政治经济学分析更多地以经济发展为既定前提、集中探讨价值形态的资本的自由运动对人的发展的消极影响。与之不同，"社会主义本身是共产主义的初级阶段，而我们中国又处在社会主义的初级阶段，就是不发达的阶段"①，我国的社会主义性质决定了人的发展是我国发展的既定前提，而初级阶段不发达的生产力水平则决定了经济发展是人的发展的主要制约因素，这意味着我们在探讨社会主义市场经济条件下的资本问题时，必须既重视价值形态的资本又重视物质形态的资本，必须坚持把马克思主义基本原理同我国具体实际相结合、不断推进马克思主义中国化时代化。

四 马克思主义中国化与社会主义市场经济的历史生成

习近平总书记指出："马克思的思想理论源于那个时代又超越了那个时代，既是那个时代精神的精华又是整个人类精神的精华。"② 马克思对西方式现代化及其理论回应的理论超越，为人类社会开辟一种经济发展与人的发展有机统一、相互促进的现代化路径提供了理论可能，不仅为我国的革命、建设和改革提供了根本指导，而且也为我们在社会主义市场经济条件下正确认识和把握资本问题提供了重要的理论依据。但正如毛泽东同志所强调的，"无论何人要认识什么事物，除了同那个事物接触，即生活于（实践于）

---

① 《邓小平文选》（第三卷），人民出版社1993年版，第252页。
② 习近平：《在纪念马克思诞辰200周年大会上的讲话》，人民出版社2018年版，第7页。

那个事物的环境中,是没有法子解决的。不能在封建社会就预先认识资本主义社会的规律,因为资本主义还未出现,还无这种实践。……马克思不能在自由资本主义时代就预先具体地认识帝国主义时代的某些特异的规律"①,也不可能预先认识到社会主义社会的某些具体规律,我们必须"不断推进马克思主义中国化时代化,用博大胸怀吸收人类创造的一切优秀文明成果,用马克思主义中国化的科学理论引领伟大实践"②。社会主义市场经济就是我国在社会主义发展进程中不断推进马克思主义中国化时代化取得的重大成果,它不仅是我国经济发展取得巨大成功的关键因素,并且为我们在新的时代条件下正确认识和把握资本的特性和行为规律提供了基本的前提。

"在社会主义条件下发展市场经济,是我们党的一个伟大创举"③,同时也是一个长期的艰辛探索过程。按照马克思恩格斯的最初设想,共产主义(未来社会)以生产力高度发达的资本主义创造的物质财富为基础,但在科学社会主义的现实运动中,几乎所有的社会主义国家都是在生产力相对落后的特殊国情下进行社会主义革命和建设的。其中,作为人类社会的第一个社会主义国家,苏联在社会主义革命和建设时期形成并对整个社会主义阵营产生了广泛影响的社会主义传统模式,既有对马克思主义基本原理的创新性发展,更不乏诸多教条式理解,特别是把人类社会发展规律中某些一般性的东西,因其存在于资本主义社会而视之为社会主义社会的对立面。正如列宁曾明确指出,"只要还存在着市场经济,只要还保持着货币权力和资本力量,世界上任何法律都无法消灭不平等和剥削";④ 苏联科学院编写的《政治经济学教科书》则不仅否定了社会

---

① 《毛泽东选集》(第一卷),人民出版社1991年版,第286—287页。
② 《中共中央关于党的百年奋斗重大成就和历史经验的决议》,人民出版社2021年版,第63页。
③ 习近平:《不断开拓当代中国马克思主义政治经济学新境界》,《求是》2020年第16期。
④ 《列宁全集》(第13卷),人民出版社1987年版,第124页。

主义条件下发展市场经济的可能性，更是直接取消了包括资本在内的诸多经济范畴，明确指出"由于社会主义生产关系代替了旧的资本主义的生产关系，表现人剥削人的关系的资本主义经济规律便失去效力。……资本、剩余价值、利润、生产价格、雇佣劳动、劳动力价值等等表现资本主义关系的范畴已经消失"①。

我国是在落后的农业国基础上开启以大规模工业化推进中国式现代化进程的，即便到新中国成立之初，"中国还有大约百分之九十左右的分散的个体的农业经济和手工业经济，这是落后的，这是和古代没有多大区别的，我们还有百分之九十左右的经济生活停留在古代"②。落后的农业国国情和复杂的国内外环境等诸多因素相互交织，使得我国在社会主义建设时期更多地借鉴了苏联在社会主义实践探索中形成的传统模式。正是借助社会主义传统模式下的高度集中的计划经济体制和高度集权的行政管理体制，我国在短短二十多年的时间里快速地推进了工业化，成功地从一个落后的农业国转变为工业部门在国民经济中占主导地位的工业国，并初步建立了相对完整的工业体系和国民经济体系，但同时也由于排斥市场机制的作用并取消了资本范畴，造成了较为严重的资源浪费、配置扭曲和效率损失。对此，党的十三大系统地总结说："在中国这样落后的东方大国中建设社会主义，是马克思主义发展史上的新课题。我们面对的情况，既不是马克思主义创始人设想的在资本主义高度发展的基础上建设社会主义，也不完全相同于其他社会主义国家。照搬书本不行，照搬外国也不行，必须从国情出发，把马克思主义基本原理同中国实际结合起来，在实践中开辟有中国特色的社会主义道路。在这个问题上，我们党作过有益探索，取得过重要成就，也经历过多次曲折，付出了巨大代价。"③

---

① 苏联科学院经济研究所：《政治经济学教科书》，中译本，人民出版社1955年版，第435页。
② 《毛泽东选集》（第四卷），人民出版社1991年版，第1430页。
③ 《改革开放三十年重要文献选编》（上），中央文献出版社2008年版，第475页。

"改革开放是我们党的一次伟大觉醒，正是这个伟大觉醒孕育了我们党从理论到实践的伟大创造。"① 1978年12月召开的党的十一届三中全会，作出了把党和国家的工作重心转移到经济建设上来、实行改革开放的历史性决策。改革开放开辟了中国特色社会主义道路，确立了中国特色社会主义制度，形成了中国特色社会主义理论体系，特别是依据我国的社会主义性质和社会生产力水平，更为准确地把握了我国所处的发展阶段并创造性地提出了社会主义初级阶段理论，且深刻地认识到"社会主义的本质，是解放生产力，发展生产力，消灭剥削，消除两极分化，最终达到共同富裕"。② 正是依据社会主义初级阶段理论与解放和发展生产力的根本任务，党的十四大确立了社会主义市场经济体制的改革目标。社会主义市场经济体制的确立，为我们在中国特色社会主义实践探索中不断深化对资本问题的认识提供了理论依据和现实基础，党的十五大更是围绕"资本"概念对我国经济体制改革和经济发展战略作出了一系列重要论述和战略部署，如强调要"以资本为纽带"形成具有较强竞争力的企业集团、"允许和鼓励资本、技术等生产要素参与收益分配"等。③ 正是基于这一系列理论创新、实践创新和制度创新，我国"实现了从高度集中的计划经济体制到充满活力的社会主义市场经济体制、从封闭半封闭到全方位开放的历史性转变，实现了从生产力相对落后的状况到经济总量跃居世界第二的历史性突破"，④ 为实现中华民族伟大复兴提供了充满新的活力的体制保证和快速发展的物质条件。

党的十八大以来，中国特色社会主义进入了新时代，其基本依据是我国创造的经济快速发展奇迹和社会长期稳定奇迹极大地提高了我国社会生产力水平，并引致我国社会主要矛盾发生了转化，不

---

① 习近平：《在庆祝改革开放40周年大会上的讲话》，人民出版社2018年版，第4页。
② 《邓小平文选》（第三卷），人民出版社1993年版，第373页。
③ 《改革开放三十年重要文献选编》（下），中央文献出版社2008年版，第902页。
④ 习近平：《在庆祝中国共产党成立100周年大会上的讲话》，人民出版社2021年版，第6页。

平衡不充分的发展已经成为满足人民日益增长的美好生活需要的主要制约因素。"我国社会主要矛盾的变化是关系全局的历史性变化，对党和国家工作提出了许多新要求"①，同时也对我们坚持和完善社会主义市场经济体制提出了新要求。党的十八届三中全会明确提出要"使市场在资源配置中起决定性作用和更好发挥政府作用"②；党的十九届四中全会则进一步把社会主义市场经济体制由经济体制改革目标提升为具有长期性、稳定性和全局性的社会主义基本经济制度的重要组成部分，指出："公有制为主体、多种所有制经济共同发展，按劳分配为主体、多种分配方式并存，社会主义市场经济体制等社会主义基本经济制度，既体现了社会主义制度优越性，又同我国社会主义初级阶段社会生产力发展水平相适应，是党和人民的伟大创造。"③ 由此可见，社会主义市场经济体制是中国特色社会主义的重大理论和实践创新，是马克思主义中国化时代化的重要理论成果和制度成果，同时也为我们在全面建设社会主义现代化国家、向第二个百年奋斗目标进军的新发展阶段正确认识和把握资本要素的特性、作用和行为规律提供了基本的前提。

五 社会主义市场经济条件下的资本问题

党的十九届六中全会通过的《中共中央关于党的百年奋斗重大成就和历史经验的决议》指出："马克思主义是我们立党立国、兴党强国的根本指导思想。马克思主义理论不是教条而是行动指南，必须随着实践发展而发展，必须中国化才能落地生根、本土化才能

---

① 习近平：《决胜全面建成小康社会 夺取新时代中国特色社会主义伟大胜利——在中国共产党第十九次全国代表大会上的报告》，人民出版社2017年版，第11页。
② 《中共中央关于全面深化改革若干重大问题的决定》，人民出版社2013年版，第5页。
③ 《中共中央关于坚持和完善中国特色社会主义制度 推进国家治理体系和治理能力现代化若干重大问题的决定》，人民出版社2019年版，第18页。

深入人心。"① 马克思关于资本问题全面而又深刻的理论阐述，为我们正确认识和把握社会主义市场经济条件下的资本问题提供了根本指导，但由于马克思面临的时代课题主要是西方式现代化的前半程或自由资本主义时代的资本自由运动所造成的经济发展与人的发展之间的内在冲突，故其政治经济学分析更多地以经济发展（更多地同生产力和物质形态的资本有关）为既定前提，重点围绕价值形态的资本的自由运动（更多地同生产关系和人的发展有关）深入揭示资本主义社会从经济发展到人的不发展的内在机制，不仅明确指出"资本显然是关系，而且只能是生产关系"②，而且在大多数场合直接把"资本"界定为"资本主义生产关系"。与之不同的是，我国已经是社会主义国家，社会主义基本制度和社会主义生产关系已经成为既定前提，我们显然不能简单地套用马克思的定义把社会主义市场经济条件下的资本直接界定为资本主义生产关系，同时也不能忽视国有资本、民营资本以及外国资本的不同属性而一概视之为社会主义生产关系，而必须坚持把马克思主义基本原理同我国具体实际和时代特征相结合，不断推进马克思主义中国化时代化，特别是要"勇于结合新的实践不断推进理论创新、善于用新的理论指导新的实践"③，进而在正确认识和把握社会主义市场经济条件下资本要素的特性和行为规律的基础上，充分发挥资本要素的积极作用，并有效控制其消极作用，为全面建设社会主义现代化国家、以中国式现代化推进中华民族伟大复兴提供更为坚实的物质基础、更为完善的制度保证。

习近平总书记指出："我国改革开放 40 多年来，资本同土地、劳动力、技术、数据等生产要素共同为社会主义市场经济繁荣发展

---

① 《中共中央关于党的百年奋斗重大成就和历史经验的决议》，人民出版社 2021 年版，第 66 页。
② 《马克思恩格斯全集》（第 30 卷），人民出版社 1995 年版，第 510 页。
③ 《中共中央关于党的百年奋斗重大成就和历史经验的决议》，人民出版社 2021 年版，第 67 页。

作出了贡献，各类资本的积极作用必须充分肯定。现阶段，我国存在国有资本、集体资本、民营资本、外国资本、混合资本等各种形态资本，并呈现出规模显著增加、主体更加多元、运行速度加快、国际资本大量进入等明显特征。"① 由此，正确认识和把握社会主义市场经济条件下资本要素的特性和行为规律，首先需要在社会主义生产关系的既定前提下，对我国存在的不同形态资本的价值属性及其相互关系进行理论界定。按照马克思的看法，"在一切社会形式中都有一种一定的生产决定其他一切生产的地位和影响，因而它的关系也决定其他一切关系的地位和影响。这是一种普照的光，它掩盖了一切其他色彩，改变着它们的特点。"② 就价值形态的资本或作为生产关系的资本而言，我国在社会主义发展过程中形成并同我国社会主义初级阶段生产力水平相适应的公有制为主体的所有制结构，意味着以国有资本和集体资本为代表的公有资本属于马克思意义上的社会主义生产关系和"普照的光"，而民营资本和外国资本等非公有资本则在公有资本这一占主体地位的社会主义生产关系和"普照的光"的作用下"改变着它们的特点"，共同成为推动我国经济发展的重要力量或马克思所说的"发展社会生产力的重要的关系"③。正是在这个意义上，我们说"公有制经济和非公有制经济都是社会主义市场经济的重要组成部分，都是我国经济社会发展的重要基础"④。

在社会主义市场经济条件下，公有资本对非公有资本的"普照的光"的作用更多地是通过市场机制进行的；同时，不论是公有资本还是非公有资本，不仅必然有着社会主义市场经济所赋予的特殊规定性，而且也有着任何社会制度下的市场经济所赋予的一般规定性。习近平总书记明确指出："资本主义社会的资本和社会主义社

---

① 《习近平谈治国理政》（第四卷），外文出版社 2022 年版，第 218 页。
② 《马克思恩格斯全集》（第 30 卷），人民出版社 1995 年版，第 48 页。
③ 《马克思恩格斯全集》（第 30 卷），人民出版社 1995 年版，第 286 页。
④ 《中共中央关于全面深化改革若干重大问题的决定》，人民出版社 2013 年版，第 8 页。

会的资本固然有很多不同，但资本都是要追逐利润的。"①利润不仅是资本参与经济活动、引领要素配置的重要动力，并且也是反映市场供求状况、企业经营效益、消费需求变化的综合性指标，是资本推动经济发展的重要动力和市场经济效率优势的重要来源。故不论是资本主义社会的资本还是社会主义社会的资本、不论是公有资本还是非公有资本，都是要追逐利润的。但与马克思重点分析的自由资本主义时代的资本的自由运动不同，社会主义市场经济条件下资本追逐利润的运动是受到限制的：限制的目的是保证经济发展与人的发展有机统一、相互促进；限制的手段则更多的是同社会主义市场经济体制相适应的体制机制和规则。同时，正如马克思所强调的，"资本是根本不关心工人的健康和寿命的，除非社会迫使它去关心"②，资本的不存在自身限制的追逐利润的本性、其在市场经济中相对于其他要素的高度流动性，以及由此导致的资本的高度扩张性，某种程度上构成了市场经济条件下资本要素最为突出的三个特性，不妨视之为任何社会制度下的市场经济所赋予的资本的一般规定性。

资本要素在市场经济条件下的逐利性、流动性和扩张性，一方面赋予了其摧毁一切阻碍发展生产力的限制、推动经济发展的"伟大的文明作用"，或如马克思所强调的："以资本为基础的生产……创造出一个普遍有用性的体系……由此产生了资本的伟大的文明作用；它创造了这样一个社会阶段，与这个社会阶段相比，一切以前的社会阶段都只表现为人类的地方性发展和对自然的崇拜。……资本按照自己的这种趋势，既要克服把自然神化的现象，克服流传下来的、在一定界限内闭关自守地满足于现有需要和重复旧生活方式的状况，又要克服民族界限和民族偏见。资本破坏这一切并使之不

---

① 习近平：《正确认识和把握我国发展重大理论和实践问题》，《求是》2022年第10期。
② 《马克思恩格斯文集》（第5卷），人民出版社2009年版，第311页。

断革命化,摧毁一切阻碍发展生产力、扩大需要、使生产多样化、利用和交换自然力量和精神力量的限制。"① 另一方面也必然会产生一系列消极作用,至少包括:其一,资本相对于其他要素特别是劳动要素的优势,很容易引发经济发展与人的发展之间的内在冲突,而人的不发展不仅会反过来影响经济发展,而且有可能影响到社会稳定并损及市场经济的社会条件;其二,资本追逐利润的自由运动,往往成为经济发展中的扰动因素和宏观不稳定的重要根源,特别是资本脱离实体经济追求超额收益的自我循环运动,很容易积累起巨大的金融风险并成为经济危机的重要诱因;其三,资本在经济领域之外的扩张,不仅有可能损害市场经济的政治前提和制度基础,而且往往有违现代社会的公平与正义,而正如斯密所强调的:"正义犹如支撑整个大厦的主要支柱。如果这根柱子松动的话,那么人类社会这个雄伟而巨大的建筑必然会在顷刻之间土崩瓦解。"②

社会主义市场经济条件下的资本同样具有逐利性、流动性和扩张性,但同资本主义市场经济条件下的资本自由运动(西方式现代化的前半程)或仅限于外在约束的资本自由运动(西方式现代化的后半程)不同,人民当家作主的根本政治制度、代表最广大人民根本利益的党的领导制度、以公有制为主体的所有制结构等社会主义生产关系和上层建筑,不仅为经济发展与人的发展的有机统一提供了根本的政治前提和制度基础,而且为发挥资本要素的积极作用并有效控制其消极作用提供了强有力的内在约束。然而,不论是作为社会主义生产关系的公有资本,还是公有资本对非公有资本的"普照的光"的作用,改变的是资本的"特点"和"色彩"而不是资本的"本性",故即便是在社会主义生产关系和社会主义市场经济条件下,我们仍然不能完全忽略资本的"本性"可能产生的消极影

---

① 《马克思恩格斯全集》(第30卷),人民出版社1995年版,第389—390页。
② 亚当·斯密:《道德情操论》,中译本,商务印书馆1998年版,第106页。

响。从某种程度上讲，我们"深化社会主义市场经济条件下资本理论研究"并探讨"在社会主义制度下如何规范和引导资本健康发展"，正是为了在正确认识和把握资本要素的特性和行为规律的基础上，深入分析如何在社会主义市场经济条件下更充分地发挥资本在优化资源配置、推动经济发展方面的积极作用，并有效控制其消极作用，以充分发挥社会主义的制度优势和市场经济的效率优势。这是一个重大而又复杂的问题，同时也是我们必须直面的时代课题，不妨结合前文的讨论予以简要的理论提炼和初步分析。

第一，同资本主义社会的资本自由运动必然造成经济发展与人的发展之间的内在冲突不同，我国社会主义基本制度和社会主义生产关系为经济发展与人的发展的有机统一提供了根本保障，使得社会主义市场经济条件下的公有资本和非公有资本在推动经济发展的同时，得以在社会主义生产关系尤其是社会主义基本经济制度和公有资本的"普照的光"的作用下，直接或间接地服务于满足人们需要的社会主义生产目的，并以此不断促进人的全面发展、全体人民共同富裕。此为社会主义市场经济条件下的资本与资本主义市场经济条件下的资本的本质区别。尽管如此，资本在市场经济中的高度流动性和扩张性仍然赋予其相对于劳动要素的相对优势。我们必须充分汲取西方式现代化前半程的经验教训，坚持以人民为中心的发展思想，努力实现经济发展与人的发展的有机统一、高质量发展和高品质生活的相互促进：一方面，必须坚持和完善社会主义基本经济制度，毫不动摇巩固和发展公有制经济，毫不动摇鼓励、支持、引导非公有制经济发展，充分发挥市场在资源配置中的决定性作用和更好发挥政府作用，全面贯彻新发展理念、加快构建新发展格局、努力推动高质量发展，着力解决好不平衡不充分发展对满足人们日益增长的美好生活需要的制约；另一方面，必须坚持在发展中保障和改善民生，健全各类生产要素由市场决定报酬的机制、适度提高劳动报酬在初次分配中的比重，推进基本公共服务均等化、健全多层次社会保障体系、构建分配领域协调配套的基础性制度安排，让改革发展成果更多更公平惠及全体人民，不断促进人的全面发展和社会全面进步，使全体人民朝着共同富裕的目标扎实迈进。

第二，资本的逐利性、流动性和扩张性赋予了资本优化资源配置、推动经济发展、发挥市场经济效率优势的重要作用，但同时也使之成为经济发展中的扰动因素和宏观不稳定的重要根源，特别是资本为追逐利润而利用其流动性优势在虚拟经济部门的盲目扩张，很容易积聚起巨大的金融风险和其他经济不安全因素。不妨以我国房地产市场的发展为例略做说明。按照国家统计局提供的城镇居民人均住房数据，1956年我国城镇居民人均住房面积为4.3平方米（居住面积），但由于我国在社会主义建设时期没有充分发挥资本在改善居民居住条件等方面的积极作用，1978年我国城镇居民人均住房面积仅增加到6.7平方米（人均住房建筑面积，下同）；1998年，我国全面开启了住房商品化改革，此后随着更多资本的进入，我国房地产市场获得了迅速发展，城镇居民人均住房面积从1998年的18.7平方米迅速提高到2012年的32.9平方米；国家统计局提供的第七次全国人口普查数据表明，2020年我国家庭户人均住房面积进一步从2010年第六次全国人口普查时的31.06平方米提高到41.76平方米，已经接近甚至超过德国、法国、日本等发达经济体的水平。人均住房面积的快速增加，无疑极大地改善了人们的居住条件、提高了人们的生活水平，充分显示了资本推动经济发展、满足人民需要的巨大作用。不过，房地产市场的快速发展、投机性资本的涌入和住房价格的大幅升高，不仅极大地增加了部分居民的财务压力、挤压了消费升级空间，并造成了新老市民之间的代际不公，而且显著地提高了企业的用工成本、挤占了实体经济的金融资源，并逐渐积聚起日益明显的债务风险甚至金融风险，成为我国经济发展中的巨大不稳定因素。正是在这种情况下，2016年中央经济工作会议明确提出"房住不炒"概念，并及时出台了一系列调控措施，不仅为防范化解有关债务风险和金融风险、推动房地产市场平稳健康发展奠定了基础，而且为如何在社会主义市场经济条件下发挥资本要素的积极作用并有效控制其消极作用积累了实践经验。

第三，资本推动经济发展、发挥市场经济效率优势的内在机制，是确保人们的境遇更多地同自身努力程度成比例，并以此激发社会活力、提高经济效率。这意味着市场经济的效率优势和资本的积极作用主要体现在其数量同人们的努力程度成比例的那些领域，这也是古典经济学家特别是斯密从苏格兰启蒙运动思想中引申出相对完整的"劳动价值论"的内在逻辑。换句话说，那些难以通过人们的努力（或劳动）而改变数量的东西、那些不能或不适于进行市场交换的东西，如人的生命或人体器官、人们拥有的政治法律权利或面对的制度规则等，通常不适于资本的介入，故李嘉图在淬炼"价值"概念时明确指出："说到商品、商品的交换价值以及规定商品相对价格的规律时，我们总是指数量可以由人类劳动增加、生产可以不受限制地进行竞争的商品。"[①] 在市场经济条件下，经济发展往往意味着人们交往频次的提高、交易规模的扩大、公共领域的扩展，并对政治法律权利、市场交易规则等产生越来越多和越来越高的要求，而这种制度性的规则通常是不能交换的，否则会造成严重的社会不公并损害市场经济的逻辑前提和制度基础。在社会主义市场经济条件下，我国的社会主义性质确保了人民在国家制度和国家治理体系中的主体地位并对资本逻辑形成了强有力的内在约束，但资本的逐利性、流动性和扩张性仍然赋予其难以遏制的内在扩张冲动，故仍有必要警惕资本在政治法律领域的扩张、仍有必要限制其在市场秩序和交易规则等方面谋取优势地位的内在冲动，特别是要坚决防止官商勾结、钱权交易等各类腐败行为。对此，习近平总书记指出，一方面要"依法平等保护国有、民营、外资等各种所有制

[①] 大卫·李嘉图：《政治经济学及赋税原理》，载彼罗·斯拉法主编《李嘉图著作和通信集》（第一卷），中译本，商务印书馆1997年版，第8页。

企业产权和自主经营权，完善各类市场主体公平竞争的法治环境"，另一方面要"构建亲清政商关系"，"坚决防止权钱交易、商业贿赂等问题损害政商关系和营商环境"①。

六　结语

资本要素在市场经济条件下的逐利性、流动性和扩张性赋予其优化资源配置、推动经济发展的积极作用，但同时也容易引发一系列消极作用，特别是资本要素的相对优势造成的经济发展与人的不发展、资本的不存在自身限制的逐利本性及其在市场经济中的高流动性所引发的经济风险和宏观不稳定、资本在经济领域之外的扩张冲动所产生的社会不公和政治腐败等。这些消极作用最终又会反过来影响经济发展和社会稳定，甚至损及现代市场经济的社会条件、政治前提和制度基础。社会主义市场经济条件下的资本要素同样具有逐利性、流动性和扩张性，但我国的社会主义性质和社会主义基本制度为发挥资本的积极作用并有效控制其消极作用提供了根本的政治前提和制度基础，特别是作为社会主义生产关系的公有资本和在公有资本"普照的光"的作用下改变了"特点"和"色彩"的非公有资本在社会主义市场经济中相互促进、相得益彰，共同成为推动我国经济发展的重要力量和实现满足人民需要的社会主义生产目的的重要手段。我们必须从经济发展与人的发展、生产力和生产关系、使用价值和价值、物质形态的资本和价值形态的资本有机统一的角度，来正确认识和把握社会主义市场经济条件下资本要素的特性、作用和行为规律。

目前，我国已经进入了全面建设社会主义现代化国家、以中国式现代化推进中华民族伟大复兴的新发展阶段，我们必须根据我国

---

① 习近平：《论把握新发展阶段、贯彻新发展理念、构建新发展格局》，中央文献出版社2021年版，第358—359页。

发展阶段、环境、条件变化并适应我国社会主要矛盾变化的要求，在正确认识和把握社会主义市场经济条件下资本要素的特性和行为规律的基础上，充分发挥其积极作用，同时有效控制其消极作用：一方面，充分发挥资本要素在优化资源配置、提高经济效率、推动高质量发展等方面的积极作用，着力解决好不平衡不充分发展对满足人民美好生活需要的制约；另一方面，坚持以人民为中心的发展思想，依法加强对资本的有效监管、防止资本无序扩张，特别是要为资本设置"红绿灯"。值得一提的是，"红绿灯"规范交通秩序、提高通行效率的前提是所有交通工具适用相同的交通规则，市场经济优化资源配置、提高经济效率的前提是所有市场主体拥有相同的权利、面对同样的规则。同理，在社会主义市场经济条件下，不论是国有资本和集体资本还是民营资本和外国资本，都不能拥有凌驾于制度和规则之上的特殊权利和市场地位，故习近平总书记特别强调："'红绿灯'适用于道路上行驶的所有交通工具，对待资本也一样，各类资本都不能横冲直撞。"①

（原载《经济学动态》2022 年第 9 期）

---

① 习近平：《正确认识和把握我国发展重大理论和实践问题》，《求是》2022 年第 10 期。

在中国式现代化建设中发挥好资本的作用

胡家勇

2020年12月中共中央政治局会议首次提出"防止资本无序扩张"[1]。2021年12月中央经济工作会议进一步指出："要正确认识和把握资本的特性和行为规律"，"要发挥资本作为生产要素的积极作用，同时有效控制其消极作用"，"要为资本设置'红绿灯'"[2]。2022年4月29日，习近平总书记在中共中央政治局第三十八次集体学习时强调："规范和引导资本发展，既是一个重大经济问题、也是一个重大政治问题，既是一个重大实践问题、也是一个重大理论问题，关系坚持社会主义基本经济制度，关系改革开放基本国策，关系高质量发展和共同富裕，关系国家安全和社会稳定"[3]。这些重要论述标志着党对资本的认识进而对社会主义市场经济的认识迈入一个新的阶段，必将对进一步完善社会主义市场经济体制和中国式现代化建设产生深远影响。

---

[1] 《中共中央政治局召开会议分析研究二〇二一年经济工作研究部署党风廉政建设和反腐败工作审议〈中国共产党地方组织选举工作条例〉 中共中央总书记习近平主持会议》，《人民日报》2020年12月12日。

[2] 《中央经济工作会议在北京举行习近平李克强作重要讲话栗战书汪洋王沪宁赵乐际韩正出席会议》，《人民日报》2021年12月11日。

[3] 《习近平在中共中央政治局第三十八次集体学习时强调依法规范和引导我国资本健康发展 发挥资本作为重要生产要素的积极作用》，《人民日报》2022年5月1日。

一 资本的"伟大的文明作用"及其历史局限性

资本是马克思主义政治经济学的核心范畴。马克思在《资本论》《1857—1858年经济学手稿》等经典著作中，对资本的特性、运动规律、作用和历史使命做了历史的、发展的、全面的、辩证的分析，形成了完整和科学的资本理论，为我们分析社会主义市场经济中的资本提供了基本理论思维。

以亚当·斯密为代表的古典经济学家已经抓住了"增殖"这一资本特性，而系统研究资本特性和运动规律的是马克思。马克思认为，资本的本质是在不断运动中无止境地攫取剩余价值或利润，资本的生产是剩余价值的生产；资本表现为一种物，但"资本不是一种物，而是一种以物为中介的人和人之间的社会关系"①。资本的本质特性内在地驱使资本成为一个既具有积极作用又具有消极作用的矛盾混合体。

马克思对资本的双重作用做了深刻而系统的论述，既指出了"资本的伟大的文明作用"②，又剖析了资本所固有的一系列弊端和历史局限性。马克思对"资本的伟大的文明作用"的分析科学而深邃，指出："资本按照自己的这种趋势，既要克服把自然神化的现象，克服流传下来的、在一定界限内闭关自守地满足于现有需要和重复旧生活方式的状况，又要克服民族界限和民族偏见。资本破坏这一切并使之不断革命化，摧毁一切阻碍发展生产力、扩大需要、使生产多样化、利用和交换自然力量和精神力量的限制。"③ 这些论述对于我们在全面建设社会主义现代化国家中充分发挥资本的力量具有重要的理论和实践启迪。

"资本的伟大的文明作用"首先表现为资本促进了社会生产力

---

① 《资本论》（第一卷），人民出版社2004年版，第877—878页。
② 《马克思恩格斯文集》（第8卷），人民出版社2009年版，第90页。
③ 《马克思恩格斯文集》（第8卷），人民出版社2009年版，第91页。

突飞猛进的发展，从而奠定了社会文明进步的物质基础。从底层逻辑来看，资本重塑了人与自然的关系，把自然界从崇拜的、观念上的对象转化为现实的需要和利用的对象，它充分、有效地利用世界上已存在的各种生产性资源，唤醒了自然资源、社会资源和知识资源等各类资源，使它们发挥出现实的生产能力，创造出现实的物质财富。马克思指出："资本量的每一次增加都不仅能按算术级数，而且还能按几何级数提高生产力。"① 不仅如此，马克思进一步指出资本可以促进知识和经验的积累，并加以有效利用："知识和经验的这种不断进步，是我们的伟大的力量。……这种进步，这种社会的进步属于资本，并为资本所利用。……只有资本才掌握历史的进步来为财富服务。"②

资本促进生产力发展有一系列内在的机制。第一，资本有一种内在的节约趋势。成本的降低就意味着利润的增加。出于对利润的孜孜以求，资本总是"力图用尽可能少的花费——节约人力和费用——来生产一定的产品，也就是说，资本有一种节约的趋势，这种趋势教人类节约地花费自己的力量，用最少的资金来达到生产的目的"③。无论哪一种社会形态，节约都意味着资源耗费和必要劳动时间的相对减少，也就意味着经济的发展和社会的进步。第二，资本能够激励创新。资本的生产主要表现为相对剩余价值的生产，而相对剩余价值生产是建立在整个社会技术进步的基础上的。基于对剩余价值的追逐，资本既扮演"破坏者"的角色，又扮演"创新者"的角色，不断激励科学发现和技术进步，并把它们并入现实生产过程之中，转化为资本自身的力量。马克思指出："随着资本主义生产的扩展，科学因素第一次被有意识地和广泛地加以发展、应用并体现在生活中，其规模是以往的时代根本想象不到的。"④ 第

---

① 《马克思恩格斯全集》（第 46 卷上册），人民出版社 1979 年版，第 314 页。
② 《马克思恩格斯全集》（第 46 卷下册），人民出版社 1980 年版，第 88 页。
③ 《马克思恩格斯全集》（第 26 卷第二册），人民出版社 1973 年版，第 625 页。
④ 《马克思恩格斯文集》（第 8 卷），人民出版社 2009 年版，第 359 页。

三，资本会驱使各类生产要素不断流动，使资源配置处于动态优化状态。"资本按其本性来说，力求超越一切空间界限"①，也力求超越时间界限。在逐利本性的驱使下，资本会对各类市场信号（不仅仅是价格信号，还包括消费者潜在偏好等信息）做出敏感的反应，不断打破地域、产业、时间和国界等的限制，从低效利用领域和使用者手中转向高效利用的领域和使用者手中。资本在不断流动中形成了聚集和扩散效应，深化了社会分工，形成了生产网络，获得了规模经济和范围经济的好处。

"资本的伟大的文明作用"不仅表现为通过促进社会生产力的发展为人类文明奠定物质基础，而且构成了人类文明发展本身。第一，资本促进了社会消费的增长，不断发现新需求、满足新需要。出于对利润的追逐，资本总是寻求一切办法去探寻潜在需求，刺激社会消费，不断生产出新的产品和服务、不断挖掘物的满足人类需要的属性、不断赋予使用价值的新形态，从而不断满足人的新需要。人的内在需要的发现和满足，就是人类文明发展的基本形式和原动力。马克思指出，资本"发现、创造和满足由社会本身产生的新的需要。培养社会的人的一切属性，并且把他作为具有尽可能丰富的属性和联系的人，因而具有尽可能广泛需要的人生产出来"②。第二，促进社会交往，使社会交往日趋多元化并变得丰富多彩。交往是马克思主义经典文献中的一个重要概念，马克思说："人的本质不是单个人所固有的抽象物，在其现实性上，它是一切社会关系的总和。"③ 交往是确认和实现人的"类"本质和社会性的基本方式，因而是社会文明程度的重要体现。交往范围的扩大、交往频率的提高、交往形式的多样化、交往层次的加深，都意味着人类文明的进步。在《德意志意识形态》中，马克思指出了交往的两种形态：物质交往和精神交往。物质交往是人们在物质生产领域活动和

---

① 《马克思恩格斯全集》（第30卷），人民出版社1995年版，第521页。
② 《马克思恩格斯全集》（第30卷），人民出版社1995年版，第389页。
③ 《马克思恩格斯文集》（第1卷），人民出版社2009年版，第501页。

能力的交换，精神交往则是人们的精神生活，是人们之间思想、观念、理论、风俗、习惯、感受和信息的交流。资本推动交往手段和形式的革命性变化，也促使交往发生革命性的变化，物质产品、劳动力、思想、知识、信息、数据的流动冲破地域、民族、国界的限制，交往的广度和深度随之发生革命性变化。"某一个地方创造出来的生产力，特别是发明，在往后的发展中是否会失传，取决于交往扩展的情况。……只有在交往具有世界性质，并以大工业为基础的时候，只有在一切民族都卷入竞争的时候，保存住已创造出来的生产力才有了保障。"[①] 迄今，人类历史上发生了三次大的交往手段革命：第一次发生在农业社会，主要标志是文字和印刷术的发明和应用；第二次发生在工业社会，主是标志是以铁路和电报、电话的发明和应用为核心的交通和通信革命；第三次发生在当代正在成型的信息社会，主要标志是计算机和互联网等数字技术的广泛应用，人们的交往范围极大扩展，交往程度日益加深，信息流动越来越快[②]。在后两次交往手段的革命性变革中，资本扮演着重要的角色，它在促进相关技术发明的同时，把它变成了现实的、可以简单灵活运用的交往手段和工具。第三，资本为人的自由全面发展创造物质条件。人的自由全面发展是马克思设想的未来社会的一个重要标志，而资本为实现人的自由全面发展提供了物质条件。"资本作为孜孜不倦地追求财富的一般形式的欲望，驱使劳动超过自己自然需要的界限，来为发展丰富的个性创造出物质要素，这种个性无论在生产上和消费上都是全面的。"[③] "自由时间"是马克思在论述人的自由而全面发展时所提出的一个重要范畴，他指出："有……'可以自由支配的时间'，也就是有真正的财富，这种时间不被直接生产劳动所吸收，而是用于娱乐和休息，从而为自由活动和发展开辟

---

① 《马克思恩格斯全集》（第 3 卷），人民出版社 1960 年版，第 61—62 页。
② 李素霞：《交往手段革命与交往方式变迁》，人民出版社 2005 年版。
③ 《马克思恩格斯文集》（第 8 卷），人民出版社 2009 年版，第 69 页。

广阔天地。时间是发展才能等等的广阔天地。"①而资本"成了为社会可以自由支配的时间创造条件的工具，使整个社会的劳动时间缩减到不断下降的最低限度，从而为全体［社会成员］本身的发展腾出时间"②。人的自由而全面发展的需要主要体现在精神生活和政治生活领域，人们已经摆脱了物质需要和肉体需要方面的羁绊，能够自由地从事娱乐性、创造性、探索性甚至冒险性的活动，以寻求身心的愉悦；能够自由追求高质量的生态环境，在优美的环境中陶冶生活，实现自身与自然在更高层次上的融合统一；能够自由追求人的价值实现，把自由、交往、尊严、公平、正义、政治权利作为自身内在的、现实的需要。

在清晰认识到"资本的伟大的文明作用"的同时，还要清晰认识到资本本性所内在生成的消极作用，对资本秉持一种客观的、全面的、辩证的态度，这对于完善社会主义市场经济体制和中国式现代化建设同样是至关重要的。

资本的本性是在永不停歇的运动中不断追求价值增殖，价值增殖是资本的目的，其他一切实际上只是作为手段而存在的。马克思指出，资本"运动的决定目的本身，是交换价值，而不是使用价值。……资本主义生产的动机就是赚钱。生产过程只是为了赚钱而不可缺少的中间环节，只是为了赚钱而必须干的倒霉事。［因此，一切资本主义生产方式的国家，都周期地患一种狂想病，企图不用生产过程作中介而赚到钱。］"③但是，支撑人类生活的基础却是使用价值，是现实的物质财富和精神财富。这样，资本运动的目的和社会生产的最终目的就有可能发生冲突。这种冲突在资本作为社会生产和资源配置主要组织方式的经济体制或社会形态中都是存在的。因此，从根本意义上讲，资本的局限性在于它追求价值增殖的

---

① 《马克思恩格斯全集》（第26卷第三册），人民出版社1974年版，第281页。
② 《马克思恩格斯文集》（第8卷），人民出版社2009年版，第199页。
③ 《资本论》（第二卷），人民出版社2004年版，第67—68页。

过程本身就构造了人与物、劳动者与资本所有者的深刻矛盾，从而阻滞甚至破坏了社会再生产循环，限制了人的全面发展。

资本以价值增殖为目的的行为规律是现代经济社会诸多弊病的重要根源。第一，一旦存在可能性，资本总是会力图摆脱现实生产过程、越过"使用价值生产"而直奔价值增殖（G—G′），这就不可避免地会造成经济的金融化、虚拟化和泡沫化，形成经济波动周期，造成资源的浪费。第二，资本利用自身在各类生产要素中的优势地位，特别是相对于劳动力的优势地位，攫取其他要素所有者，特别是劳动者所创造的价值，实现资本的迅速积累，造成收入和财富差距的扩大，导致社会需求不足，进而破坏宏观经济循环。托马斯·皮凯蒂分析了资本主义发展过程中收入和财富分配差距扩大的内在趋势，认为其根本力量在于：由于资本的强势作用，资本收益率（包括利润、股利、利息、租金和其他资本收入）从长期看显著高于经济增长率，导致社会持续分化。[①] 第三，侵害消费者和中小投资者的利益，将他们的一部分收入直接装进自己的腰包。纵观资本主义发展史，商业和投资欺诈连绵不绝、花样翻新，资本掠夺消费者、大资本攫取小资本和普通投资人的现象层出不穷。爱德华·巴莱森比较细致地描述和分析了美国历史上的商业欺诈手段，以及欺诈所引发的收入和财富再分配，指出：19 世纪以来，从一家试图出售几块位于俄亥俄乡下或密西西比河谷亚祖河地区地皮的地产公司的股份，到镀金时代经营某些热门领域生意的企业的股票，欺诈者先是激起公众对新的赚钱方式的渴望，再把他们的注意力转向一个充当欺骗载体的特定企业，一旦喧嚣吸引了足够的投资来抬高土地价格或目标公司的股票的价值，他们就抛售自己的资产。[②] 第四，通过垄断获取利润。一旦取得垄断地位，资本就可以轻松获取超额利润。为了取得垄断地位，资本会不断地扩大规模，使自己长成

[①] 托马斯·皮凯蒂（2013）：《21 世纪资本论》，中译本，中信出版社 2014 年版。
[②] 爱德华·巴莱森（2017）：《骗局：美国商业欺诈简史》，中译本，格致出版社、上海人民出版社 2020 年版。

"资本大鳄",而资本积累和信用是资本扩张的两个基本杠杆。当然,生产集中和规模扩大可以利用规模经济和范围经济的好处,还能促进创新,但一旦资本利用垄断地位和市场势力来排除竞争和攫取利润,它就走向了社会生产良性发展的反面。

随着资本规模的扩大,资本的权力和影响力会随之扩大,并超出经济领域,向政治、社会、意识形态和社会舆论等领域延伸,目的依然是绕过使用价值或财富的生产环节,而通过非经济领域的运作和操纵来参与社会再分配,轻松获得利润和超额利润。资本影响乃至腐蚀政治是资本权力扩张的一个重要表现。约翰·沃利斯(John J. Wallis)提出经济腐败(venal corruption)的概念,意即资本通过腐蚀政治程序来追求资本利益。"当经济腐蚀政治时,就会发生经济腐败"[1],因此,需要设计一种有效的政府形式来抵制资本本性所滋生的经济腐败。贿赂和政治献金是经济腐败的典型形式,通过贿赂和政治献金,资本可以换取政府控制的多种资源和机会,包括公共资源(如公共自然资源、公共服务、公共财产)、由政府权力派生的垄断经营权、免于或逃避政府规制的约束和法律的制裁,甚至影响政策制定和执法司法,借以通过非生产的途径获取利润和超额利润。经济腐败在美国经济发展史上一直存在,"直到20世纪50年代,在美国参议院大厅这个神圣的场所,也不时会有装着现金的信封游荡其间"[2]。"资本大鳄"试图通过操纵政治、意识形态、社会舆论和公众生活而获取利润的内在倾向尤为强烈。以美国科氏工业集团(Kochland)为例,该集团横跨从原油开采、炼化、贸易、管道运输、农业和畜牧业、金融服务、道路沥青到婴儿纸尿裤、纸质餐具、树脂包装材料、建筑材料、电子元件和医疗器械等广泛领域,在其成长壮大的过程中,不断资助政客和舆论,并利用

---

[1] 爱德华·L. 格莱泽、克劳迪娅·戈尔丁主编:《腐败与改革——美国历史上的经验教训》,中译本,商务印书馆2012年版,第37—38页。
[2] 爱德华·L. 格莱泽、克劳迪娅·戈尔丁主编:《腐败与改革——美国历史上的经验教训》,中译本,商务印书馆2012年版,第4页。

各种基金会、媒体节目、智库、科研机构去影响大众,借助资本腐蚀政治、官僚和社会舆论,对21世纪以来美国的税收、节能减排、医疗改革等一系列重大政策产生了重要影响,成为一个能够左右美国经济和政治的隐秘商业帝国。值得关注的是,科氏工业集团对教育和科研机构进行了大量资助,造成了美国社会严重分裂的价值观和政治生态。在资本与政治互动过程中,科氏工业集团获得了持久的政治和舆论影响力,并借助这种影响力收割了惊人的商业利益。[①]

资本向政治、意识形态、舆论和公众生活领域渗透,并发挥巨大的影响力和支配力,表明现代社会资本事实上是作为一种"总体性权力"而存在的。因此,在市场经济中,仅仅理解资本的增殖逻辑是远远不够的,还要理解资本的权力逻辑,以及资本增殖逻辑和权力逻辑之间的互动关系,只有这样才能勾画出清晰的资本运行全景图。从权力的角度看待资本,马克思已有深刻的论述,指出:"工业上的最高权力成了资本的属性"[②];随着资本积累的增长,"资本的权力在增长……资本越来越表现为社会权力,这种权力的执行者是资本家"[③];"资本是资产阶级社会的支配一切的经济权力"[④]。资本之所以能演化为一种"总体性权力",在于资本最初和最基本形态是货币,而货币具有跨越或穿透一切障碍的神奇魔力,是"一切纽带的纽带""发动整个过程的第一推动力"[⑤]和"发达的生产要素"[⑥]。马克思指出:"如果货币是把我同人的生活,同社会,同自然界和人联结起来的纽带,那么货币难道不是一切纽带的纽带?它难道不能够把一切纽带解开和联结在一起吗?……它既是地地道道的辅币,也是地地道道的黏合剂;它是社会的〔……〕化合

[①] 参见克里斯托弗·伦纳德《隐秘帝国:美国工业经济和企业权力的兴衰》,中译本,中信出版集团2021年版。
[②] 《资本论》(第一卷),人民出版社2004年版,第386页。
[③] 《资本论》(第三卷),人民出版社2004年版,第293页。
[④] 《马克思恩格斯文集》(第8卷),人民出版社2009年版,第31—32页。
[⑤] 《资本论》(第二卷),人民出版社2004年版,第393页。
[⑥] 《马克思恩格斯全集》(第46卷上册),人民出版社1979年版,第173页。

力。"① 从这个角度看，在社会主义市场经济条件下，需要有效约束资本在经济领域以外的权力，防止资本跨越界限的权力，而使其在发展社会生产力和改善人民生活的轨道上充分发挥作用。

二 技术和产业变革中的资本新形态

工业革命以来，资本总是力图追逐先进技术和先进生产要素，与之迅速融合，开拓出新产品、新产业、新业态和新的组织方式。资本具有高度灵敏的触角和嗅觉，能够率先发现新知识、新技术和新生产要素的潜在价值和应用前景，并把它们与现有生产要素有机组合起来，并入现有生产体系之中，将产业结构、社会生产力水平和社会生活水平提高到一个全新的阶段。对于资本吸收和利用新知识、新技术，马克思指出："知识和技能的积累，社会智力的一般生产力的积累……被吸收在资本当中，从而表现为资本的属性"②；"资本的趋势是赋予生产以科学的性质。……在资本的进一步发展中，我们看到：一方面，资本是以生产力的一定的现有的历史发展为前提的——在这些生产力中也包括科学——，另一方面，资本又推动和促进生产力向前发展。"③ 迄今发生的四次工业革命就是资本吸收和利用新知识、新技术，推动产业变革的生动例证。蒸汽机的发明和应用是第一次工业革命的标志，而在从水力和畜力向蒸汽动力演化的过程中，在资本、技术、劳动、自然的四角关系中，资本起到了"指挥棒"的引领作用。④ 由资本推动的蒸汽机的广泛应用又带来了铁路等行业的大发展，"可以说，铁路是随着蒸汽机的诞

---

① 《马克思恩格斯文集》（第1卷），人民出版社2009年版，第245页。
② 《马克思恩格斯文集》（第8卷），人民出版社2009年版，第186—187页。
③ 《马克思恩格斯文集》（第8卷），人民出版社2009年版，第188页。
④ 蔡华杰：《技术选择的逻辑：以蒸汽机崛起为例》，《经济思想史学刊》2022年第2期。

生而出现的一种运输方式"①，从而推动人流和物流的加速和空间的拓展，使人类生产和生活发生质的飞跃。

不仅如此，随着新技术的发展、生产规模的扩大和经济的复杂化，资本的形态和组织方式也在迭代和进化，不断出现新形态的资本。股份资本就是资本适应社会化大生产发展而诞生的一种资本形态和组织方式，它在一定程度上克服了资本的私人性质，使资本潜在的适应生产社会化的性质显露出来，从而释放出资本聚合资源、突破规模限制和容纳新生产要素的巨大能量。马克思充分肯定了股份资本对于社会化大生产的重要意义，他以铁路的修建为例指出："假如必须等待积累使某些单个资本增长到能够修建铁路的程度，那么恐怕直到今天世界还没有铁路。但是，集中通过股份公司转瞬之间就把这件事完成了。"②股份资本一经产生，在随后的技术和产业革命中发挥着越来越重要的作用，被马克思称为资本的"最完善的形式"③。

风险资本是资本适应第三次工业革命的一次重要蝶变。第三次技术革命又称为"信息革命"，诞生了晶体管、半导体、计算机、控制器、生物技术等颠覆性技术，催生了计算机、软件、通信以及生物技术和新材料等新兴产业，这些技术和产业具有高风险和高收益。资本出于内在本性，竭力追逐、吸收和利用这些新技术，衍生出风险资本这一新形态。风险资本勇于承担风险、能够宽容失败，这些对于创新和创新者都是至关重要的，非常符合高科技初创企业的成长规律，推动了技术和发明迈向新的前沿。并且，风险资本吸引了大批专业人才，利用人力资本优势，能够探查和筛选出优质的投资项目。计算机技术、半导体技术、网络技术及生物技术等在形成新兴产业的过程中，都得到过风险资本的大力支持。风险资本不

---

① 傅志寰：《铁路的演化及其动力》，《工程研究——跨学科视野中的工程》2010年第3期。
② 《资本论》（第一卷），人民出版社2004年版，第203页。
③ 《马克思恩格斯文集》（第10卷），人民出版社2009年版，第157页。

仅提供难得的初创资本，还是技术的孵化器，为科技成果、创业企业家和金融资本三者有机结合提供了纽带。从仙童公司到英特尔公司、数字设备公司（DEC），再到雅虎、亿贝、微软、苹果、谷歌、亚马逊等高科技公司，它们创业和成长过程中都伴随着风险资本。生物技术产业也是如此，圣迭戈生物技术公司28.1%的初创资本来源于风险投资机构和其他机构性的私募投资。

值得强调的是，政府资本也是第三次工业革命中的一种重要资本形态。除了信息技术上的突破外，第三次工业革命还实现了航天技术、原子能技术、人工合成材料、分子生物学和遗传工程等领域的突破，政府资本在其中扮演了非常重要的角色。政府资本的作用主要体现在对重大技术创新和基础设施的支持和组织，这在美国较为典型。一是政府资本资助军用技术和高校科研，推动了信息技术和计算机、互联网等产业的发展，第一台电子计算机ENIAC就是美国军方与宾夕法尼亚大学合作项目的成果，生物技术及其产业的发展也依赖于政府资本对生物医学基础研究的巨额投入。二是政府资本在构建新型基础设施网络方面发挥了重要作用。美国国家科学基金直接资助建立了一系列因特网交换点和网络接入点，推动了区域性计算机网络的形成。政府资本还大力资助高校的科研工作，实现了基础理论和核心技术的积累，使技术进步获得持续动力。三是政府资本组建研发基金，如美国国家科学基金和生物技术基金，通过基金的形式扶持新技术的研发、商业化及新兴产业的发展。在生物技术领域，美国通过基金代理机构对基础科学研究与临床研究进行资助，推动原创技术和核心技术取得突破，形成先发优势。[1]

目前，人类已经迈入第四次工业革命时代，颠覆性技术、新生产要素和新生产组织形态已经出现并加速演进，基于信息通信技术的数字经济迅速发展，数字产业化和产业数字化方兴未艾。数字经

---

[1] 杜传忠、曹艳乔：《金融资本与新兴产业发展》，《南开学报》（哲学社会科学版）2017年第1期。

济时代的核心技术包括数据、算法和算力。数据正在成为新的关键性生产要素，数据驱动正成为新的增长和发展"范式"。但是，少量、分散、无序、没有定价和无法交易的数据价值密度低，实际或应用价值也很低，只有经过算法的抓取、加工和处理后形成的结构化数据集合，才具有高市场价值，才能转化为宝贵的经济资源和生产要素。因此，在原始数据的收集和加工处理过程中，算法（algorithm）就成为数据价值转化和实现的关键与核心，进而成为决策的依据[1]。不仅如此，在第四次工业革命背景下，"算法实现过程已不再依赖于人类知识的表述。基于大量数据或案例，算法可以通过自我学习自动抽取特定规则"[2]，这就凸显出算法作为人类社会数字环境新规则的重要性。而算力则是与数据、算法相协同的数字经济的基本元素，是类似于水、电、气一样的基础设施。云计算、大数据、物联网、人工智能等技术的高速发展和经济社会复杂性的快速提升，推动了数据的爆炸式增长和算法复杂程度的不断提高，对数据存储、计算、传输、应用的需求急剧上升，对算力规模、算力能力等需求随之快速上升。与历次产业革命一样，一旦有新技术、新要素出现，资本就会迅速感知、发现、追逐和融合它们，开拓出新产品、新产业和新生产组织形式。资本追逐数据技术并与之融合，形成了囊括大数据、算法和算力的数据资本。数据资本是数字经济时代出现的一种全新资本形态。

数据资本对大数据、算法和算力的整合带来了经济社会的深刻变化。第一，数据资本驱动各类信息，进而驱动人口和各类生产要素快速而广泛地流动，使经济社会更富灵活性、弹性和适应性，使之联结成一个更加紧密的有机体。第二，数据资本深刻改变了市场结构和消费者决策模式。在传统市场上，受制于信息收集、处理能

---

[1] 李丹：《算法歧视消费者：行为机制、损益界定与协同规制》，《上海财经大学学报》2021年第2期。
[2] 贾开、薛澜：《第四次工业革命与算法治理的新挑战》，《清华管理评论》2021年第4期。

力和信息成本约束，复杂的信息往往被压缩成简单的价格信息，以方便市场主体的选择，但这个过程过滤掉了个人偏好、产品质量和供应商信誉等许多重要信息，许多有价值的细节被消除掉了。因此，依据价格信息作出的决策或选择往往是片面的，甚至是糟糕的。在数据资本驱动的市场上，"参与者不再被围绕着价格的信息的潺潺细流限制，他们的目标是全面传达关于个人偏好的所有信息，并据此采取行动。"[1] 也就是说，在数据资本驱动的市场上，消费者选择参数的完备程度发生了质的提升，这从网络购物行为中就可以清晰地看到。消费者网上购物，价格仅仅是若干选择参数之一，除此之外，还要看过往的评价、商家信誉、产品花色和样式、送货时间、售后服务等诸多重要细节，基于比较完整的信息所作出的决策会更符合个人偏好，也提升了市场主体的选择自由度和市场交易效率。因此，在数据资本支撑和驱动的市场上，"数据是市场车轮的新型润滑剂，可以帮助市场参与者找到更好的匹配选项。"[2] 第三，数据资本赋予金融资本以更大的影响力和控制力。与其他传统资本形态相比，金融资本对经济社会生活本来就具有更大的渗透力和影响力，是高能量资本。当数据资本与金融资本相结合，金融资本便借助数据资本的网络效应和智能化，施展出更为强大的资源聚集、配置和控制能力，影响力呈几何级数增长。

数据资本作为一种新的资本形态几乎同时催生出新的经济组织形式，典型例子就是平台经济的出现和快速成长。平台经济依托云、网、端等网络基础设施，利用人工智能、大数据分析和区块链等数字技术，将众多的生产者、供应商和消费者聚集在一起交易，借助高密度信息的高速流动，扩大参与者的搜寻范围和效率，降低搜寻成本，拓展选择空间和提高匹配效率，进一步挖掘出规模经

---

[1] 维克托·迈尔-舍恩伯格、托马斯·拉姆什：《数据资本时代》，中译本，中信出版集团2018年版，第62页。

[2] 维克托·迈尔-舍恩伯格、托马斯·拉姆什：《数据资本时代》，中译本，中信出版集团2018年版，第62页。

济、范围经济、多边市场的潜力和好处。数据是数字经济的"石油",没有数据也就不会有平台经济,大数据分析是平台经济的关键性元素[1],因此,数据资本也就成为平台经济的关键生产要素和基本驱动力。

从上面的分析可以看出,资本在技术和产业变革中能够持续焕发巨大的力量,并不断衍生新的资本形态。新形态资本吸收和容纳技术和经济组织形式的新发展,充分显示出资本的历史进步作用。但无论哪一种新形态资本,由于资本的本性,都不可避免地同时具有积极和消极两方面的作用,造成积极和消极两方面的经济社会后果。前面提到,股份资本适应和促进了生产规模的扩大和生产社会化程度的提高,这一功能至今仍具有强大的生命力。但是,包括股份资本在内的金融资本也为资本跳过使用价值和财富生产环节而直接攫取价值提供了便捷手段,打开了方便之门。金融资本在实际运行过程中不断催生出各种衍生工具,借助自我扩张和自我循环机制,直接占有生产领域创造的价值和劳动者的收入,导致经济的虚拟化和资本循环脱离实体经济运转。风险资本也一样,一方面,它吸收、容纳和分散了创新过程的风险,刺激了前沿技术的发明和商业化,构成国家创新体系的重要一环;另一方面,也会累积和隐藏大量风险,甚至演化出"黑天鹅"和"灰犀牛"事件,若未能及时有效地加以释放,就会导致经济泡沫和经济动荡,甚至诱发经济走向萧条通道。20世纪后十年美国互联网泡沫破裂就是一个例证。20世纪90年代,网络科技迅速发展,风险资本趋之若鹜,许多网络公司并没有创造出真实的业绩,甚至依靠大量消耗资本金来维持运营。随着互联网泡沫越吹越大,1995—1999年,代表新兴科技股的纳斯达克指数翻了五番多。2000年,科技和互联网泡沫开始破裂,纳斯达克指数一路下跌,酿成了美国证券史上最严重的股灾之一。

数字经济时代,数据资本借助信息通信技术、网络效应(消费

---

[1] 黄益平主编:《平台经济:创新、治理与繁荣》,中信出版社2022年版。

网络、生产网络、创新网络等）和人工智能，信息流动速度、范围和精准性都大幅度提高。与传统形态的资本相比，数据资本的影响力和控制力呈几何级数增长，这既成倍放大了资本的积极作用，又大大助长了资本的消极作用。数据资本的积极作用前面已有所论述，从消极作用方面来看，第一，数据资本强化了资本对劳动过程的控制。随着数字技术的发展，劳动过程和生产过程相对于资本的"清晰度"显著提高了，同时越来越多的劳动者被"去技能化"（de skilling），而工程师、科学家、管理者、设计师等的技能却成了垄断性的技能，且"被完全吸收为资本的权力"，从而使"资本获得了对劳动过程越来越彻底、越来越完整的控制权"①。马克思曾分析了机器大工业时代劳资关系的演变，并用劳动对资本的"形式上的从属"转变为"实际上的从属"来描述这种关系的演变。数字经济时代，劳动对资本、小资本对大资本的"实际上的从属"事实上被大大强化了。第二，数据资本的垄断势力明显强于传统资本。数据资本往往占据社会再生产的关键环节和高增殖环节，率先进入新兴产业部门，通过网络效应、算法和先占优势而拥有强大的市场势力，能够快速形成垄断地位，攫取垄断利润。平台资本作为数据资本的一种典型形式，具有聚集和辐射生产和消费的强大能量，网络效应和垄断势力巨大，"大数据杀熟""二选一"等不正当竞争和垄断行为已然成为大型平台企业获取超额利润的惯常手段。第三，数据资本利用现代数据技术侵占消费者利益和损害社会利益。"每一种技术或科学的馈赠自有其阴暗面"②，数据资本利用大数据和算法等先进技术手段攫取利益和影响力的现象已经屡见不鲜。以算法技术为例，毋庸置疑，算法作为挖掘数据价值的基本方法，重要性与日俱增，但数据资本为了自身利益和影响力会不正当使用算法技术，导致"算法歧视""算法合谋""深度伪造""数据投毒""信息茧房"

---

① 大卫·哈维：《资本的限度》，中译本，中信出版集团2017年版，第198—199页。
② 尼古拉·尼葛洛庞蒂：《数字化生存》，中译本，海南出版社1996年版，第26页。

"隐私泄露",以及无处不在的"数据黑箱",资本驱使下的算法应用已经引发了歧视性风险、责任性风险、误用及滥用性风险三大风险。[①]

三 按中国式现代化的逻辑引导和规范资本的行为

根据党的十九大的战略安排,我国已经迈向全面建设社会主义现代化国家新征程,同时要加快完善社会主义市场经济体制。在新历史条件下,必须按照中国式现代化和社会主义市场经济的内在逻辑来考虑如何充分发挥资本的积极作用,同时有效抑制资本的消极作用。

(一)在社会主义市场经济中,资本作为一种长期存在的力量,提供了一种积累和扩大再生产的机制

习近平总书记指出:"搞社会主义市场经济是我们党的一个伟大创造。既然是社会主义市场经济,就必然会产生各种形态的资本。"[②] 1984年通过的《中共中央关于经济体制改革的决定》明确指出:"商品经济的充分发展,是社会经济发展的不可逾越的阶段,是实现我国经济现代化的必要条件。"[③] 这说明各种形态的资本将长期存在于我国经济发展过程之中。对于资本的存在理由及其积极作用,可以从它在激励创新、繁荣市场经济、满足人民多样化需要、参与国际竞争等重要方面加以把握,但还有一个需要提及的重要理论和实践角度,那就是各种形态的资本在相当长一段历史时期内仍然是剩余劳动转化为积累并投入社会扩大再生产之中的有效载体和工具,是驱动经济增长的一种可以依靠的力量。

在经典作家那里,剩余劳动,即超过维持劳动力生产和再生产

---

① 贾开、薛澜:《第四次工业革命与算法治理的新挑战》,《清华管理评论》2021年第4期。

② 习近平:《正确认识和把握我国发展重大理论和实践问题》,《求是》2022年第10期。

③ 《十二大以来重要文献选编》(中),人民出版社1986年版,第568页。

需要的劳动，是"一切社会生产方式所共有的基础"①。恩格斯明确指出："劳动产品超出维持劳动的费用而形成剩余，以及社会的生产基金和后备基金靠这种剩余而形成和积累，过去和现在都是一切社会的、政治的和智力的发展的基础。"② 在资本主义社会中，剩余劳动通过雇佣劳动转化为剩余价值并由资本吮吸，其中一部分转化为积累，进而转化为再生产过程的各种生产要素，进入经济循环之中，驱动社会扩大再生产。可以说，资本运动提供了社会积累和扩大再生产的一种机制。在马克思设想的未来社会中，用于扩大再生产与满足社会公共需要的剩余劳动依然是必需的和现实存在的，但不会采取剩余价值的形式，而是从社会总产品中直接扣除。马克思在《哥达纲领批判》中提出的三项扣除中，后两项实际上就是对剩余劳动的直接提取，即"用来扩大再生产的追加部分"，"用来应付不幸事故、自然灾害等的后备基金或保险基金"③。马克思和恩格斯不曾设想未来社会可以搞市场经济，剩余劳动也就不会经由资本和剩余价值等"曲折"途径形成积累并投入扩大再生产和公共需要之中。但实践证明，市场经济的充分发育是一个国家经济社会发展和实现现代化不可逾越的阶段。在市场经济中，资本就是组织、吸取和凝聚剩余劳动进而实现扩大再生产的一个非常重要的手段。也就是说，资本履行着积累、形成可投资资源并使其流向生产领域和实现动态配置的重要职能。不仅如此，一旦资本履行着这样的职能，它就会把千百万人的智慧，特别是企业家才能调动起来，动员到创造社会财富的轨道。当然，在社会主义市场经济中，资本并不是组织、吸收和转化剩余劳动的唯一手段，国家作为公共利益和社会整体利益的代表，也会通过多种形式，如税收和公有企业利润等形式，直接提取剩余劳动用于扩大再生产和公共需要，这同样是极为

---

① 《马克思恩格斯全集》（第46卷），人民出版社2003年版，第992页。
② 《马克思恩格斯文集》（第9卷），人民出版社2009年版，第202页。
③ 《马克思恩格斯文集》（第3卷），人民出版社2009年版，第432页。

重要的,也构成了社会主义市场经济与资本主义市场经济的根本区别。

(二) 把资本的运行置于中国式现代化和社会主义市场经济的基本框架内

我们正在全面建设的现代化是中国式现代化,中国式现代化有两个重要特征。一方面,中国式现代化具备现代化的一般特征。从国际上看,一个国家的现代化同时也是市场经济不断发育、不断完善并趋于成熟的过程,是一曲"市场经济的凯歌"①。在这个过程中,各种机会竞相开放,现代产权制度和法治逐步健全,中产阶级迅速崛起;全国统一和广阔的市场形成,市场竞争充分展开,生产和消费呈螺旋式上升;企业家队伍快速成长,成为现代化建设的一支重要力量;适应现代市场经济的政府职能逐步成型,如有效保护产权(包括发明和专利权保护)和反垄断;等等。中国式现代化从一个重要侧面看也是市场经济的现代化,新时代完善社会主义市场经济的目标是建立起现代市场经济。② 从现代市场经济的基本要素出发可以看出,在现代化进程中,资本具有广阔的作用空间,同时也要受到政府治理的严格制约,保持活力和秩序的有机统一。另一方面,中国式现代化又具有鲜明的制度特征,包括党对经济工作的集中统一领导,有为政府的作用,公有制的主体地位和国有经济的主导作用,共同富裕和人的全面发展,等等。这些都是引导资本健康发展和有效抑制资本消极作用的基本力量,能够确保资本始终在社会主义基本原则所确定的基本框架内有序运行。

习近平总书记关于社会主义市场经济和中国式现代化的重要论述为我们在全面建设中国式现代化过程中发挥好资本作用提供了科学指南。习近平总书记指出:"社会主义市场经济与资本主义市场经济有着显著不同,其理论结构比资本主义市场经济理论更为复杂

---

① 李庆余等:《美国现代化道路》,人民出版社1994年版,第74页。
② 胡家勇:《新发展阶段完善社会主义市场经济体制的思考》,《中国经济问题》2022年第3期。

一些，这就决定了社会主义市场经济不仅具有市场经济的一般规律、共有规律，诸如价值规律、供求规律、竞争规律等等，而且还具有自身的一些特殊规律"①；"之所以说是社会主义市场经济，就是要坚持我们的制度优越性，有效防范资本主义市场经济的弊端"②。这里，社会主义市场经济"具有自身的一些特殊规律""有效防范主义市场经济的弊端"都与社会主义对资本行为的科学引导和有效约束密切相关。对于中国式现代化，习近平总书记指出："只有坚持以人民为中心的发展思想，坚持发展为了人民、发展依靠人民、发展成果由人民共享，才会有正确的发展观、现代化观。"③中国式现代化"摒弃了西方以资本为中心的现代化、两极分化的现代化、物质主义膨胀的现代化、对外扩张掠夺的现代化老路"④。这说明，在全面建设中国式现代化的过程中，要以人民为中心，在充分发挥资本积极作用的同时，消除以资本为中心所酿成的现代社会的种种弊病。

（三）以社会主义市场经济和中国式现代化的基本逻辑引导和规范资本行为

市场经济和"社会主义"这个定语、现代化和"中国式"这个定语，从根本上勾画出我国资本运行的基本逻辑和框架，由此，引导和规范资本行为可以从以下几个方面着手。

第一，充分发挥竞争引导和规范资本行为的作用。既然是市场经济，特别是现代市场经济，首先就应该充分利用竞争的力量来激发资本的活力和抑制它的消极作用。马克思主义经典作家把竞争理

---

① 习近平：《关于社会主义市场经济的理论思考》，福建人民出版社2003年版，第60页。
② 习近平：《论把握新发展阶段、贯彻新发展理念、构建新发展格局》，中央文献出版社2021年版，第64页。
③ 习近平：《论把握新发展阶段、贯彻新发展理念、构建新发展格局》，中央文献出版社2021年版，第479页。
④ 习近平：《以史为鉴、开创未来、埋头苦干、勇毅前行》，《求是》2022年第1期。

解为"许多资本的相互作用"。① 竞争能够激发出资本开拓生产新境界的巨大潜能，正如习近平总书记所指出："主要靠市场发现和培育新的增长点。在供求关系日益复杂、产业结构优化升级的背景下，涌现出很多新技术、新产业、新产品，往往不是政府发现和培育出来的，而是'放'出来的，是市场竞争的结果。"② 同时，竞争作为价值规律有效发挥作用的基本条件，能够形成相互对抗的力量抑制资本的消极行为，比如潜在的竞争能够抑制垄断和不正当竞争，竞争对手具有披露生产的技术条件、真实成本以及质量细节等信息的内在冲动，这些都便于消费者做出合理的选择，很大程度上缓解资本本身所固有的弊端。马克思曾提出"利用资本本身来消灭资本"③的伟大设想，可以想象，在社会主义市场经济条件下竞争就是一个强有力的杠杆。因此，新发展阶段，我们要进一步完善社会主义市场经济，通过加快完善生产要素市场、提高生产要素的流动性、消除行政性垄断和数字技术容易形成的经济性垄断等措施，确立竞争政策的基础性地位，发挥竞争激发资本活力同时又抑制其消极行为的作用。

第二，处理好各种形态资本的关系，让公有资本特别是国有资本发出"普照的光"。在社会主义市场经济中存在各种形态的资本，而最重要的两种资本形态是国有资本和非公有资本，处理好这两种形态资本的关系，就能从根本上建立起发挥好资本作用的重要机制。党的十五大提出了"公有制为主体、多种所有制经济共同发展"的基本经济制度，并明确指出："公有制的主体地位主要体现在：公有资产在社会总资产中占优势；国有经济控制国民经济命脉，对经济发展起主导作用。……公有资产占优势，要有量的优

---

① 《马克思恩格斯文集》（第10卷），人民出版社2009年版，第157页。马克思还指出，资本的实现过程"表现为各资本以及其他一切由资本决定的生产关系和交往关系的相互作用"。参见《马克思恩格斯全集》（第46卷下册），人民出版社1980年版，第160页。
② 《习近平关于社会主义经济建设论述摘编》，中央文献出版社2017年版，第82页。
③ 《马克思恩格斯全集》（第30卷），人民出版社1995年版，第390—391页。

势，更要注重质的提高。国有经济起主导作用，主要体现在控制力上。"① 党的十八届三中全会对国有资本的分布领域做了清晰的界定："国有资本投资运营要服务于国家战略目标，更多投向关系国家安全、国民经济命脉的重要行业和关键领域，重点提供公共服务、发展重要前瞻性战略性行业、保护生态环境、支持科技进步、保障国家安全。"② 可见，国有资本在各类形态的资本中居于主导地位，表现为控制国计民生领域和社会再生产的关键环节，形成经济社会发展和公众福利的骨架，带动和引领其他形态资本健康运行③。

马克思深入分析了一种社会形态中各种生产关系的相互地位，提出了"普照的光"的理论，指出："在一切社会形式中都有一种一定的生产决定其他一切生产的地位和影响，因而它的关系也决定其他一切关系的地位和影响。这是一种普照的光，它掩盖了一切其他色彩，改变着它们的特点。"④ 马克思的"普照的光"的理论具有深邃的洞见，国有资本的主导地位完全可以按照"普照的光"的理论和实践逻辑科学把握。也就是说，在国有资本"普照的光"的照耀下，非公有资本的性质和行为会发生重要改变，我们完全可以在坚持权利平等、机会平等、规则平等这些现代市场经济基本原则的基础上，让各种形态资本的优势和力量竞相迸发，焕发出勃勃生机和活力。

第三，防止资本向非经济领域渗透，尤其要斩断资本与权力的勾连。前面已经提到，出于本性，资本有绕过使用价值和财富生产而直接攫取价值的内在冲动，通过获取社会关注度、影响力和操控力来实现价值、利润和收入引流甚至侵占就是一种重要方式和途径。当资本达到一定规模以后，向公众舆论、新闻媒体、公共利

---

① 《改革开放三十年重要文献选编》（下），中央文献出版社 2008 年版，第 900—901 页。
② 《中共中央关于全面深化改革若干重大问题的决定》，人民出版社 2013 年版，第 9 页。
③ 胡家勇：《试论社会主义市场经济理论的创新和发展》，《经济研究》2016 年第 7 期。
④ 《马克思恩格斯文集》（第 8 卷），人民出版社 2009 年版，第 31 页。

益、意识形态和政治等领域渗透就成为一种常见现象。数字经济时代，资本向非经济领域渗透有了更加便捷的手段，例如，资本按照自己的意志，借助算法控制、平台渗透、舆情干预、境外操纵等方式对信息进行筛选和加工，甚至提供虚假信息[①]，以吸引社会注意力，甚至潜移默化地影响公众价值观，借此引导和控制社会需求，实现资本利益。值得注意的是，数字经济时代，金融资本、科技资本和数据资本的结合，可能会形成"超级资本"，"超级资本"拥有"超级权力"，会越过经济领域向政治领域、社会领域和文化领域扩张，形成对整个经济社会的权力。"超级权力"必须运用政治的力量加以抑制，以保证资本始终运行在健康的轨道上。

斩断资本与行政权力的勾连是规范资本行为、消除资本消极影响的重要环节。资本权力和行政（政治）权力是经济社会发展中的两项最大权力，二者的勾连会严重扭曲经济社会秩序，形成巨额的结构性租金，造成巨大的破坏力。习近平总书记在2022年4月29日中共中央政治局第三十八次集体学习时强调："要加强资本领域反腐败，保持反腐败高压态势，坚决打击以权力为依托的资本逐利行为，着力查处资本无序扩张、平台垄断等背后的腐败行为。"[②] 这为新时代规范资本行为指明了重要方向。

第四，运用法治的力量规范资本行为。法治是现代市场经济的根基，"社会主义市场经济本质上是法治经济"[③]。法治能够确定明确的行为规则，形成稳定的预期，能够从制度层面塑造资本的行为和行政权力的运行。在美国市场经济现代化的过程中，法治就扮演着重要角色。在"进步时代"，随着大公司的崛起和"资本大鳄"的形成，垄断势力对市场竞争的损害越来越明显，《谢尔曼反托拉

---

① 方旭：《资本意志渗透网络舆论的运行机制、表征及风险防范》，《毛泽东邓小平理论研究》2022年第3期。
② 《依法规范和引导我国资本健康发展发挥资本作为重要生产要素的积极作用》，《人民日报》2022年5月1日。
③ 《中共中央关于全面推进依法治国若干重大问题的决定》，人民出版社2014年版，第12页。

斯法》（1890）以及《克莱顿法》（1914）和《联邦贸易委员会法》（1914）就是这一时期美国的重要立法，产生了深远的影响。用法治规范资本的行为，当前有两个着力点：一是强化产权保护的法律、法规和政策实施。对各类产权进行有效而公平的保护是市场经济的基石，是竞争发挥作用的前提，中央一再强调保护各种所有制经济的产权和合法权益、保障契约的执行，2016 年，中共中央国务院颁布了《关于完善产权保护制度依法保护产权的意见》，对依法保护产权提供了可操作的方案。二是加强《反垄断法》和《反不正当竞争法》的司法和执法力度。适应数字经济时代垄断新形势，2020 年中央经济工作会议提出强化数字经济领域的反垄断，强调"要完善平台企业垄断认定、数据收集使用管理、消费者权益保护等方面的法律规范。要加强规制，提升监管能力，坚决反对垄断和不正当竞争行为"[①]。2022 年修订并实施的《反垄断法》增加了数字经济领域的反垄断条款，规定："经营者不得利用数据和算法、技术、资本优势以及平台规则等从事本法禁止的垄断行为。"2019 年修订的《反不正当竞争法》，强化了制止不正当竞争行为、保护经营者和消费者的合法权益的力度。总之，引导资本健康发展，规范资本行为，抑制资本的消极作用，最终要依靠法治的力量。

（原载《经济学动态》2022 年第 9 期）

---

① 《中央经济工作会议在北京举行 习近平李克强作重要讲话 栗战书汪洋王沪宁赵乐际韩正出席会议》，《人民日报》2020 年 12 月 19 日。

为资本设置"红绿灯":理论基础、实践价值与路径选择

董志勇　毕　悦

资本是一个兼具生产关系与生产要素双重属性的学理范畴。[①] 就前者而言,资本"是一种以物为中介的人和人之间的社会关系"[②],是马克思主义政治经济学理解和分析现代社会的核心概念;就后者而言,资本又是极具流动性与创新性的生产要素,是发展社会主义市场经济的重要实践议题。

在我国市场经济体制深入演进和高质量发展的现实背景下,深入把握资本运行逻辑、引导资本规范健康发展成为大势所趋。2020年中央政治局会议首次提出"强化反垄断和防止资本无序扩张"[③];在此基础上,2021年中央经济工作会议提出,要为资本设置"红绿灯",依法加强有效监管,防止资本野蛮生长。[④] "红绿灯"这一表述形象生动地展现出新发展阶段我国对资本特性及问题的全新认识和剖析,从现实指导层面看,有助于破除当前经济发展过程中的资本运行障碍和风险,促进宏观经济平稳健康发展;从理论创新层面看,有助于加深对资本特性及行为规律的认识,更好地发挥社会主

[①] 《新帕尔格雷夫经济学大辞典》(1987)从两个维度定义了资本,一是"作为生产要素的资本",二是"作为社会关系的资本"。参见约翰·伊特韦尔等编《新帕尔格雷夫经济学大辞典》(第1卷),中译本,经济科学出版社1996年版,第356、362页。

[②] 《马克思恩格斯文集》(第5卷),人民出版社2009年版,第877—878页。

[③] 《逆风破浪开新局——以习近平同志为核心的党中央引领二〇二〇年中国经济高质量发展评述》,《人民日报》2020年12月16日。

[④] 《运筹帷幄定基调,步调一致向前进——二〇二一年中央经济工作会议侧记》,《人民日报》2021年12月12日。

义市场经济制度的优越性。要正确把握和贯彻该政策的实施路径，必须深刻认识其背后的学理基础、科学内涵与实践价值。

一 为资本设置"红绿灯"的理论基础

根据马克思的观点，资本本身就是一个兼具创造性与破坏性、历史进步性与局限性的矛盾体。就积极性而言，资本相对于以往的生产关系而言"都更有利于生产力的发展，有利于社会关系的发展，有利于更高级的新形态的各种要素的创造"[1]，因而资产阶级"在它的不到一百年的阶级统治中所创造的生产力，比过去一切世代创造的全部生产力还要多，还要大"[2]；但就消极性而言，资本也是现代性弊病的根源所在，其天然的逐利、扩张属性不仅诱发了资本原始积累阶段的种种剥削、掠夺行径，也直接引致现代社会中的贫富分化、劳资纠纷、行业垄断乃至周期性经济危机。资本的二重性贯穿其从产生至今的全部历史过程，以及社会经济体系的各个方面；但在不同历史阶段和社会制度下，资本二重性的表现形式与主要方面却各有不同，究其原因在于，资本是"一定的、社会的、属于一定历史社会形态的生产关系"[3]，因而必须历史地、具体地认识其特性与行为规律。

（一）历史地、发展地认识资本的特性和行为规律

西方国家对资本的特性和规律的认识，是随着资本主义制度的演进和现代性问题的凸显而不断深化的。在前古典时期，资本常被等同于流通领域的货币、金银，它既是展现王室实力、彰显贵族地位的成就和标志，也是西欧主要国家夺取战争胜利、开拓海外市场的重要武器。进入工业化时期，资本代替土地成为具有始发性的生产要素，并显著扩大了经济活动的范围和影响力，推动资产阶级

---

[1] 《资本论》（第三卷），人民出版社2004年版，第927—928页。
[2] 《马克思恩格斯选集》（第1卷），人民出版社2012年版，第405页。
[3] 《资本论》（第三卷），人民出版社2004年版，第922页。

"移除了横亘在其自然发展道路上的障碍物,完成了对农村的'商业化'改造"①。在此历史阶段,许多国家仍"苦于资本主义生产的不发展"②,也即资本对生产力的促进作用尚未得到充分施展,其历史进步性仍是主要方面。然而随着工业化进程的加快,特别是周期性经济危机的出现,资本所固有的矛盾属性集中爆发,呈现过度、无序的扩张态势,不仅造成了社会权力的支配与被支配关系,也为自身泡沫的破灭埋下了伏笔。这正是马克思进行资本逻辑批判的主要现实素材。③ 时至今日,对资本消极作用的反思和管控仍是国际学界长期探索的议题,甚至引发了有关资本主义制度存续性和合法性的论争。④

我国对资本特性及规律的认识,则是随着改革开放进程的深入推进而不断深化的。改革开放初期,我国资本特别是非公有资本存量整体偏低,这既在供给端限制了开展社会化大生产的投资能力,阻碍了生产力的发展和资本增量的形成;也在需求端降低了社会总体消费能力,进而通过资本回报率影响投资总额。在此背景下,我国一方面通过所有制结构调整,放宽民营资本的准入门槛;另一方面通过吸引外资,缓和经济体内部的资源约束,充分发挥了资本有效组织社会生产、盘活其他生产要素、促进社会财富增长的"伟大的文明作用",为我国跃升为世界第二大经济体奠定了坚实的物质基础。不过,随着我国经济迈入新常态和高质量发展阶段,资本在部分领域的野蛮生长和无序扩张也带来了问题,这对政府的资本监管能力提出了新的挑战。要进一步发挥资本加快现代化经济体系建设、改善人民生活的积极效应,就必须清醒地认识到资本的二重性

---

① 兰洋:《重思马克思思想中的"斯密阶段"——从"自然秩序"到"资本逻辑"》,《教学与研究》2021年第10期。
② 《马克思恩格斯文集》(第5卷),人民出版社2009年版,第9页。
③ 马克思指出,在资本主义生产方式下,资本价值(及其物质实体)的增长速度远超人口增长速度,也即生产扩大的同时,消费的基础却在减小,这与资本价值增殖的条件相矛盾,危机因此不可避免。参见《资本论》(第三卷),人民出版社2004年版,第296页。
④ 赵明昊:《当前西方对资本主义困境的反思》,《红旗文稿》2012年第9期。

及在当前阶段的主要表现,用历史的、发展的眼光看待资本在我国经济社会中的角色和定位。

(二) 社会地、具体地认识资本的特性和行为规律

资本的生产关系属性决定了其行为逻辑不仅来自其一般的、固有的属性,还受到所处社会环境与行为主体的影响,因此,必须置于特定的社会经济制度中予以把握。恩格斯在阐述资本主义在美国和俄国的不同发展道路时就曾指出:"美国从一诞生起就是现代的,资产阶级的……而在俄国,基础则是原始共产主义性质的,是文明时代以前的氏族社会,它虽然正在土崩瓦解,但仍然是资本主义革命(这毕竟是一场真正的社会革命)赖以行动和进行的基础、材料。"①

然而就资本与不同经济制度结合的具体问题而言,马克思的经典著作却留下了理论的空白,在其设想中,资本仅仅是在资本主义制度下存在的经济范畴,要克服资本所固有的根本矛盾,就必须"以资本消灭资本",从而实现"不再以直接劳动作为财富的基础"。这显然对社会生产力的发展程度提出了极高的要求,也一度造成了新生的社会主义政权的迷茫与徘徊。列宁认为,在经典作家的著作中"没有一本书写到过共产主义制度下的国家资本主义。连马克思也没有想到要就这个问题写下片言只语……因此现在我们必须自己来找出路"。② 不过,苏联探索社会主义制度下利用和驾驭资本的实践也相对有限,并很快被高度集中的计划经济体制和单一的公有制形式取代。

我国对资本特性及行为规律的认识深化,与对社会主义市场经济体制的探索是同一过程的两个侧面。新中国成立初期,我国虽然仿效苏联建立起计划经济体制,但仍在一定范围内发挥着资本对经济恢复和发展的积极作用,"只要社会需要,地下工厂还可以增

---

① 《马克思恩格斯文集》(第10卷),人民出版社2009年版,第663页。
② 《列宁全集》(第43卷),人民出版社2017年版,第87页。

加。……华侨投资的，二十年、一百年不要没收。可以开投资公司，还本付息。可以搞国营，也可以搞私营。可以消灭了资本主义，又搞资本主义"。① 改革开放后，资本的积极作用得到充分挖掘，并逐渐成为壮大社会主义市场经济的有力工具。邓小平指出，三资企业"是社会主义经济的有益补充，归根到底是有利于社会主义的"。② 1993 年 11 月党的十四届三中全会通过的《中共中央关于建立社会主义市场经济体制若干问题的决定》中提出："允许属于个人的资本等生产要素参与收益分配。"③ 这是在党的文件中首次正式提出"资本"这一范畴，标志着我国社会主义市场经济理论的又一历史性突破和创新。党的十八大以来，我国致力于在更高起点、更高层次上推进经济体制改革，促进社会主义与市场经济的深度耦合，并对资本市场改革提出了"规范、透明、开放、有活力、有韧性"④ 的新要求。上述探索逐步深化了我国对社会主义制度下充分发挥资本积极性的正确认识，也为资本设置"红绿灯"提供了丰富的实践参照。"社会主义并没有定于一尊、一成不变的套路。"⑤ 新时代条件下，要坚持用社会的、具体的观点看待资本在社会主义市场经济中的定位和作用，促进马克思主义政治经济学理论与中国具体实践的新的融合。

二 为资本设置"红绿灯"的科学内涵

为资本设置"红绿灯"的核心内涵是对资本实行"放""管"结合，既充分调动资本的积极作用，又有效管控其消极作用。这不仅顺应了我国当前经济环境下资本的运行态势和迫切需求，也契合

---

① 《毛泽东文集》（第 7 卷），人民出版社 1999 年版，第 170 页。
② 《邓小平文选》（第 3 卷），人民出版社 1993 年版，第 373 页。
③ 《新时期经济体制改革重要文献选编》（下），中央文献出版社 1998 年版，第 1016 页。
④ 《中央经济工作会议在北京举行》，《人民日报》2018 年 12 月 22 日。
⑤ 《习近平谈治国理政》（第三卷），外文出版社 2020 年版，第 76 页。

了改革开放特别是党的十八大以来对资本在社会主义市场经济体制中的基本定位和认识，兼具政策的时效性和延续性。具体而言，这一举措对未来资本的运作领域、规模、行为三方面都做出了明确的指向。

（一）领域上：令行禁止，引导资本流向

对资本投入领域进行引导和约束，是在肯定市场在资源配置中的决定性作用的基础上，及时预判和扭转一定范围内的市场失灵。由于生产技术特征的差异性，资本在各领域的投资分布天然具有不均衡性[①]；但一旦投资分布不均超过了合理限度，将同时降低热门领域的资本产出效率和冷门领域的潜在发展能力，破坏经济体系的协调性和可持续性。因此，必须妥善设计资本流向的"红绿灯"规则。

一方面，要在满足高质量发展要求的领域设置"绿灯"，引导资本可作为、应作为、善作为，不断拓展经济体增长潜力的"上限"。其一，加快创新技术领域投资。当前全球新一轮科技革命和产业革命方兴未艾，要把握好这一重要的历史机遇期，就必须加快传统产业的升级改造和新兴战略性产业的培育发展，将资本集中于解决关键领域的"卡脖子"难题，持续推进创新攻坚。其二，加快高端制造业领域投资。我国拥有全球最完备的工业体系，这也是我国在全球经济波动甚至衰退环境下得以迅速回旋、逆势而上的核心所在。未来应侧重引导资本流向高端产业链，促进人工智能、新材料、新能源等与其紧密融合。其三，加快绿色低碳领域投资。2021年，"双碳"目标被正式写入政府工作报告，标志着我国可持续发展理念的进一步落实和深化。为更好实现这一承诺，处理好生态文明与现代化进程之间的关系，应积极鼓励绿色低碳项目的长期投资，积极探索环保创新激励机制。

[①] 冉光和、郑久平：《资本投资行业分布对经济增长的影响与政策建议》，《财政研究》2012年第9期。

另一方面，在涉及国家安全和国计民生的关键领域，要明确有条件进入或禁止进入的规则，适时设置"红灯"，持续夯实国民经济平稳运行的"底线"。例如，在教育、医疗、养老等基本公共服务领域，要在政府的统筹布局下，优先保证供给数量和质量的均等化、普惠化，在此基础上引导社会资本有序参与；再如，在军工、基建等关键领域，要在保证国民经济安全的前提下适度开放投资。

（二）规模上：遏制垄断，防范野蛮生长

行业头部化与市场份额的高度集中是市场竞争的必然结果。近年来，美国、欧洲等发达经济体各行业集中度总体上不断上升，龙头企业对宏观经济的影响力持续增强[①]；而伴随我国市场经济体制的日益成熟，特别是以互联网平台经济为代表的新业态的繁荣，一批巨头企业的崛起和资本规模的高度集聚同样成为不可忽视的现象。2021年，我国先后公布《反垄断法》修正草案、成立反垄断局，显示了深入推进反垄断治理、维护市场公平竞争秩序的决心和力度。

为资本设置"红绿灯"是在上述反垄断政策的基础上提出的又一深化举措，旨在对资本无序扩张、野蛮生长的现象予以精准识别和有效防控。扩张性是资本的基本属性。在欧美国家的发展历程中，资本的急剧扩张和垄断虽然推动了全球市场的形成和分工体系的建立，但也积蓄了严重的系统性风险。更重要的是，资本的高度集中还可能导致"大而不倒"现象，诱发连锁反应，影响整个经济体系的稳定和长期运行。

在此背景下，为资本设置"红绿灯"的举措应同时包括事后处置和事前预防两种内涵。在加强事后处置方面，该举措旨在对不同体量的资本执行一视同仁的监管和反垄断规则，坚决遏制"大而不倒"现象的发生，杜绝巨头企业逃避监管处置的侥幸心理；在强化

---

① Autor, D. et al. (2017), "Concentrating on the Fall of the Labor share", *American Economic Review*, 107（5）：180-185. Grullon, G. et al. (2019), "Are US Industries Becoming more Concentrated?", *Review of Finance*, 23（4）：697-743.

事前预防方面，则旨在确保公平竞争的前提下引导资本的适度集中规模，加强对各类资本特别是巨型资本的日常监管和约束，警惕系统性风险的集聚，切实防范和化解监管漏洞。

（三）行为上：兴利除弊，划定规则边界

随着我国经济体制改革的深入演进，资本的运作逻辑和行为也呈现复杂化、多样化的态势。仅就证券市场而言，证监会2021年先后作出处罚决定多项，市场禁入多人次。这既反映了我国资本市场治理水平和力度的显著提高，也显示出现阶段资本违法违规行为问题仍非常突出。划定资本的规则边界，使其"有所为有所不为"，正是为资本设置"红绿灯"的题中应有之义。

一方面，要规范资本在要素市场乃至经济体系内部的行为，维护公平公正的市场秩序。由于我国资本市场发展历程较短，监管制度和措施尚不完善，资本的各类违法违规行为并不鲜见。例如，资本利用信息优势，即披露不及时、不完整甚至虚假的信息，或利用内部信息操纵交易，模糊资产价格所传递的正确信号；再如，利用规则优势，加快资本与高端技术、数据的结合进程，形成更为隐蔽、不易识别的垄断优势，或以金融创新的名义进行融资套利；等等。为资本设置"红绿灯"，必须密切关注资本的前沿运作方式和动态，不断完善监管规则、优化治理方式。

另一方面，也要规范资本在经济体系之外的行为，警惕资本背后的权力逻辑。"虽然在观念上，政治凌驾于金钱势力之上，其实前者是后者的奴隶。"[①] 资本的根本目的是获取利润，但随着其规模的日益扩张，也会通过向政治、文化、社会等各个领域权力的渗透，实现经济权力的目标。西方资本主义国家早有资本操纵政治和社会舆论的广泛表现。我国虽然在社会体制、经济基础等方面与前者有根本不同，但同样存在资本过度入侵社会资源的潜在表征，近年来在自媒体和流量经济裹挟下出现的舆论反转、概念炒作、民意

---

① 《马克思恩格斯文集》（第1卷），人民出版社2009年版，第51页。

操纵等现象不外如是。在此形势下,为资本设置"红绿灯",坚决遏制资本在社会公共领域的恣意妄为,就显得格外迫切和关键。

三 为资本设置"红绿灯"的实践价值

为资本设置"红绿灯",是新发展阶段、新发展理念、新发展格局指导下我国推进要素市场化配置、提升资本市场运行效率的关键举措,不仅涉及宏观金融领域的长期稳定,更对引领自主创新、壮大实体经济、厘清政府与市场边界、促进共同富裕等方面具有重要的先导和示范效应。

(一) 引领自主创新,拓展经济发展空间

提升自主创新能力,是实现经济高质量发展的必然要求。近年来,随着新冠疫情的长期蔓延,全球经济复苏乏力的表征愈发明显,在不利的国际经济形势下,我国许多关键技术领域的"卡脖子"问题日渐突出,极大影响了经济长期发展的韧性和竞争力。然而,产业创新并非企业家自身所能完成,更是一项牵涉政府、投资者、科研机构等多主体的系统工程,资本在这一全流程的链条中无疑扮演着不可替代的角色。其一,产业创新要求资本的最低门槛规模。尽管企业家出于扩大再生产和获取超额利润的需求,往往将部分所得转变为积累基金,但要实现激活创新的目的,则要求资本必须"达到一定的最低限额"。[①] 其二,产业创新要求资本集中度即市场结构满足一定条件,以平衡竞争激励与创新红利这两种效应[②]。

上述关于创新投资规模和集中度的要求,显然难以通过资本的自由竞争和扩张而得到满足。这一点从我国实际发展情况即可见一斑。2021年我国R&D经费支出达27864亿元,比上年增长14.2%,

---

① 《资本论》(第三卷),人民出版社2004年版,第570页。
② Aghion, P. et al. (2005), "Competition and Innovation: An Inverted Urelationship", *Quarterly Journal of Economics*, 120 (2): 701-728.

与 GDP 之比为 2.44%，[①] 科研创新投入强度不可谓不大，但资本流向的盲目性较强，投资领域的"过冷""过热"现象非常突出。就"过冷"领域而言，许多涉及关键领域和核心技术的创新产业往往投资周期较长、风险和不确定性较大，更难获得资本青睐；而就"过热"领域而言，诸如新能源、医药、芯片、人工智能等产业无不经历了资本的迅速追捧，甚至出现了资本攫取政策红利、利用舆论炒作概念、操纵市场信息等乱象，违背了产业创新的客观规律和承受能力，反而阻碍自主创新能力的提升。

为资本设置"红绿灯"正是为纠正投资盲目性、使资本配置更符合创新规律的应时之举。首先，从投资领域来看，这一政策通过对有助于国家科技实力提升的重点产业领域给予广泛而全面的"绿灯"支持，鼓励资本在财政、信贷、税收等政策的引导下，大规模、持续支持特定领域的创新活动，有助于加快提升产品和服务的自主创新含量，夯实我国在全球产业链和价值循环中的地位；同时，通过对落后于行业和社会经济发展需求的产业领域适时给予"红灯"限制，约束资本的短视、从众行为，倒逼传统行业加快技术更新迭代，从资源粗放式经营转向集约式经营，进一步缩短我国产业结构升级转型的周期。其次，从资本规模和市场结构来看，这一政策着眼于国内外资本流动的全景，根据科技创新的长期发展规律和宏观经济的短期运行需求，灵活、有序引导各领域资本进入与退出，在更大程度上满足了产业创新所需的适宜投资强度和规模，进一步优化了市场结构，拓展了经济发展的潜在空间。

（二）壮大实体经济，增强经济发展韧性

巩固实体经济的核心地位和实力，是国民经济得以行稳致远的基石所在。近年来，我国经济"脱实向虚"倾向愈加凸显，许多非金融企业脱离主营业务、涉足虚拟经济，其背后有着深刻的理论和

[①]《中华人民共和国 2021 年国民经济和社会发展统计公报》，国家统计局，2022 年 2 月 28 日，http://www.stats.gov.cn/xxgk/sjfb/zxfb2020/202202/t20220228_1827971.html。

现实成因①。就理论层面而言，生息资本、虚拟资本的膨胀都是由资本逐利的根本属性导致的，"资本主义生产的动机就是赚钱。生产过程只是为了赚钱而不可缺少的中间环节，只是为了赚钱而必须干的倒霉事"。② 而信用制度的发展和创新更是催生了多种形式的虚拟资本，推动了虚拟经济规模的扩张。就现实层面而言，部分地区或群体对产业结构升级的规律存在一定的误读，认为服务业的比例扩张是经济发展水平提高的主要特征，将制造业视为"夕阳产业"；而虚拟经济在环保、税收等方面的显著优势，以及高端制造业在关键技术领域的发展瓶颈，也助推了经济"脱实向虚"的趋势。

习近平总书记指出："实体经济是一国经济的立身之本，是财富创造的根本源泉，是国家强盛的重要支柱。"③ 为资本设置"红绿灯"，就是在这一理念的清晰指导下，旨在促进资本要素紧密围绕实体经济建设，不断提升虚拟经济服务实体经济的能力和水平。从投资领域来看，在此前强调经济增速和数量的发展阶段，资本往往热衷于"摘低垂的果实"，避开制造业等投资周期长、产业升级步伐缓慢的领域，集中于互联网、房地产、金融等领域，这将进一步削弱实体经济的核心竞争力，形成资本"脱实向虚"的负反馈机制。而通过结构性的货币政策和财政政策对资本流向施加引导，将有助于激发实体产业的创新动能，培育一批引领性、示范性强的行业标杆企业，特别是符合专精特新发展要求的中小企业，为建设现代化经济体系提供坚实的微观支撑。从投资规模和行为来看，近年来我国对电子商务、移动支付、共享经济等新模式、新业态给予了相当的政策支持和保护，而这些新业态的出现也拓展了资本的活动空间，见证了一批"头部企业"的诞生。在此形势下，对包括垄断在内的资本违法违规行为进行及时监管和处理，将有力维护公平竞

---

① 彭俞超、韩珣、李建军：《经济政策不确定性与企业金融化》，《中国工业经济》2018 年第 1 期。
② 《资本论》（第二卷），人民出版社 2004 年版，第 67 页。
③ 《习近平谈治国理政》（第三卷），外文出版社 2020 年版，第 242 页。

争的市场秩序，促进实体经济和虚拟经济两方面的资本要素配置合理，不断夯实经济体系抵御风险的能力和基础。

（三）厘清政府与市场边界，激发经济发展活力

处理好政府与市场、社会的关系，是当前我国深化经济体制改革的关键，也是激发经济内生发展动力的重要举措。在经济体制转型的过程中，各类资本的运作和发展同时受到政府和市场两种信号的影响；相应地，企业不仅与行业内外的其他企业发生横向联系，也与上级部门、当地管理机构发生纵向联系，二者共同构成了企业运营的社会资本。①

政府与资本的纵向联结在特定的发展阶段产生过显著的积极效应。已有研究认为，社会资本是我国由计划向市场经济转轨过程中形成的非正式制度，是对正式制度缺位时的有效补充，政府的融资补贴、税收减免、司法保护等措施有助于资本的培育和壮大。② 然而，当前我国经济进入高质量发展阶段，有必要重新审视政府与资本、与市场之间的边界问题，审慎评估社会资本对企业可持续发展能力的实际影响。此外，随着要素市场化改革向纵深推进，工业、商业、金融、平台等各类资本形态日趋复杂化，倘若强化政府对资本的直接介入和管理模式，将更容易导致特定领域和行业的无效、重复投资，助长资本的无序扩张。

政府制定的法规和政策、公共财政提供的投资和消费需求都是特殊的社会公共资源。③ 延续这一定义，为资本设置"红绿灯"也是当前经济体制深化改革进程中政府所提供的一种特殊资源，然而与此前治理思路不同的是，这一举措从直接的政策资源转向了具有可持续性、可推广性的"规则资源"，为此后厘清政府与市场的行为边界、处理政企关系提供了可贵的参照和示范。为资本设置黑名

---

① 边燕杰、丘海雄：《企业的社会资本及其功效》，《中国社会科学》2000年第2期。
② 林志帆、龙小宁：《社会资本能否支撑中国民营企业高质量发展？》，《管理世界》2021年第10期。
③ 洪银兴：《关键是厘清市场与政府作用的边界——市场对资源配置起决定性作用后政府作用的转型》，《红旗文稿》2014年第3期。

单、白名单的规则，表层上是对资本行为和发展轨道的规约，限制了资本攫取不正当竞争机会的能力，深层上更是对政府治理模式的"向内改革"，同样约束了政府对经济活动的缺位、越位和错位。同时，从政策资源向规则资源的转变，也反映了我国对社会主义市场经济规律的深刻认识和遵循。单一或直接的资本管控政策往往容易陷入"一管就死、一放就乱"的困局，干扰资本的行为逻辑，反而引发了不必要的波动；为资本设置"红绿灯"，则是给予其明确、清晰、稳定的规则预期，是在进一步调动市场主体自主性和创新潜力的同时，增强监管和调控效果的可控可知性，实现宏观经济的稳中有进。

（四）促进共同富裕，提升经济发展质量

实现共同富裕，是中国特色社会主义的本质要求，也是中国式现代化的核心特征。然而在现阶段，无论对于中国等新兴经济体还是欧美发达国家而言，财富及其分配不平等趋势都非常明显。从全球范围来看，最富有的0.1%人群占据了全球财富总额的20%[1]；而我国社会财富也在向高收入人群加速集中，收入差距已超过警戒线。[2] 近年来，各国迫于疫情冲击和经济下行趋势，纷纷实行货币宽松政策，助推了资产价格上升和通胀压力，再次拉大了不同群体之间的收入差距，对我国的共同富裕目标提出了严峻挑战。

为资本设置"红绿灯"，正是为遏制社会财富的进一步分化、使经济发展成果更好惠及广大人民的纠偏举措，其作用主要表现在以下几方面。其一，充分发挥资本市场配置资源的作用，释放真实公允的价格信号。正确的价格信号是资本市场发挥功能的前提，也是引导资本流向的工具。向资本操纵信息、内幕交易、不合规披露等行为设置"红灯"，尽可能减少市场主体间的信息不对称和交易成本，才能使均衡价格向真实价值收敛，促进优胜劣汰和社会财富

---

[1] 托马斯·皮凯蒂：《21世纪资本论》，中译本，中信出版社2014年版，第452页。
[2] 程恩富、刘伟：《社会主义共同富裕的理论解读与实践剖析》，《马克思主义研究》2012年第6期。

的合理分配。其二，更好地发挥资本市场的财富管理功能，提振投资和消费信心。当前我国已实现全面建成小康社会的目标，居民的资产管理需求日益增长，这对资本市场的产品和服务创新提出了更高要求。鼓励资本市场持续推出长期、可持续的资产配置方式和产品，有助于满足投资者多样化、多层次的资产管理需求，推动全民共享共治格局加速形成。其三，着力解决资本的违法违规行为，使广大人民分享经济增长的红利。资本的无序扩张甚至垄断，是对社会总体特别是消费者福利的直接攫取和破坏。向资本的野蛮生长态势设置"红灯"，对头部企业和巨型资本实施管控，有助于提升总体消费能力，扩大内需空间，为加快形成"橄榄型"分配格局、畅通国内大循环提供强有力的支持。

需要强调的是，为资本设置"红绿灯"并不意味着遏制和消灭资本活力，更不是为了劫富济贫、实现平均主义。2021年中央经济工作会议明确指出："实现共同富裕目标，首先要通过全国人民共同奋斗把'蛋糕'做大做好，然后通过合理的制度安排把'蛋糕'切好分好。"如前文所述，资本这一生产要素在社会主义市场经济体制中仍扮演着不可替代的角色，在加快产业转型升级、提升自主创新能力、培育新的经济增长点等方面发挥着显著的积极作用，是"蛋糕"做大、分好的重要前提和保障。为资本设置"红绿灯"的本质目标是健全和维护统一的市场规则和市场秩序，使资本在良性竞争中更好地施展其积极性，在提升自身运行效益的同时促进社会财富的普遍增长与合理分配。

四 为资本设置"红绿灯"的路径选择

促进资本规范健康发展是一项长期的系统工程。为资本设置"红绿灯"，要在深刻认识资本特性及行为规律的基础上，充分发挥制度优势，稳定市场主体的政策预期，形成政府、企业、社会等多方面协作共赢的市场氛围。

（一）坚持基本经济制度，发挥制度优势

公有制为主体、多种所有制经济共同发展的基本经济制度，是改革开放以来我国经济取得迅猛发展的重要保障，也是为资本设置"红绿灯"的根本制度依托。新时代背景下，要继续坚持和完善这一基本经济制度，将制度优势更好地转化为治理效能。

毫不动摇巩固和发展公有制经济，是为资本设置"红绿灯"的前提基础。长期以来，公有制经济特别是国有经济始终是保障国家经济稳定、改善人民福祉的坚实物质保障，"为我国经济社会发展、科技进步、国防建设、民生改善作出了历史性贡献"①。正如《21世纪资本论》作者皮凯蒂所言，中国的公共资本比例更高，可能更有助于实现结构平等，保护公共福利，从而"免于整个20世纪期间其他国家所经历的种种波折、朝令夕改和从众效应"②。因此，要继续深化国有企业改革、做大做强国有资本，巩固其在专精特新、绿色低碳、乡村振兴等领域的竞争力和影响力，为引导资本流向、完善产业结构布局发挥重要的带动与示范效应。

毫不动摇鼓励、支持、引导非公有制经济发展，是为资本设置"红绿灯"的基本遵循。改革开放四十余年来，民营经济为我国贡献了50%以上的税收、60%以上的国内生产总值、70%以上的技术创新成果、80%以上的城镇劳动就业、90%以上的企业数量③，上述数据足以证明非公有制经济在国民经济体系中不可替代的地位和作用。应把为资本设置"红绿灯"的举措视为改善整体营商环境的重要契机，对各类资本确立统一、公平的监管规则，加快构建新型政商关系，激活民营资本在高质量发展进程中的活力和创造力。

（二）形成行为规则共识，稳定主体预期

宏观经济政策的稳定性是资本得以施展作为的前提。在当前全球经济环境相对脆弱、国际资本流动加快的背景下，倘若市场运行

---

① 《习近平谈治国理政》（第二卷），外文出版社2017年版，第176页。
② 托马斯·皮凯蒂：《21世纪资本论》，中译本，中信出版社2014年版，第17页。
③ 习近平：《在民营企业座谈会上的讲话》，《人民日报》2018年11月2日。

规则和秩序频繁更改，不仅会在短期挫伤投资积极性，促使企业采取观望徘徊姿态，更会在长期损害政策的公信力和执行力，极大限制经济发展潜力和空间。在 2020 年、2021 年连续两年的中央经济工作会议中，先后明确要求宏观政策保持"连续性、稳定性、可持续性"，经济工作要"稳字当头、稳中求进"，更凸显出确立规则共识、稳定政策预期的必要性和迫切性。

要真正做到尊重资本和市场经济运行规律，使"红绿灯"成为资本规范发展的加速器，而非资本健康运行的藩篱，就必须着眼于经济发展大局和远景，提供稳定的政策环境。在领域上，要坚持"法无禁止即可为"的原则，全面落实市场准入负面清单制度，并跟进货币、财税、信贷等相关配套措施；在规模上，要从此前对垄断资本的集中整治工程中汲取经验，及时完善相关领域法律法规，形成预防、识别和遏制垄断结构的长效机制，防止运动式监管、运动式执法引致的不必要的市场恐慌和经济波动；在行为上，要在政策灵活性和稳定性之间寻求平衡，一方面要密切关注资本在经济体系内外的最新运作动向和模式，另一方面也要遵循一致的政策框架，坚持对违法违规行为的"零容忍"态度。从这一角度而言，为资本设置"红绿灯"，也是一次对我国宏观经济政策制定和执行水准的适时考验，并将为促进国家治理能力现代化提供宝贵的实践经验。

（三）维护公平竞争秩序，保障主体权利

党的十八大以来，我国加快建设和实施公平竞争政策，在反垄断、反不正当竞争等方面取得了丰硕成果。2015 年，《中共中央国务院关于推进价格机制改革的若干意见》提出，要"逐步确立竞争政策的基础性地位"，"促进统一开放、竞争有序的市场体系建设"[①]；2019 年，"竞争中性原则"被首次写入政府工作报告，传达

---

① 《中共中央国务院关于推进价格机制改革的若干意见》，《人民日报》2015 年 10 月 16 日。

出优化营商环境、维护竞争秩序的明确信号。建立公平竞争的体制机制，已经成为"十四五"时期推动改革开放迈出新步伐的重要标志，也是为资本设置"红绿灯"的核心目标导向。

要保障资本的规范健康发展，就要在其运行的各个阶段和环节全面实施公平竞争政策。在准入阶段，要对各种所有制形态、不同体量的企业一视同仁，执行统一的鼓励或限制政策，保证各类资本的权利平等、机会平等、规则平等，持续激发各类市场主体的主动性和积极性。[①] 在日常监督阶段，要积极践行法治理念，依法加强对资本的监管和指导；同时，要针对经济发展过程中出现的新问题、新业态、新领域，加快制定和完善相关法律法规，将以平台经济为代表的新一轮经济浪潮纳入统一完备的监管体系中。在事后问责阶段，要对违反公平竞争审查制度、妨碍统一开放市场形成、违背产业政策承诺等政府"失灵"行为进行严格倒查和责任追究，推进政府治理变革与市场制度建设紧密交融、相互促进，推动经济体制改革再上新台阶。

（四）倡导企业家精神，明晰主体责任

马克思曾在《资本论》中对资本家进行了尖锐批判，将其定义为人格化的资本，"他的灵魂就是资本的灵魂。而资本只有一种生活本能，这就是增殖自身，创造剩余价值"[②]。与资本主义制度下的资本家截然不同，社会主义市场经济制度下的企业家是我国改革开放进程的重要参与者和支持者，在培育现代化经济体系、构建新发展格局等方面做出了不可磨灭的历史贡献。新时代背景下，应继续尊重和倡导企业家精神，促进各类市场主体健康成长、竞相发展，为经济高质量发展积蓄微观力量。

作为市场经济活动的亲历者和直接推动者，企业家也应自觉明晰主体责任，履行主体义务。第一，借助各类公开的制度性渠道，

---

① 董志勇、蒋少翔、梁银鹤：《非公经济高质量发展的制度障碍及其优化路径》，《新视野》2020年第6期。
② 《资本论》（第一卷），人民出版社2004年版，第269页。

广泛参与建言献策，推动资本的"红绿灯"规则的进一步完善和顺利实施；第二，将自身的运营理念与国家、社会的发展要求密切对接，依据现阶段对资本领域和布局的总体导向，结合地区禀赋和迫切需求，主动参与社会民生、绿色低碳等领域建设；第三，传承和发扬企业家敢为人先、先行先试的创新传统，跳出重复、低水平的恶性竞争循环，加大资金和人才投入，着力攻克关键技术和领域，提升企业的核心竞争力；第四，坚持法治精神与诚信精神，坚决抵制各类市场违法违规行为，主动维护公平竞争的市场秩序；第五，积极参与社会公益事业，支持第三次分配，践行社会责任，为实现共同富裕做出企业家群体的应有贡献，使资本规范健康发展的红利惠及全体人民。

（原载《经济学动态》2022年第3期）